Andalusien

KÜCHE & KULTUR

Andalusien

KÜCHE UND KULTUR

Margit Kunzke

Fotografie: Günter Beer

Foodstyling: Frauke Koops

Inhalt

Andalusien

Aus der Küche der Kalifen

Filigran und luftig wirken die maurischen Mezquitas mit ihren Säulen und den reich mit Ornamenten verzierten Bögen.

Andalusien – das klingt nach Sonne, Palmen, blauem Meer und allen Wohlgerüchen Arabiens. Die andalusische Küche ist aktuell, genial, vielfältig und erfinderisch und gehört zu den großen Küchen Spaniens. Eine Reise durch die andalusische Küche ist zugleich auch ein Spaziergang durch Geschichte, Kultur und Geografie dieses faszinierenden Landes.

Zahlreiche Kulturvölker haben hier ihre Spuren hinterlassen. Die Römer beispielsweise brachten neben den kulinarischen Sitten ihrer Vorfahren auch die Vorliebe für Langusten, Austern und Tunfisch mit. Sie führten den Gebrauch von Würzmitteln wie Essig, Senf, Pfeffer und Kümmel ein und verstanden es, Fisch oder Fleisch in würziger Beize einzulegen oder durch Salz oder Essig zu konservieren.

Das größte Verdienst jedoch gebührt den Mauren, die nicht nur die Technik des Olivenanbaus und der Ölgewinnung perfektionierten, sondern auch die Kunst des Pfropfens. Dank dieser Technik gibt es süße Orangen, exotische Früchte und Gemüse in Andalusien. Die Mauren führten zahlreiche Obst- und Gemüsesorten ein wie Aprikosen, Zitronen, Orangen, Datteln, Granatäpfel, Zuckerrohr, Melonen, Johannisbrot, Rote Bete, Artischocken, Auberginen, Spargel und Bohnen. Ein genauso großer und wichtiger Beitrag der spanisch-maurischen Epoche war der großzügige Gebrauch exotischer Gewürze und aromatischer Kräuter, die der andalusischen Küche die besondere Vielfalt und Würze verleihen.

Mauren, Christen und Juden friedlich unter einem Dach

Seit dem Eindringen der Mauren im Jahr 711, als der Berber Tarik den westgotischen König Roderich schlug, bewirkten die Mauren in al-Andalus, wie sie die Region nannten, wahre Wunder. Sie verfügten über ausgezeichnete botanische und wissenschaftliche Kenntnisse, verbesserten die Techniken in der Landwirtschaft und förderten Poesie und intellektuelle Entwicklung über 800 Jahre. Ihre Blütezeit erlebten die Mauren und Andalusier unter der Herrschaft der Omaijaden, die mit Abderrahman I. im Jahr 756 begann und mit Hischam III. 1031 endete. Das Kalifat Córdoba war lange Zeit der raffinierteste Staat in ganz Europa. In dieser goldenen Zeit, als drei Religionen, Moslems, Juden und Christen, unter dem Dach eines Gemeinwesens lebten, wurden so großartige Bauwerke begonnen wie die Mezquita von Córdoba (785) und die Kalifenprunkstadt Medina Zahara bei Córdoba. Ohne die Mauren und ihre Übersetzerschulen wüsste das restliche Europa heute wenig oder gar nichts von Aristoteles und anderen antiken Philosophen, denn die historische Leistung der andalusischen Mauren war die Vermittlung von antikem Wissen und Denken an das werdende Europa der Neuzeit.

Etwa um 1009 begannen in al-Andalus die ersten Bürgerkriege. Der politische Verfall war nicht mehr aufzuhalten. Der Kastilierkönig Alfonso VI. nahm 1085 Toledo ein. Unter Alfonso VIII. fand 1212 in Navas de Tolosa die Entscheidungsschlacht statt. Die Christen siegten, der staatliche Verband des al-Andalus war zerstört. Nach dem Fall von Córdoba gründete Ibn al-Ahmed 1241 als Mohammed I. ibn Nasr in Granada seine eigene Dynastie, die der Nasriden. Sie herrschten bis 1492 über das Königreich Granada. Mohammed I. veranlasste den Bau der Zitadelle Alhambra, die heute zusammen mit der Mezquita von Córdoba zu den beeindruckendsten und zauberhaftesten Zeugnissen der maurischen Architektur im al-Andalus zählt. Von den politischen Wirren profitierte das christliche Königreich im Norden Spaniens unter Isabela und Fernando. Als letzte maurische Bastion wurde im Jahr 1492 Granada von ihnen, den Reyes Católicos, den Katholischen Königen, erobert. Der unglückliche letzte Nasridenkönig Boabdil zog mit seiner Frau Morayma und seiner Mutter Aischa zunächst in die Alpujarras am Fuße der Sierra Nevada und

Andalusien hat viele Gesichter. Die acht Provinzen präsentieren sich in sehr unterschiedlichen Landschaftsformen: zwei Meere mit langen Küsten, das Becken des Rio Guadalquivir, die Mittel- und Hochgebirge der Sierras sowie eine kleine Wüste nahe Almería.

im Sommer 1493 nach Marokko. 1492 stach Kolumbus vom Hafen Palos bei Huelva in See, um Amerika zu entdecken. Von dort brachte er unter anderem die Tomate, die Kartoffel und die Schokolade mit.

Ein kulinarisches Paradies

Von allen Gerichten der andalusischen Köche ist die köstlich erfrischende *Gazpacho andaluz* das bekannteste. Mit der ersten Hitze taucht diese kalte Suppe aus Tomaten, Paprikaschoten, Gurken, Knoblauch, Olivenöl und Sherryessig in ganz Spanien auf den Esstischen auf. Manche führen den Ursprung der Gazpacho auf die Sepharden, die jüdische Bevölkerung Spaniens, zurück. In der Bibel wird bereits ein Gericht erwähnt, das auf der Basis von Essig und Öl zubereitet wurde. Die verlässlichere Version deutet auf maurischen Ursprung.

Im weiträumigen Andalusien, immerhin Spaniens zweitgrößtem Land, gibt es allerlei kulinarische Genüsse: Obst und Gemüse aus den fruchtbaren, Tälern, Flussfische, Wildfleisch, köstliche kalte Suppen auf Gemüse- oder Mandelbasis für den Sommer, deftige, wärmende Eintöpfe in den Bergregionen, wo der Winter recht kalt sein kann. Bei mehr als 900 Kilometern Küste – die Provinzen Almería, Granada und Málaga am Mittelmeer, Huelva am Atlantik; und Cádiz hat von beiden etwas – versteht es sich von selbst, dass auch fangfrische Fische und Meeresfrüchte oft auf dem Speisezettel stehen. Süße

Der Traum eines jeden Andalusienurlaubers: ein gekühlter Fino im Glas und ein paar schmackhafte Tapas auf dem Teller in einer Bar direkt am Strand, wie hier in Conil an der atlantischen Costa de la Luz.

Córdobas symbolträchtigster Platz am Rand des historischen Zentrums, die Plaza de las Tendillas, war früher der Marktplatz. Der Name kommt von den kleinen Ständen, die ihn damals bevölkerten.

Fruchtdesserts und Puddings, luftige Sorbets und Kuchen mit Honig, Pinienkernen und Mandeln, Eigelb, Zucker und Mehl verraten ihre maurische Herkunft. Die *guisos*, kräftige, nahrhafte Eintöpfe, die langsam geschmort werden, stammen wiederum von den jüdisch-sephardischen Andalusiern. Sie pflegten diese am Vorabend des Sabbath auf kleinstem Feuer zu schmoren und hatten so am Sabbath, ohne zu kochen, immer etwas Warmes zu essen.
Was wäre Andalusien ohne seine berühmten Olivenbäume? Kilometerweit erstrecken sich die sanft geschwungenen Felder mit schnurgerade ausgerichteten, silbrig-grün schimmernden Olivenbäumen in Granada, Jaén únd Córdoba. Die Andalusier halten ihr Olivenöl für das beste der Welt. Spanien steht mit knapp 47 % an der Spitze der gesamten europäischen Olivenölproduktion, gefolgt von Griechenland und Italien. Olivenöl ist in der andalusischen Küche so gegenwärtig wie das tägliche Brot. Selbst für Süßspeisen und Kuchen wird es verwendet.

Ende des Paradieses

Vor rund 500 Jahren, als das Königreich Granada als letzte Bastion maurischer Kultur fiel, fand auch die Esskultur ein jähes Ende. Mit erbarmungsloser Härte gingen die Christen gegen die maurisch-andalusische Kultur vor. Einst blühende Städte wie Granada, Córdoba oder Sevilla und mit ihnen das restliche al-Andalus sanken langsam zu Bedeutungslosigkeit herab. Oft aus Furcht vor der brutalen Inquisition versuchte man jede Erinnerung an frühere Ästhetik und Geschmack zu vergessen. Das Schwein wurde in der Küche sehr wichtig, weil man mit dem reichlichen Verzehr beweisen wollte, dass man ein guter Christ war, ohne jegliche maurischen oder jüdischen Wurzeln.
Erst im 19. Jahrhundert kam mit der Romantik wieder das Interesse für die versunkene maurische Kultur auf. Washington Irvings wundersame »Geschichten von der Alhambra«, die poetischen Beschreibungen der »Reise in Andalusien« von Theophile Gautier, illustriert mit Gustave Dorés romantischen Holzschnitten, weckten das Interesse am maurischen Andalusien als Reiseland. Ungewollt initiierten diese Romantiker auch ein Maurenbild, das die Fremdenverkehrsindustrie später aufgriff und bis zum heutigen Tag als Klischee reproduziert. Der englische Schriftsteller Gerald Brennan lebte vor dem Spanischen Bürgerkrieg sieben Jahre »Südlich von Granada« in den Alpujarras und beschreibt in seinem Buch sehr offen die Bewohner und ihre archaische Lebensweise. Der granadinische Dichter Federico García Lorca macht mit seiner Poesie die maurische Seele der Andalusier sichtbar.

Der Süden holt kräftig auf

Galt noch bis vor kurzem der Norden als Gourmetparadies Spaniens, so hat der Süden nun kräftig aufgeholt. Mittlerweile haben viele Köche die andalusisch-maurische Küche neu entdeckt. Sie verfeinern die alte Tradition und reichern sie mit lebendiger neuer Kreativität an. Das Ergebnis sind großartige Spezialitäten für neugierige Gourmets. Pionierarbeit leisteten dabei die Hotelfachschulen von Málaga und Benalmádena, die zu den besten des Landes zählen. In den Räumen des früheren preußischen Konsulates wurde 1993 die Escuela de Hostelería La Cónsula eröffnet. 80 Schüler lernen hier in einer zweijährigen Ausbildung die hohe Kunst des Kochens oder Servierens. 32 Schüler sind es in Benalmádena. Die Ausbildung wird von der andalusischen Landesregierung finanziert. Zu den Spitzenköchen gehören u.a. Celia Jiménez im Restaurante El Lago in Marbella, Dani García im Restaurante Gran Mélia Don Pepe in Marbella, José Carlos García im Café de Paris in Málaga, Susana López im Restaurante La Espula in Antequera, Peter Knogl im Restaurante Lido im Hotel Las Dunas in Estepona und Rafa Morales im Restaurante La Alqueria der Hacienda Benzazuza in Sanlúcar La Mayor bei Sevilla.
Ein Wermutstropfen bleibt trotzdem. Gerade in den vom Tourismus überlaufenen Gebieten hat sich das eingebürgert, was die Spanier abfällig *comida basura* nennen. Unter großartig klingendem Namen verbirgt sich allzu oft ein lieblos zusammengekochtes Essen, meist nur im Mikrowellenherd erwärmt. Doch wer ein bisschen sucht, wird hervorragende Restaurants finden, in denen er echt andalusisch speisen kann.

Schwindel erregend und atemberaubend ist der Blick von der grandiosen Brücke Puente nueva in Ronda.

Granada und Jaén

Kultur und Genuss

»Quien no ha visto Granada, no ha visto nada« – »Wer Granada nicht gesehen hat, hat nichts gesehen«, lautet ein oft zitierter Ausspruch. Ein Zauber liegt über der Stadt, wenn die Abendsonne die Stadt in goldene Lichtstrahlen taucht. Märchenhaft erhebt sich dann die rote Alhambra vor der schneebedeckten Sierra Nevada.

Granada & Jaén

Rote Alhambra und silberne Ölbäume

Pflanzenmotive, oft mit kufischen Lettern verflochten, kunstfertig aus Gips oder Marmor gefertigt, schmücken die Wände der maurischen Paläste.

Granada ist wahrhaftig eines der schönsten maurischen Schmuckstücke Andalusiens und einer der meistbesuchten Orte der Welt. Weltbekannt ist die Festungsanlage, die Alhambra, die Rote genannt, weil sie in der Abendsonne rot glüht. Wer die Alhambra mit dem Nasridensaal und seinen filigranen Stuckarbeiten, dem Patio de los Leones, dem Salón des los Embajadores besuchen will, sollte sich rechtzeitig eine Eintrittskarte kaufen. Wegen des starken Andrangs ist die Besucherzahl limitiert.

Granada und seine Düfte

Bei einem Besuch Granadas weiß man nicht, was man zuerst tun soll. Sich in einer der vielen *Tabernas* zum Tapasessen niederlassen, Tee in einer arabischen Teestube schlürfen oder eine der zahllosen Sehenswürdigkeiten anschauen. Beeindruckend ist ein Spaziergang durch die Jardines de Generalife direkt neben der Alhambra. Plätschernde Brunnen und ein Meer von Blumen erwarten hier den Besucher. Granada, die Alhambra und die Gärten des Generalife bilden alljährlich im Sommer eine traumhafte Kulisse für das »Festival Internacional de Música y Danza«. Musiker, Sänger und Tänzer aus aller Welt geben sich hier ein Stelldichein. Kaum eine Straße oder ein Platz in Granada, wo nicht Musik erklingt. Flamenco, Jazz, Klassik, spanische Volksmusik, marokkanische Musik hört und sieht man hier in lauen Sommernächten unter dem sternenübersäten, nachtblauen Himmel.

Von der Alhambra geht es durch blumengeschmückte Gassen und verwinkelte Gässchen ins Albaicín, das alte Maurenviertel von Granada. Mit etwas Glück kann man hier im Restaurante Mirador de Morayma einen unvergesslichen Flamencoabend erleben. Wo sich einst die Hauptmoschee der Mauren befand, steht heute die Kathedrale. Hier sind die Katholischen Könige Isabela und Fernando begraben und ihre unglückliche Tochter Johanna mit ihrem Mann, dem schönen Philippe aus Burgund.

Ein ganz besonderes Erlebnis ist nach einem Tag in Granada der Besuch in einem Hammam, einem arabischen Bad, wo Leib und Seele verwöhnt werden.

Nicht weit von Granada liegt die Sierra Nevada mit dem Mulhacén, dem höchsten Berg des spanischen Festlands. Sie ist zum Teil Naturschutzgebiet und lädt im Winter zum Skifahren, im Sommer zum Wandern ein.

Was das Herz des Kochs begehrt

Die Provinz Granada bietet alles, was ein Koch zu einem guten Essen braucht: In der fruchtbaren Ebene rund um Granada, mit Wasser versorgt vom Río Genil, wachsen Gemüse wie Auberginen, Dicke Bohnen, Erbsen, Tomaten, Zucchini, aus denen delikate Gemüsegerichte wie *Habas Granadinas* (orientalisch gewürzte Dicke Bohnen mit Schinken aus Trévelez und Artischocken), Schmortöpfe und dicke Eintopftöpfe gekocht werden. Das landeinwärts gelegene Baza ist berühmt für seine luftgetrockneten *Chorizos* und *Morcillas*, die so manchen Wintereintopf wie *Olla de San Antón* bereichern. An der Küste, wo der Río Guadalfeo und die Schneeschmelze von Granada für reichlich Wasser sorgen, erlaubt das milde Klima der Costa Tropical den Anbau von exotischen Früchten wie Cherimoyas, Mangos, Avocados, Papayas und Nisperos.

Die granadinische Küste ist reich an Fisch, Muscheln und Krustentieren für Köstlichkeiten wie *Moraga* (Sardinen mit Muscheln, Orangen, Mandeln, Knoblauch und Weißwein), an saftigen Reisgerichten mit Fisch oder *Guiso de Pescado de Roca*, einem kräftigen Fischeintopf mit würzigen Felsenfischen.

Der maurische Einfluss – Granada fiel als letzte andalusisch-maurische Stadt erst 1492 in die Hände der Christen – zeigt sich vor allem in der Verwendung von Kräutern und Gewürzen: Schweinefilet in Zimtsauce, Mangold mit Pinienkernen und Rosinen, Knoblauchsuppe mit Man-

In schwierigem, bergigem Gelände sind Maultier und Esel noch heute unentbehrliche Helfer für den Bauern.

Wasser und Licht in beeindruckendem Zusammenspiel mit der Architektur im Patio de los Leones in der Alhambra. Der Löwenhof ist eines der eindrucksvollsten Beispiele islamischer Kunst in Europa.

Von Granada aus bietet sich ein herrlicher Blick auf die Alhambra und die verschneiten Berge der Sierra Nevada dahinter.

Das ehemals maurische Castillo de Santa Catalina ist neben der Kathedrale eines der markantesten Bauwerke von Jaén. Heute ist darin ein *Parador*, ein staatliches Hotel der gehobeneren Kategorie, untergebracht.

In zarten Pastellfarben schimmern die Dächer der Provinzhauptstadt Jaén, wenn die Sonne darauf scheint.

Dort, wo sich heute die Kathedrale von Jaén (links) befindet, ein beeindruckendes Renaissancegebäude, stand früher die Hauptmoschee. Einen wunderschönen Blick auf Jaéns Umgebung hat man vom Castillo de Santa Catalina (rechts), einst die größte Burg in al-Andalus .

Olivenbäume, soweit das Auge reicht, in der Provinz Jaén.

In den waldreichen Gebirgszügen der Sierra de Segura und der Sierra de Cazorla bei Jaén lebt jede Art von Wild, Grundlage für so manches leckere Gericht.

Im wunderschönen Renaissancepalast Las Casas del Cónsul in Úbeda ist ein Hotel untergebracht, dessen *patio* als Aufenthaltsraum genutzt wird.

Die hügeligen Alpujarras, eingeschlossen zwischen der Sierra Nevada und dem Mittelmeer, waren der letzte Zufluchtsort der Mauren. Hier haben sich viele exzellente maurische Rezepte fast original erhalten.

deln und Pinienkernen, Hähnchen in Zitronen- oder Basilikumsauce. In den Alpujarras, der gebirgigen Zone zwischen der schneebedeckten Sierra Nevada und dem blauen Mittelmeer, blieben die Mauren am längsten. Hier sind heute noch Rezepte zu finden, die dem Original von vor 500 Jahren fast aufs Haar gleichen.

Jaén, das alte Königreich

»Jaén in 48 Stunden« bietet ein Reiseveranstalter an. Fast so lange brauchten wir, um einen Parkplatz zu finden. In Jaén fand gerade der Weltolivenölkongress statt. Um Olivenöl dreht sich in und um Jaén alles – und das schon sehr lange. Bereits im 12. Jahrhundert sagte der maurische Philosoph, Arzt und Jurist Averroës (Ibn Rushd), der auch ein großer Aristoteles-Kommentator war: »Die besten Eier sind die von Hühnern. Wenn sie in Olivenöl gebraten werden, sind sie ausgezeichnet, schon deshalb, weil die Dinge, wenn sie mit Olivenöl angemacht werden, sehr nahrhaft sind. Aber das Olivenöl muss frisch sein, wenig Säure haben und nur von den besten Oliven.«

Jaén plateada, silbernes Jaén, nannte der Dichter Manuel Machado vor etwa 100 Jahren den Ort, wohl, weil die Landschaft rund um Jaén von silbrig-grün schimmernden Olivenbäumen geprägt ist. *Geen* nannten die Mauren den Ort. Als Grenzstadt und Hauptstadt eines maurischen Königreiches war Jaén gegen Ende des maurischen al-Andalus hart umkämpft. 1246 eroberte König Fernando III. die Stadt endgültig. Er ordnete den Bau einer neuen Festung an, des Castillo de Santa Catalina. Dort kann man heute wohnen, denn im Castillo wurde ein prächtiger *Parador Nacional* eingerichtet. Der Blick vom *Parador* auf Jaén ist überwältigend. Im Gegensatz zu den in Andalusien meist weiß getünchten Häusern ist hier die dominierende Farbe der Dächer und Wände beige, mit einem goldenen Schimmer, wenn die Sonne darauf fällt. In Jaén ist es schwierig, viele und gute Restaurants zu finden. Eigentlich geht man hier lieber Tapas essen. Tapas-Bars gibt es reichlich, darunter einige ausgezeichnete.

Gemüse für jede Jahreszeit

Hauptsächlich Gemüse wird rund um Jaén angebaut. Gemüsegerichte kennt die jinensische Küche deshalb reichlich. *Pipirrana* aus süßen Tomaten, Paprikaschoten, Zwiebeln, Tunfisch oder Schinken und in bestem Olivenöl mariniert; *Espinacas esparragadas*, Spinat mit Spargel und Knoblauchsauce, die *Alboronía*, gebratene Auberginen, Kartoffeln, Zwiebel, Paprikaschoten und Dicke Bohnen, manchmal mit *Morcilla* angereichert, und Pilzgerichte, denn wir befinden uns in einer gebirgigen Region. Im Winter ist es recht kühl, da kommen die *Potajes* zu Ehren, nahrhafte wärmende Eintopfgerichte wie *Potaje de habas*, *Judias con perdiz*, oder der *Cocido*, ein Erbe jüdischer Kochkunst, dem die Christen später *Morcilla*, Speck und *Chorizo* hinzufügten, weil man mit dem reichlichen Verzehr von Schweinefleisch sein Christentum beweisen wollte, ohne jegliche maurische oder jüdische Wurzeln. Die Olivenpflücker pflegten auf dem Feld *Migas* oder *Gachas* zu vespern.

Jaén ist eine Provinz im Landesinnern. Frischer Fisch war in Zeiten ohne Kühlmöglichkeit selten. Also griff man zum *Bacalao*. Eintöpfe und Schmorgerichte mit Stockfisch findet man in der ganzen Provinz. Bei Fleisch haben wir da mehr Glück. Dank der Wälder im Gebirge gibt es reichlich Wild: Wildhase, Wildschwein, Reh und Hirsch. Aus Wildfleisch werden auch ausgezeichnete Würste hergestellt. Da Ziegen sich besser an die klimatischen Bedingungen von Jaén anpassen als Schafe, finden wir öfter *Choto con ajos*, Zicklein mit Knoblauch oder *Choto al ajo cabañil*. Vom Schwein wird alles genutzt: Was nicht gebraten oder geschmort wird, kommt in die Wurst. Jaén ist für seine hervorragenden *Chorizos, Morcillas, Lomos* und andere luftgetrocknete Wurstspezialitäten bekannt.

Wie überall in Andalusien finden wir auch in Jaén Süßigkeiten*: Mantecas, Pestiños, Roscos con o sin vino, Ajonjoli, Hojaldres*. Die Auswahl ist enorm. Nicht zu vergessen frische Früchte wie Kirschen, Pfirsiche, Birnen, Aprikosen, Quitten, Kakis, Feigen, Melonen und Äpfel.

Schätze der Renaissance

Ein Muss für den Besucher von Jaén ist ein Abstecher in die nahe gelegenen Städte Baeza und Úbeda. Im Jahr 2003 wurden beide Städte von der UNESCO wegen ihres Schatzes an Renaissancegebäuden zum Weltkulturerbe erklärt. So lässt sich das Angenehme mit dem Nützlichen verbinden, denn sowohl Baeza als auch Úbeda bieten neben Kunst und Kultur jede Menge Bars mit ausgezeichneten Tapas. Die besondere Spezialität *Garbanzos mareados*, betrunkene Kichererbsen, sollte man unbedingt probieren.

Die Paläste der Adelsfamilien, die sich nach der Reconquista in Úbeda und Baeza niederließen, prägen noch heute das Stadtbild.

Olivenöl
Der Lebenssaft der Andalusier

Der kleine Weiler Fuente Buena bei Jaén rühmt sich, den ältesten Olivenbaum der Welt zu haben. Er soll am Palmsonntag geweiht worden sein. Das hieße, er ist fast 2000 Jahre alt. Noch vor 200 Jahren produzierte dieser Baum 850 Kilogramm Oliven.

Schon zum Frühstück braucht man es. Geröstetes Weißbrot, großzügig mit duftendem Olivenöl beträufelt, mit ein paar Salzkörnern gewürzt, und fertig ist das andalusische Bauernfrühstück. Ob zum Frühstück, in der *Gazpacho*, im *Remojón* oder zum Heilbutt in Safransauce – ohne Olivenöl ist die andalusische Küche undenkbar. Selbst in Süßspeisen wird es verwendet. Die Andalusier gelten auch als Meister im Ausbacken. Man sagt, dass sie alles perfekt in Olivenöl frittieren, einschließlich des Meeresschaumes.

Der Andalusier liebt seine Olivenbäume, dessen Früchte und das Öl. Nicht nur, weil sie seit Jahrhunderten die Quelle seines Reichtums sind, sondern auch, weil sie für ihn den Wert des täglichen Brotes haben.

Mit rund 300 Millionen Olivenbäumen besitzt Andalusien die größte Anpflanzung der Welt und produziert 80 % des spanischen Olivenöls; davon erbringt allein die Provinz Jaén in Nordandalusien die Hälfte. Die durchschnittliche Jahresproduktion

Die Oliven werden mit langen, biegsamen Stöcken vom Baum geschlagen. Damit die Früchte nicht verletzt werden, legen die Bauern Netze oder große Tücher unter die Bäume. Mit Lastwagen werden die Oliven dann zur Weiterverarbeitung in die Ölmühle gebracht.

in Andalusien liegt bei 800000 Tonnen; sie kann in Rekordjahren auf 1,2 Millionen Tonnen steigen.

Ein bisschen Geschichte

Die Phönizier brachten vermutlich um 1050 v. Chr. Olivenbäume nach Spanien. »Corteb« (Ölmühle) nannten sie den Ort, wo heute Córdoba steht. Doch erst die Römer kultivierten den Anbau in großem Stil. Sie exportierten das begehrte Olivenöl aus Spanien nach Italien. Dazu wurde es in Einwegamphoren aus Terrakotta gefüllt, die bei Sevilla hergestellt wurden, dann per Schiff oder auf den römischen Handelsstraßen transportiert.

Neue Olivensorten und neue Begriffe brachten die Mauren. Als Spezialisten für den Anbau und die Herstellung des Öls verbesserten sie die Qualität erheblich. Die spanischen Wörter *aceituna* (Olive) und *aceite* (Olivenöl) stammen vom maurischen Wort *azeit* ab, was Saft der Olive heißt.

Vor dem Mahlen werden die Oliven auf Rosten geschüttelt, um Blätter und Ästchen zu entfernen.

Eine Sure im Koran sagt, »das Licht entzündet sich dank eines gesegneten Baumes der Olive«. das drückt die Bedeutung aus, die das Olivenöl als Symbol für Licht und der Olivenbaum als heiliger Baum in der maurischen Welt hatte. Römische, maurische und spanische Poeten besangen den Olivenbaum und sein Öl. Eines der schönsten maurisch-andalusischen Romanzenlieder lautet: »*Tres morillas me enamoraron en Jaén, Aica, Fátima y Marién ... Tres morillas tan garridas iban a coger olivas y hallábanlas recogidas.*« (In drei Mädel verliebte ich mich in Jaén, in Aica, Fátima und Marién ... Drei fesche Mädels wollten Oliven ernten und fanden sie schon eingesammelt.)
Im 12. und 13. Jahrhundert beschrieb die maurische Literatur Andalusien als ein Meer von Oliven- und Feigenbäumen. Als die Katholischen Könige, Isabella und Ferdinand, die Rückeroberung 1492 beendet hatten, verteilten sie große Olivenhaine unter den militärischen Strategen, Offizieren und loyalen Dienern.

Ernte und Verarbeitung

»Das Haus vom Vater, den Weinberg vom Großvater und den Olivenhain vom Urgroßvater«, sagt der Volksmund in Andalusien. Zehn Jahre braucht ein Olivenbaum, bis er ausreichend Früchte trägt. Seine volle Leistungsfähigkeit hat er mit 50 bis 70 Jahren erreicht.
Deswegen traf die Olivenbauer der eiskalte Winter 2005 besonders hart. Bei völlig ungewohnten Temperaturen bis zu –20° erfroren fast zwei Millionen Bäume in der Zone zwischen Granada, Jaén und Córdoba. Die Vereinigung junger Bauern von Granada und Jaén (ASJA) beziffert die Schäden mit 160 Milliarden Euro. Etwa 40000 Hektar Olivenhaine sind erfroren. Selbst alte Bäume müssen zum Teil radikal zurückgeschnitten werden, so dass nur der Stamm stehen bleibt. Vier bis zehn Jahre wird es dauern, bis diese Bäume wieder eine nennenswerte Ernte hervorbringen. »Das werde ich nicht mehr erleben«, kommentiert das traurig ein älterer Bauer in Iznallúz.
Die Erntemethode hat sich in den Jahrhunderten kaum gewandelt: *Vareo* nennt man es, wenn die Früchte mit Stöcken vom Baum geschlagen werden; *ordeño*, wenn Früchte von Hand direkt vom Baum gepflückt werden. Rüttelmaschinen, die den Baumstamm mit Riesenarmen umfassen und mächtig rütteln, bis die Oliven herunterfallen, können in den bergigen Zonen von Jaén, Granada, Córdoba und Málaga kaum eingesetzt werden. Deswegen wandern auch heute noch im Morgengrauen Hunderte von Erntehelfern aufs Feld, ausgerüstet mit den notwendigen Werkzeugen: lange biegsame Stöcke, mit denen die Früchte vom Baum geschlagen werden, und mit großen Tüchern oder Netzen, die unter dem Baum ausgebreitet werden. Darauf fallen die Oliven und werden von Hand in Körbe gefüllt.
Für das beste Öl werden die Früchte einzeln gepflückt. Der Bauer klettert mit einem Korb um den Hals auf den Baum und pflückt Olive für Olive mit der Hand. Aus diesen mühsam geernteten Früchten werden Öle gepresst, deren Literpreis leicht 50 Euro übersteigt.
Möglichst noch am selben Tag werden sie in die Ölmühlen zur Verarbeitung gebracht. In der Haupterntezeit arbeiten die Mühlen rund um die Uhr. Die Luft ist gesättigt vom würzig, süßen Geruch der frisch gepressten Oliven.

Olive ist nicht gleich Olive

In Andalusien werden hauptsächlich fünf Olivensorten angebaut, deren Öle sowohl sortenrein als auch verschnitten (das heißt, ›in Coupage‹) auf den Markt kommen. Geschmack und Aroma reichen von fruchtig, frisch bis pikant und von angenehm bitter bis fast süß.
Die Sorte Picual gehört zu den verbreitetsten Oliven und ist die ertragreichste. Die Hojiblanca macht 16 % der Olivenbäume in Andalusien aus. Die Sorte Picuada wird vor allem in Córdoba kultiviert. In dem kleinen Ort Luque nennt man sie Pajarero, weil es heißt, die reife Picuada sei so süß, dass die Vögel daran pickten. Eine Spezialität von Sevilla ist die Lechín de Sevilla. Das Öl ist leicht bitter, mit Anklängen an Kräuter.
In der Axarquia im Südosten von Málaga findet man die Verdial de Velez-Málaga. Aus ihr wird ein sehr fruchtiges, angenehm süßes Olivenöl gewonnen, das keinerlei Bitterstoffe aufweist.

Ausgezeichnete Öle

Klima, Bodenbeschaffenheit, Olivensorte sind die Hauptfaktoren, die den Geschmack des Öls beeinflussen. Aber auch das Mikroklima wirkt entscheidend. Bei sortenreinem Olivenöl kann man die Geschmacksunterschiede am deutlichsten feststellen. Bei den Coupages (Mischungen) ist es schwieriger und hängt sehr von der Kunst des Ausbauers ab.

Die Oliven werden in der *almacera* (Mühle) gewaschen und in einer riesigen Schüssel von kegelförmigen Steinen aus Granit zu einem dicken Brei zermahlen. Dieser wird auf Matten gestrichen, die übereinandergelegt werden. Durch den Druck der hydraulischen Pressen läuft das Öl heraus. Das frische Olivenöl wird verkostet und dann gefiltert oder auch ungefiltert abgefüllt. Für die Männer, die in den Ölmühlen arbeiten, heißt es in der Saison von November bis Februar: rund um die Uhr arbeiten.

Olivenöl gibt es je nach Herkunft, Sorte und Produktionsverfahren in allen Grün-Gelb-Schattierungen. Diese Vielfalt ist im Olivenölmuseum von Baena zu bewundern.

Roh sind Oliven ungenießbar. Eingelegt, pikant oder kräutrig gewürzt, mit Sardellen, Mandeln oder rotem Paprika gefüllt, werden sie dann zur Köstlichkeit.

»Oro de Genave« heißt das Olivenöl *virgen extra*, das die Cooperativa Sierra de Genave in der Sierra de Segura im Nordosten der Provinz Jaén seit rund 10 Jahren aus Oliven, die ökologisch-biologisch angebaut wurden, herstellt.

Auch wenn er mehr und mehr durch den Traktor ersetzt wird, leistet der Maulesel vielen Bauern in unwegsamem Gelände immer noch gute Dienste.

Das Olivenöl *virgen extra D.O.* Nummer 1 in Andalusien ist das *Aceite de Oliva virgen extra Duque de Baena* aus Baena (Provinz Córdoba). Es wird in der Cooperativa Olivarera Andaluza Germán Baena gepresst. Das mit zahlreichen Preisen ausgezeichnete feine, pikante Öl ist grünlich und naturtrüb, da es nicht gefiltert wird.

Ein ganz seltenes Öl stellt die Familie Nuñez de Prado in ihrer Ölmühle her, die ebenfalls in Baena steht: Das *Flor de Aceite* wird nur aus dem Öl gewonnen, das nach der Ernte und vor der Pressung durch das Eigengewicht der Oliven abläuft. Es wird nur gefiltert und dann sofort in nummerierte Flaschen abgefüllt. Elf Kilogramm Oliven ergeben ungefähr einen Liter *Flor de Aceite*.

In der Mühle findet man neben den modernsten Geräten die intakten, uralten, halb eingegrabenen *tinajas*, Terrakottagefäße, in denen die Familie Núñez de Prado bereits 1795 Olivenöl lagerte. Wer mehr über die antike Herstellung von Olivenöl wissen möchte, sollte das feine Museum Museo del Olivar y del Aceite in Baena besuchen. Es ist in einer alten Ölmühle untergebracht und verfügt über einen wahren Schatz an alten Geräten und Maschinen. In diesem Museum hat man auch die Möglichkeit, verschiedene Ölsorten zu verkosten und selbstverständlich zu kaufen.

Herkunftskontrolle im Kommen

Kalt gepresst werden mittlerweile nahezu alle Olivenöle in Andalusien. Aber nach wie vor werden etwa 70 % des andalusischen Olivenöls *a granel*, offen verkauft. Die Zahl der Olivenöle mit Herkunftsgarantie, der *Denominación de Origen D.O.*, nimmt jedoch deutlich zu.

Außer Baena, der Hochburg des andalusischen Olivenöls, produzieren weitere sechs Regionen in Andalusien Olivenöl mit Herkunftsgarantie:

Die Region D.O. Priego de Córdoba mit ihren Ölen von außergewöhnlicher Qualität, fruchtigsüß mit kleinen pikant-bitteren Nuancen, bekam in jüngster Zeit viele Preise.

Die weitläufige D.O. Zone Montes de Granada im Norden der Provinz Granada gehört zu den höchstgelegenen Anbaugebieten Andalusiens.

Die Olivenhaine der D.O. Zone Sierra de Segura im Südosten der Provinz Jaén befinden sich fast alle im gleichnamigen Naturschutzpark. Hier entspringen die Flüsse Guadalquivir, Segura und Gadalimar, und es gibt ausgedehnte Wälder.

Auch die großartige Landschaft der D.O. Sierra Mágina im Zentrum der Provinz Jaén ist ebenso wie die Dörfer der D.O. Sierra de Cazorla im Südosten der Provinz Jaén ein Naturschutzgebiet. Schon die Römer und vor allem die Mauren kultivierten hier extensiv Olivenbäume.

In der D.O. Zone Sierra de Cádiz im Südosten der Provinz Cádiz werden neben Oliven auch Stiere und Pferde gezüchtet. Als jüngste D.O kommt Axàquía bei Màlaga hinzu.

Der wilde Bruder der Olive

Ein Olivenöl für echte Gourmets stellt Laureano Sigler in seiner Ölmühle in Prado del Rey in der Provinz Cádiz her. Sein Öl *virgen extra El Callejón* aus der Acebuchino kommt vom *Acebuche*, dem wilden Bruder des Olivenbaums. Für dieses Öl darf man keine Eile haben. Der buschige Baum mit den dornigen starren Zweigen braucht 80 Jahre, bis er völlig entwickelt ist. Wenige Leute in der Provinz Cádiz sind bereit, diese Oliven zu pflücken, obwohl der Kilopreis deutlich über dem der konventionellen Oliven liegt. Die Arbeit ist hart. Die kleinen Früchte müssen von Hand von den dornigen Zweigen gepflückt werden. Sigler verarbeitet in seiner Ölmühle die *Acebuchinas* aus der ganzen Provinz. Nur für dieses besondere Öl hat er seine alte Mühle reserviert. Das fruchtige Öl wird in Flaschen abgefüllt, die der Kunstprofessor José Francisco Corrales aus Granada entworfen hat. Das »El Callejón« wird in Delikatessengeschäften in Spanien, Frankreich und Deutschland verkauft. So viel Mühe und die ausgezeichnete Qualität haben auch ihren Preis. Das Öl ist dreimal teurer als anderes Qualitätsöl. Das zweite Öl-Standbein von Laureano Sigler ist sein biologisches Olivenöl *pajarete virgen extra.*

Biologisches Olivenöl

Seit rund zehn Jahren widmet sich auch die Sociedad Cooperativa Andaluza Sierra de Génave in der Sierra de Segura im Nordosten der Provinz Jaén dem Anbau biologischen Olivenöles.

Das »Oro de Génave« (Gold von Génave) wird wegen seiner Charakteristika und seiner außergewöhnlichen Qualität als einzigartig bezeichnet. Was vor ein paar Jahren den Alteingesessenen als unternehmerisches Experiment galt, regt heute zur Nachahmung an. Zunehmend stellen sich Olivenbauern vor allem in Jaén, Córdoba und Granada auf biologischen Anbau um. Nach 10 Jahren übersteigt nun die Nachfrage nach biologischem Olivenöl das Angebot.

Wer die Ölmühle der seit 1795 in Baena ansässigen Familie Nuñez de Prado in der Erntezeit besucht, hat Gelegenheit, den Produktionsprozess zu beobachten.

Ajoblanco

Weiße Mandelsuppe mit Knoblauch

(im Bild hinten)

Zubereitungszeit: 20 Min.
Kühlzeit: mindestens 2 Std.
Pro Portion ca.: 245 kcal

Zutaten für 4 Personen:
1/2 Brötchen vom Vortag
2–3 Knoblauchzehen
100 g geschälte Mandeln
3 EL Olivenöl
2 EL Sherryessig
Salz und frisch gemahlener weißer Pfeffer
20 weiße Trauben (am besten Muskatellertrauben)

Das Brötchen in Wasser einweichen. Den Knoblauch schälen. Mandeln, Knoblauch und das gut ausgedrückte Brötchen mit Olivenöl im Mixer zu einer feinen Paste pürieren.

1 l kaltes Wasser unter die Paste rühren. Mit Sherryessig, Salz und Pfeffer abschmecken. Die Suppe noch einmal kurz durchrühren und im Kühlschrank mindestens 2 Std. kühl stellen.

Die Trauben waschen und halbieren. Zum Servieren die Suppe in Teller füllen und mit Traubenhälften bestreuen.

Varianten

In Málaga nimmt man statt der Trauben kleine Apfelwürfel und geröstete Brotstückchen oder hauchfeine Streifen *Jamón Serrano.*
Die Mandeln können Sie auch durch 100 g Pinienkerne ersetzen. Dann bestreuen Sie die Ajoblanco am besten mit Apfel- und Dattelstückchen.

TIPP

Wenn Sie die Ajoblanco sofort essen möchten, ersetzen Sie die Hälfte des Wassers durch Eiswürfel und mixen diese mit.

Remojón aus den Alpujarras

Orangensalat mit Stockfisch und Ei

(im Bild vorne)

Einweichzeit: 3–4 Std.
Zubereitungszeit: 20 Min.
Pro Portion ca.: 435 kcal

Zutaten für 4 Personen:
1 Stockfischfilet (ca. 125 g, s. Seite 41)
4 Eier
6 EL Olivenöl
3 große Orangen (ca. 750 g)
1 Bund Frühlingszwiebeln
1 Knoblauchzehe
1 grüne Paprikaschote
400 g Tomaten
2 EL Sherryessig
Salz und frisch gemahlener schwarzer Pfeffer
12 schwarze Oliven

Den Stockfisch 3–4 Std. in kaltes Wasser legen und so entsalzen. Das Wasser dabei 5- bis 6-mal wechseln. Die Eier hart kochen und kalt abschrecken.

Den Stockfisch aus dem Wasser nehmen, abtropfen lassen und in feine Streifen schneiden. 1 EL Olivenöl erhitzen und den Stockfisch darin bei schwacher Hitze 15 Min. schmoren. Auf Küchenpapier auskühlen lassen.

Inzwischen 2 Orangen wie einen Apfel schälen, dabei die weiße Haut mit entfernen. Das Fruchtfleisch zwischen den Häuten herausschneiden. Zwiebeln waschen und putzen, das Grün abschneiden. Zwiebeln in sehr feine Scheiben schneiden. Knoblauch schälen und ebenfalls in feine Scheiben schneiden. Paprikaschote waschen, putzen und in feine Streifen schneiden. Tomaten waschen, halbieren, mit einem Löffel entkernen und in kleine Würfel schneiden. Eier pellen und grob hacken.

Orangen, Gemüse und Stockfisch auf einer Platte anrichten. Die restliche Orange auspressen. Aus dem Saft, dem restlichen Olivenöl, Sherryessig, Salz und Pfeffer eine Sauce rühren. Über den Remojón geben. Mit Oliven und gehackten Eiern bestreut servieren.

Pastela moruna

Blätterteigkuchen mit Huhn, Nüssen und Rosinen (im Bild)

Zubereitungszeit: 1 Std.
Ruhezeit: 20 Min.
Backzeit: 45 Min.
Pro Person ca.: 510 kcal

Zutaten für 4 Personen:
1/4 l kräftige Hühnerbrühe
200 g Hühnerbrustfilet
1 Zweig Thymian
1/4 TL gemahlener Piment
1/4 TL Paprikapulver, rosenscharf
1 EL Rosinen
50 g geschälte Mandeln, 1 EL Pinienkerne
1 kleine Zwiebel, 200 g Tomaten
1 EL Olivenöl
Salz und frisch gemahlener weißer Pfeffer
300 g tiefgekühlter Blätterteig, aufgetaut
1 Ei, 1 EL Puderzucker
Mehl zum Arbeiten

Die Hühnerbrühe erhitzen. Das Hühnerfleisch hineinlegen, Thymianblättchen abzupfen und mit Piment, Paprika und Rosinen dazugeben, zugedeckt bei schwacher Hitze 15 Min. ziehen lassen. Fleisch und Rosinen herausnehmen und abtropfen lassen.

Mandeln grob hacken und mit den Pinienkernen in einer trockenen heißen Pfanne leicht anrösten, bis sie duften. Die Zwiebel schälen, die Tomaten waschen und beides fein hacken. In 1 EL Olivenöl bei schwacher Hitze 5 Min. schmoren.

Das abgekühlte Fleisch fein hacken. In einer Schüssel mit Mandeln, Pinienkernen und Rosinen mischen. Die Tomaten-Zwiebel-Mischung dazugeben und mit Salz und Pfeffer würzen. Wenn die Masse zu trocken ist, mit etwas Brühe leicht anfeuchten.

Den Blätterteig auf einer bemehlten Arbeitsfläche dünn zu 2 Quadraten von je etwa 25 x 25 cm ausrollen. Ein Quadrat auf ein mit Wasser abgespültes Backblech legen und mit der Farce bestreichen, dabei einen 1 cm breiten Rand frei lassen. Das Ei trennen. Die Teigränder mit Eiweiß bestreichen und das zweite Teigstück darüber legen. Rand gut andrücken. Den Teigdeckel mit einer Gabel mehrfach einstechen. Die Pastete an einem kühlen Ort 20 Min. ruhen lassen. Backofen auf 150° vorheizen.

Eigelb mit etwas Wasser verquirlen und auf den Blätterteigkuchen pinseln. Im Backofen (Mitte, Umluft 140°) etwa 45 Min. backen. Herausnehmen und mit Puderzucker bestreut servieren.

Migas

Brotkrümel mit Schinken

Zubereitungszeit: 30 Min.
Pro Person ca.: 540 kcal

Zutaten für 4 Personen:
500 g Weißbrot, schwarzer Pfeffer
1/8 l Milch
100 g Serrano-Schinken (*Jamón Serrano*) in dickeren Scheiben
5 EL Olivenöl, Salz

Das Brot in Scheiben, diese in Stücke schneiden. Mit Pfeffer bestreuen und in eine Schüssel legen. Mit der Milch und 1/8 l Wasser begießen. Dabei umrühren, damit die Brotstücke gleichmäßig feucht werden.

Den Schinken in kleine Würfel schneiden. In einer tiefen Pfanne in Olivenöl kurz anbraten. Mit einem Schaumlöffel herausnehmen.

Im selben Öl das Brot unter Rühren bei mittlerer Hitze braten, bis es locker krümelig wird. Es darf nicht zu scharf gebraten werden. Mit Salz und Pfeffer würzen. Vor dem Servieren die Schinkenwürfel dazugeben.

TIPP

Migas waren ursprünglich das einfache Mittagessen der wandernden Hirten und Schäfer. Sie weichten hart gewordenes Brot ein und rösteten das zerbröselte Brot über dem Feuer in einer Pfanne mit Olivenöl und Salz und ab und zu ein paar Stückchen Jamón Serrano oder Chorizo.

Sopa de Granada

Reissuppe mit Gemüse und Klößchen
(im Bild vorne)

Zubereitungszeit: 1 Std.
Pro Person ca.: 600 kcal

Zutaten für 4 Personen:
Für die Klößchen:
1/2 TL Korianderkörner
5 schwarze Pfefferkörner
300 g Rinderhackfleisch
1 Ei
1 EL Mehl zum Wälzen
Für die Suppe:
300 g Spinat
das Weiße von 1 Lauchstange
1 kleine Zwiebel
80 g Naturreis
120 g rote Linsen
2 Granatäpfel
125 g tiefgekühlte Erbsen
2 EL Zitronensaft
5 Zweige Pfefferminze
Außerdem:
Zimtpulver
Salz
Olivenöl

In einem Mörser Koriander und Pfeffer fein zerstoßen. Das Hackfleisch mit dem Ei, den zerstoßenen Gewürzen, 1/2 TL Zimt und Salz gut verkneten. Aus der Masse kleine Klößchen formen, in Mehl wälzen und in 3 EL heißem Olivenöl in etwa 10 Min. goldbraun braten. Auf Küchenpapier abtropfen lassen.

Den Spinat putzen, waschen, gut abtropfen lassen und in Streifen schneiden. Den Lauch putzen, gut waschen und in Ringe schneiden. Die Zwiebel schälen und in feine Ringe schneiden. In einem hohen Topf 6 EL Olivenöl erhitzen. Darin die Zwiebel glasig schmoren. Reis und Linsen unterrühren. Mit 2 l Wasser auffüllen und aufkochen, dann bei schwacher Hitze 10 Min. köcheln lassen. Den Lauch dazugeben und zugedeckt weitere 5 Min. garen.

Inzwischen 1 Granatapfel halbieren und den Saft auspressen. Die Fruchtkerne des anderen Granatapfels herauslösen. Die Erbsen und den Saft zur Suppe geben. Zudecken und noch einmal 10 Min. bei schwacher Hitze ziehen lassen. Dann die Fleischklößchen, den Spinat und die Granatapfelkerne in die Suppe geben. Mit Salz, Pfeffer und dem Zitronensaft abschmecken.

Pfefferminzblättchen abzupfen und in Olivenöl kurz anschmoren. Mit Salz und Zimt würzen. Die Suppe in Teller füllen, Minze und Öl darüber geben und mit den Granatapfelkernen bestreuen.

Espárragos verdes con salsa de azafrán

Grüner Spargel mit Safransauce (im Bild hinten)

Zubereitungszeit: 30 Min.
Pro Person ca.: 150 kcal

Zutaten für 4 Personen:
750 g grüner Spargel
Salz
Für die Sauce:
3–4 Schalotten
4 EL Olivenöl
1 EL Mehl
1 Briefchen Safranpulver (0,125 g)
1 Lorbeerblatt
Salz

Die harten Enden des Spargels abschneiden. Wasser mit Salz zum Kochen bringen. Spargel darin etwa 10 Min. kochen. Herausnehmen, abtropfen lassen und auf einer gewärmten Platte anrichten. Das Spargelwasser aufheben.

Während der Spargel kocht, die Schalotten schälen und sehr fein hacken. Das Olivenöl erhitzen und die Schalotten darin bei mittlerer Hitze 2–3 Min. anschwitzen. Das Mehl dazurühren und weitere 2–3 Min. unter Rühren goldgelb bräunen. Mit etwa 1/2 l Spargelsud ablöschen. Gut rühren, damit keine Klümpchen entstehen. Safran in etwas Sauce auflösen und mit dem Lorbeerblatt zugeben. Die Sauce salzen und 10 Min. bei schwacher Hitze kochen. Über die Spargel gießen und gleich servieren.

Kein Schmorgericht ohne sofrito: *Es ist in der andalusischen Küche eine wichtige Grundlage bei der Zubereitung vieler Gerichte. Nicht umsonst heißt es: »no hay guiso sin sofrito«. Kein Eintopf oder Schmorgericht, ob mit Fisch, Fleisch, Gemüse, Reis oder Nudeln geht ohne sofrito. Eine Variante des sofrito ist die picada. Sie wird zubereitet, um damit Gerichte zu binden.*

Sofrito

Sofrito ist in der andalusischen Küche eine wichtige Basiszutat für die Zubereitung von Schmorgerichten.
Die »Real Academía de Lengua Española» erklärt: »*Sofreir* ist leichtes Anbraten von Lebensmitteln und deren Würze«. *Sofrito* sind demnach die Lebensmittel, die wir leicht anbraten.

Wie macht man *sofrito*?

Eine Zwiebel wird sehr fein gehackt, eine Tomate entkernt und in kleine Würfel geschnitten. Denn damit das *sofrito* gut gelingt, muss alles sehr fein gehackt sein. In einer Pfanne wird eine großzügige Menge Olivenöl erhitzt. Darin wird die Zwiebel angebraten. Genau in dem Augenblick, in dem sie eine goldbraune Färbung annimmt, kommen die Tomatenwürfel dazu. Olivenöl, Zwiebel und Tomate sind sozusagen das Grund-*sofrito*. Man kann auch rote oder grüne Paprikaschoten dazunehmen oder Knoblauch, Lauch, Möhren. Alles immer schön klein hacken und die Tomatenwürfel grundsätzlich am Schluss dazugeben. Das Ganze wird etwa 5 Minuten gebraten. Kurz vor Schluss kann man das *sofrito* noch mit aromatischen Kräutern oder Gewürzen anreichern. Dann einfach das *sofrito* zu dem Schmorgericht geben.

Picada

Eine Variante des *sofrito* ist die *picada*. Sie dient vor allem dazu, Schmorgerichte ohne Mehl sämig zu machen. Außer Knoblauch und Zwiebel nimmt man hier noch Pinienkerne, Mandeln, Haselnüsse, geröstetes Brot, Petersilie, Safran, getrocknete rote Paprikaschoten oder *ñoras* (kleine, runde dunkelrote Paprikaschoten, die nur getrocknet verwendet werden). All das wird im Mörser zu einer feinen Paste zerstoßen und zu dem Schmorgericht gegeben. Das hebt den Geschmack und bindet zugleich die Flüssigkeit etwas.
Um sich die Arbeit leichter zu machen, brät man die getrockneten roten Paprika-

Links sehen Sie das *sofrito*; auf den folgenden Bildern Zutaten und Zubereitung der *picada*.

schoten und die *ñoras* zuerst in Olivenöl an und zerstampft sie dann, wenn sie weich sind, im Mörser. Auf einen Mixer, mit dem man die *picada* auch zubereiten kann, verzichtet man gern. Der Geschmack der *picada* aus dem Mixer ist doch nicht ganz derselbe.

Getrocknete Paprikaschoten

In ländlichen Gegenden Andalusiens werden im Sommer leuchtend rote Bündel der länglichen Paprikaschoten am Fenster oder im *patio* zum Trocknen aufgehängt. Die andalusische Hausfrau bereitet ihren Vorrat an getrockneten Schoten immer noch selbst zu.

Guisote Serrano

Kürbiseintopf mit Schinken

Zubereitungszeit: 45 Min.
Pro Person ca.: 655 kcal

Zutaten für 4 Personen:
Für die *picada*:
3 Knoblauchzehen
2 rote getrocknete Paprikaschoten
1 Glas Weißwein (ersatzweise Gemüsebrühe)
Für den Eintopf:
600 g gelbfleischiger Kürbis
1 kg Kartoffeln
1 mittelgroße Zwiebel
2 grüne Paprikaschoten
500 g Tomaten
150 g (1 dicke Scheibe) luftgetrockneter Schinken (z. B. *Jamón de Trevélez*)
je 1/4 TL Kreuzkümmelsamen, Koriander- und rosa Pfefferkörner, grob zerstoßen
Salz
Außerdem:
10 EL Olivenöl

Für die *Picada* Knoblauch schälen und fein hacken. In einer Pfanne 2 EL Olivenöl erhitzen, Paprikaschoten und Knoblauch darin 2–3 Min anschwitzen. Mit Wein ablöschen und in 5 Min. weich schmoren. Im Mörser fein zerstampfen.

Für den Eintopf den Kürbis, die Kartoffeln und die Zwiebel schälen. Paprikaschoten waschen und putzen. Alles in etwa 2 cm große Stücke schneiden. Die Zwiebel klein hacken. Die Tomaten waschen und mit dem Schinken in 1 cm große Würfel schneiden.

Für das *Sofrito* 4 EL Olivenöl in einer Pfanne erhitzen. Darin die Zwiebel und die Paprika glasig braten. Dann Schinken, Gewürze, Tomaten und Kürbis dazugeben. Bei schwacher Hitze 5 Min. schmoren. 1/4 l Wasser dazugießen und mit Salz abschmecken. Zugedeckt 10 Min. schmoren.

Gleichzeitig die Kartoffeln in 4 EL Olivenöl braun braten. Zum Gemüse geben und eventuell noch etwas Wasser auffüllen. Die *picada* zum Gemüse geben. Vorsichtig umrühren und heiß servieren.

Varianten:

Wenn Sie es pikant mögen, zerstampfen Sie im Mörser noch 1 getrocknete Chilischote mit. Man kann auch statt der grünen rote Paprikaschoten nehmen oder halb und halb.

Reichen Sie Weißbrot zum Kürbiseintopf, um die Sauce bis zum letzten Rest zu genießen.

Olla San Antón

Eintopf mit Bohnen, Schweinefleisch und Wurst (im Bild hinten)

Zubereitungszeit: 1 1/2 Std.
Pro Person ca.: 1010 kcal

Zutaten für 6 Personen:
500 g Dicke Bohnen, enthülst
1 kleine Zwiebel
250 g weiße Bohnen (aus dem Glas)
1 rote Paprikaschote
250 g durchwachsener Bauchspeck
1 Schweinefuß in 2 Stücke gehackt
500 g roher Schweinebauch
1 Knoblauchknolle
1 Rindersuppenknochen
1 Schinkenknochen
1 Lorbeerblatt
1 Zweig Thymian
Salz und frisch gemahlener schwarzer Pfeffer
1 luftgetrocknete Blutwurst (ca. 200 g)
1 Tasse Reis (ca. 130 g)

Die Bohnenkerne in ein Sieb füllen, abbrausen und abtropfen lassen. Die Zwiebel schälen. Die Paprikaschote waschen, putzen und in 2 cm große Stücke schneiden. Speck und Schweinefleisch in 2 cm große Stücke schneiden.

Die Paprika mit der ganzen Zwiebel, der ganzen Knoblauchknolle, Fleisch und Knochen in einen großen Topf geben. Mit Wasser auffüllen, so dass alles knapp bedeckt ist. Kräuter, Salz und Pfeffer dazugeben. Bei schwacher Hitze ganz langsam 40 Min. schmoren.

Die Blutwurst in Scheiben schneiden, mit den Bohnen und dem Reis dazugeben. 15–20 Min. bei schwacher Hitze kochen. Den Topf ab und zu hochheben und schütteln, damit die Bohnen nicht ansetzen. Vor dem Servieren die Zwiebel und die Knochen entfernen. Die Knoblauchzehen drückt man im Teller mit der Gabel aus und isst das Mus.

Olla de trigo

Eintopf mit Weizen, Kichererbsen, Schweinefleisch und Fenchel (im Bild vorne)

Zubereitungszeit: 45 Min.
Pro Person ca.: 865 kcal

Zutaten für 4 Personen:
100 g Weizenkörner
Salz
250 g Kichererbsen (aus dem Glas)
250 g frischer Schweinebauch
100 g durchwachsener Speck
300 g Schweinerippe, vom Metzger in die einzelnen Rippen teilen lassen
1 getrocknete rote Paprikaschote (ersatzweise 1 TL Paprikamark)
1 Fenchelknolle
2 luftgetrocknete Blutwürste (*Morcillas*)
1 Scheibe Brot
schwarzer Pfeffer aus der Mühle

Weizen in reichlich Salzwasser in 30 Min. weich kochen. Dann in ein Sieb geben und abtropfen lassen. Die Kichererbsen in ein Sieb geben und gut abbrausen.

Während der Weizen gart, das Fleisch und den Speck in mundgerechte Stücke schneiden. In einem Topf 1/2 l Salzwasser aufkochen lassen. Darin Fleisch, Speck, Rippen und die getrocknete Paprikaschote 30 Min. bei schwacher Hitze köcheln lassen.

Den Fenchel putzen und achteln, das Grün aufheben. Die Blutwurst in Scheiben schneiden. Fenchel und Kichererbsen zum Fleisch geben. Weitere 15 Min. kochen.

Kurz vor Ende der Kochzeit die abgetropften Weizenkörner und die Blutwurst dazugeben. Die Paprikaschote herausfischen.

Das Brot rösten, mit der getrockneten Paprikaschote und etwas Salz im Mörser zerstampfen. Zum Eintopf geben, mit Pfeffer abschmecken. Mit Fenchelgrün bestreut servieren.

Varianten:
Wenn Sie es pikant mögen, zerstampfen Sie mit der getrockneten Paprikaschote noch 1 Chilischote.
Auch zu diesem Gericht gehören eigentlich im Original Schweineschwanz und Schweineohr.

Habas, Dicke Bohnen, sind sehr beliebt. Die jungen Bohnenkerne sind in kurzer Zeit gar. Ganz zarte, werden in den Bars mit ein paar Körnchen Salz bestreut roh als Tapa gegessen.

Artischocken oder Alcauciles *findet man in jedem andalusischen Garten. Die blaublütige Schönheit war bereits im alten Ägypten als Diätmittel bekannt, und die Römer beschrieben sie als Nahrung der Reichen. Artischocken wird eine appetitanregende, verdauungsfördernde Wirkung zugeschrieben. Achten Sie beim Kauf darauf, dass die Artischocken fest sind und die Blätter eng anliegen.*

Alcauciles mojados

Artischocken im Weinsud

Zubereitungszeit: 30 Min.
Pro Person ca.: 355 kcal

Zutaten für 4 Personen:
8 kleine Artischocken
3 EL Zitronensaft
150 g magerer Speck
2–3 Knoblauchzehen
Salz
1/2 l Weißwein
1/8 l Hühnerbrühe
geröstete Brotwürfel zum Bestreuen

Artischocken waschen, die Stiele abbrechen, die äußeren harten Blätter großzügig entfernen. Die Spitze abschneiden. Artischocken vierteln und sofort in Zitronenwasser legen, damit sie nicht schwarz werden. Den Speck in kleine Würfel schneiden.

Den Knoblauch schälen und im Mörser mit etwas Salz fein zerstampfen (oder durch die Presse drücken), in einen breiten Topf geben. Die Artischocken abtropfen lassen und mit dem Speck dazugeben. Den Wein und die Brühe dazugießen, die Artischocken sollen ganz von Flüssigkeit bedeckt sein. Zum Kochen bringen und offen bei mittlerer Hitze 20–30 Min. kochen, bis die Flüssigkeit auf die Hälfte reduziert ist. Mit gerösteten Brotwürfeln bestreut servieren.

Habas con jamón a la granadina

Dicke Bohnen mit Schinken

Zubereitungszeit: 30 Min.
Pro Person ca.: 905 kcal

Zutaten für 4 Personen:
1 1/2 kg frische Dicke Bohnen
150 g luftgetrockneter Schinken
(z. B. *Jamón Serrano*)
1–2 Knoblauchzehen
2 EL Olivenöl
1/4 l Sherry oder trockener Weißwein (ersatzweise Fleischbrühe und etwas Zitronensaft)
1 Zweig Thymian
Salz und frisch gemahlener schwarzer Pfeffer

Die Bohnenkerne aus den Schoten lösen. Den Schinken in kleine Würfel schneiden, den Knoblauch schälen und fein hacken.

Das Öl in einem Topf erhitzen und die Schinkenwürfel darin 2–3 Min. anbraten. Den Knoblauch 1 Min. mitbraten, dann die Bohnen dazugeben und 2–3 Min. mitgaren.

Den Sherry oder Wein und den Thymianzweig dazugeben. Salzen und pfeffern. Die Bohnen zugedeckt bei schwacher Hitze 20 Min. kochen, die Flüssigkeit soll dabei etwas einkochen. Die Bohnen schmecken warm und kalt.

TIPP

Wer Knoblauchgeschmack mag, aber die Zehen nicht essen möchte, legt ein schweres Küchenmesser auf die ungeschälten Zehen, klopft sie durch einen Schlag mit dem Handballen etwas breit und gibt sie ins heiße Öl. So brennt der Knoblauch auch nicht so schnell an.

Espinacas con huevos

Spinateier (im Bild vorne)

Zubereitungszeit: 45 Min.
Pro Person ca.: 570 kcal

Zutaten für 4 Personen:
1 kg frischer Spinat
4 Scheiben altbackenes Brot
2 Knoblauchzehen
150 g roher Schinken (z. B. *Jamón Serrano*)
3 EL Olivenöl
100 g geschälte gemahlene Mandeln
1 Prise gemahlener Piment
1 TL gemahlener Kreuzkümmel
4 Eier
Olivenöl für die Form

Vom Spinat die Stiele abschneiden, die Blätter gut waschen. Den feuchten Spinat in einen flachen Topf geben und bei mittlerer Hitze in 5 Min. zusammenfallen lassen. In ein Sieb schütten, abkühlen lassen und die überschüssige Flüssigkeit gut mit dem Handballen auspressen. Backofen auf 200° vorheizen.

Das Brot in kleine Würfel schneiden. Den Knoblauch schälen und fein hacken. Schinken in kleine Würfel schneiden.

Das Olivenöl in einer Pfanne erhitzen. Mandeln, Brotwürfel und Knoblauch darin unter ständigem Rühren goldbraun braten. Den Schinken dazugeben. Mit Piment und Kreuzkümmel würzen. Den ausgedrückten Spinat in die Pfanne geben, alles gut mischen und 3–4 Min. schmoren.

Eine feuerfeste Form (oder 4 einzelne kleine Formen) mit Olivenöl auspinseln. Die Spinatmasse hineinfüllen. Mit einem Löffel vier Vertiefungen in die Masse drücken. Die Eier aufschlagen und in die Vertiefungen geben. Den Spinat im Backofen (Mitte, Umluft 180°) 10–15 Min. backen, bis die Eier gestockt sind. Nach Belieben noch kross gebratenen Schinken darauf anrichten.

Acelgas con pasas y piñones

Mangold mit Rosinen und Pinienkernen (im Bild hinten)

Einweichzeit: 30 Min.
Zubereitungszeit: 30 Min.
Pro Person ca.: 300 kcal

Zutaten für 4 Personen:
100 g Rosinen (z. B. aus Muskatellertrauben)
150 ml Sherry oder Weißwein (ersatzweise Gemüsebrühe mit etwas Zitronensaft)
1 kg frischer Mangold (oder Spinat)
1 Knoblauchzehe
4 EL Olivenöl
Salz und frisch gemahlener schwarzer Pfeffer
20 g Pinienkerne

Die Rosinen 30 Min. in Sherry oder Wein (ersatzweise in Wasser) einweichen. Den Mangold putzen, waschen und abtropfen lassen. Die Stiele in Streifen schneiden und die Blätter grob zerkleinern. Den Knoblauch schälen und sehr fein hacken.

Das Öl in einem flachen Topf erhitzen. Den feuchten Mangold mit dem Knoblauch darin 3 Min. anschmoren. Dann die Rosinen und den Sherry dazugeben. Mit Salz und Pfeffer würzen und zugedeckt weitere 10–15 Min. bei schwacher Hitze schmoren.

Inzwischen die Pinienkerne in einer trockenen Pfanne hellbraun rösten. Dabei die Pfanne immer wieder schütteln, damit die Kerne nicht anbrennen. Zu dem Mangold geben und noch 5 Min. mitschmoren.

Variante:
Wenn Sie noch 100 g fein gewürfelten durchwachsenen Bauchspeck mitschmoren, ist das Gericht mit frischem Landbrot ein komplettes Essen.

Huevos a la flamenca

Eier nach Flamenco-Art (im Bild hinten)

Zubereitungszeit: 45–50 Min.
Pro Person ca.: 560 kcal

Zutaten für 4 Personen:
1 Zwiebel
100 g luftgetrockneter Schinken
(z. B. *Jamón Serrano*)
2 Tomaten
4 Stangen grüner Spargel
2 rote Paprikaschoten
1 mehlige Kartoffel
6 EL Olivenöl
100 g grüne Bohnen
100 g tiefgekühlte Erbsen
Salz
16 Scheiben Chorizo
2 EL Tomatenmark
100 ml trockener Sherry (ersatzweise Brühe)
frisch gemahlener Pfeffer
4 Eier

Die Zwiebel schälen und fein hacken. Den Schinken in kleine Würfel schneiden. Die Tomaten kreuzweise einschneiden, mit kochendem Wasser überbrühen, häuten und klein hacken. Spargel in 2 cm lange Stücke schneiden. Paprikaschoten waschen, putzen und in kleine Würfel schneiden.

Den Backofen auf 180° vorheizen. Die Kartoffel schälen, klein würfeln und in 2 EL Olivenöl etwa 5 Min. braten. Bohnen waschen, putzen und mit den Erbsen in kochendem Salzwasser in etwa 5 Min. bissfest garen. In ein Sieb abgießen. Die Bohnen in 2 cm lange Stücke schneiden.

4 EL Öl erhitzen, die Zwiebel darin anschwitzen. Den Schinken dazugeben. Wenn die Zwiebel goldgelb ist, alles Gemüse, die Wurst und das Tomatenmark dazugeben. Alles mischen und mit Sherry beträufeln. Salzen und pfeffern und 5–7 Min. bei mittlerer Hitze braten.

Das Gemüse in einer feuerfesten Form verteilen. In vier Mulden je 1 Ei schlagen und salzen. Im Backofen (Mitte, Umluft 160°) 10–12 Min. backen, bis die Eier gestockt sind. Mit Bauernbrot und einem kühlen Bier servieren.

Berenjenas moriscas

Auberginen nach Maurenart (im Bild vorne)

Zubereitungszeit: 35 Min.
Pro Person ca.: 130 kcal

Zutaten für 4 Personen:
2 große Auberginen (ca. 500 g)
6 EL Olivenöl
1 kleine rote Zwiebel
1 Knoblauchzehe
1 Bund glatte Petersilie
1 Zitrone
1 Zweig Oregano
gemahlener Kreuzkümmel
Salz und frisch gemahlener roter Pfeffer

Den Backofen auf 240° vorheizen, den Backofengrill zuschalten. Auberginen waschen, putzen und in kleinfingerdicke Scheiben schneiden. Auf ein Backblech stellen und mit 2 EL Olivenöl beträufeln. Im Backofen von beiden Seiten in etwa 20 Min. goldbraun grillen, dann herausnehmen.

Die Zwiebel und den Knoblauch schälen und fein hacken. Die Petersilie waschen und fein hacken. Die Zitrone auspressen. Alles mit dem restlichen Olivenöl mischen. Oregano waschen, die Blättchen abzupfen.

Die etwas abgekühlten Auberginen in Würfel schneiden und in eine Schüssel geben. Die Marinade dazugeben und vorsichtig, aber gut untermischen. Mit Oregano, 1 Prise Kreuzkümmel, Salz und Pfeffer würzen.

Bacalao
im Aufwind

Bacalao wird in Eintöpfen und Reisgerichten geschmort oder gebraten, mit Honig- oder Zwiebelsauce, als Beigabe in Salaten oder als Kroketten und Bällchen serviert.

Noch bis vor wenigen Jahren galt Stockfisch eher als Arme-Leute-Essen. Er war billiger als frischer Fisch und spielte als Volksnahrungsmittel eine wichtige Rolle. In Regionen, die keinen Zugang zum Meer hatten und als man Frischfisch noch nicht kühlen konnte, war er nahezu der einzige Fisch, den man hatte. In jüngster Zeit entdecken immer mehr Spitzenköche den *bacalao*. Sie bereiten kulinarische Leckerbissen aus ihm zu und servieren ihn in überraschenden Kombinationen.

Erbe einer großen Tradition

Das Wort *bacalao* soll von der Insel Bacalieu bei Terranova (Neufundland) kommen. Andere vermuten gälischen Ursprung: Stockfisch wurde einst auf großen Stangen – *bachall* – getrocknet. Als die Spanier mit ihren Segelschiffen noch die Weltmeere durchkreuzten, kannte man nur Einsalzen und Trocknen als Konservierungsart. So war *bacalao* ein wichtiges Nahrungsmittel für die Seefahrer auf den langen Routen.

Auch wenn Kabeljau in den kalten Gewässern der Nordsee oder des Nordatlantik gefischt wird, ist er in getrocknetem Zustand aus Südeuropa nicht wegzudenken. Schon im 12. und 13. Jahrhundert war der gesalzene und getrocknete Kabeljau die wichtigste Handelsware für die Fischer auf den Lofoten, und die südeuropäischen Länder waren die größten Abnehmer. Die wirtschaftliche Bedeutung des Kabeljau war so groß, dass um die Fangrechte bis zum Ende des 20. Jahrhunderts regelrechte Kabeljaukriege geführt wurden.

So wird Kabeljau zu Stockfisch

Der fangfrische Kabeljau wird geöffnet, ausgenommen, mit grobem Meersalz bestreut, dann an hohe Stangen gehängt und luftgetrocknet. Bei einer Temperatur von 5 ° wird er konserviert.
In Spanien bevorzugt man den *bacalao verde* oder *de media sal*. Der muss nicht so lange gewässert werden (s. Seite 41).

Frische Fische, getrocknete oder eingesalzene: Das Angebot in andalusischen *pescaderías* ist riesig. Stockfisch wird häufig bereits gewässert, entgrätet und geputzt angeboten. So ist *Bacalao con tomate* auch schnell zubereitet.

Bacalao con tomate

Stockfisch mit Tomate

Zubereitungszeit: 15 Min.
Marinierzeit: mindestens 4 Std.
Pro Person ca.: 220 kcal

Zutaten für 4 Personen:
500 g reife Tomaten
150 g Stockfisch (am besten Filet)
1–2 Knoblauchzehen
3 EL Olivenöl, 3–4 EL Zitronensaft
frisch gemahlener schwarzer Pfeffer

Die Tomaten kreuzweise einschneiden, mit kochendem Wasser überbrühen und häuten. Halbieren, entkernen und fein hacken. In eine Schüssel geben.

Den Stockfisch ungewässert in dünne Scheiben schneiden und dann zerpflücken. Zu den Tomaten geben.

Den Knoblauch schälen und fein hacken. Mit Olivenöl und Zitronensaft zu den Tomaten geben. Mit Pfeffer würzen. Alles im Kühlschrank mindestens 4 Std. ziehen lassen. Mit frischem Baguette und einem trockenen Weißwein oder spanischen Rosado ist das ein leichtes Sommerabendessen.

Stockfisch vorbereiten

Wahrscheinlich werden Sie nur einen ganzen Stockfisch und keine Filets bekommen. Der Fisch sollte, je nach Größe, 24–36 Std. im Kühlschrank gewässert werden. Das Wasser muss man 5- bis 6-mal wechseln. Entsalzen im Kühlen hat den Vorteil, dass es sehr langsam vor sich geht und das Fleisch fest bleibt. Etwa 4 Std. vor dem Kochen sollten Sie den Kabeljau aus dem Kühlschrank nehmen, denn es ist wichtig, dass er beim Kochen Zimmertemperatur hat. Verwenden Sie *filetes de bacalao,* genügt es, sie 2–3 Std. zu wässern. Bei *migas de bacalao,* Stockfischstückchen, reicht sogar 1 Std.
Ganzen Stockfisch müssen Sie dann noch häuten, filetieren und mit einer Pinzette die Gräten entfernen.

»Soldaditos de Pavia« erinnert an die gelben Uniformen der Spanier in der Schlacht von Pavia, die die spanisch-österreichische Liga der Habsburger gegen Frankreich gewann.

Für eine echte Alioli *zerstoßen Sie acht geschälte Knoblauchzehen mit etwas Salz in einem Mörser zu Brei. Dann lassen Sie Olivenöl in fadendünnem Strahl dazulaufen und arbeiten es stetig mit dem Stößel unter das Knoblauchmus, bis eine dickflüssige Creme entstanden ist. Die Alioli wird mit Zitronensaft und Salz abgeschmeckt. Das Arbeiten mit dem Mörser erfordert ein wenig Übung, aber das Ergebnis lohnt die Mühe.*

Soldaditos de Pavia

Frittierte Stockfischbällchen

Wässerungszeit für Stockfisch: 24 Std.
Zubereitungszeit: 45 Min.
Pro Person ca.: 765 kcal

Zutaten für 4 Personen:
500 g Stockfisch (am besten Filets, s. Seite 41)
2 Knoblauchzehen
1/4 TL Kreuzkümmel
9–12 EL Mehl
1 Briefchen Safranpulver (0,125 g)
4 Stängel Petersilie
2 EL Sherryessig
3–4 EL Olivenöl
Salz
5 Eiweiß
1/4–1/2 l Olivenöl zum Frittieren
1 Zitrone zum Anrichten

Den Stockfisch 24 Std. wässern. Das Wasser 5-mal wechseln. Dann den Fisch gut abtropfen lassen und zu Mus zerhacken.

Den Knoblauch schälen, in einem Mörser mit dem Kreuzkümmel solange stoßen, bis alles cremig ist. Dann 1 EL Mehl und den Safran dazugeben.

Die Petersilie waschen und fein hacken. 8 EL Mehl in eine Schüssel sieben und mit der Gewürzmischung, Petersilie, Sherryessig und so viel Wasser (ca. 50 ml) verrühren, dass ein dickflüssiger, fast fester Teig entsteht. Eventuell noch etwas Mehl dazugeben. Den Stockfisch und das Olivenöl unterrühren, eventuell noch salzen. Die Eiweiße sehr steif schlagen und unter die Masse heben.

Olivenöl in einer tiefen Pfanne erhitzen. Mit einem Löffel längliche Nocken vom Teig abstechen und auf beiden Seiten schön goldbraun frittieren. Mit Zitronenscheiben garnieren und mit heißer Tomatensauce oder Alioli (s. Seite 42) servieren.

Andrajos de Jaén

Nudeltopf mit Stockfisch und Tomaten

Einweichzeit: 4 Std.
Zubereitungszeit: 1 Std.
Pro Person ca.: 850 kcal

Zutaten für 4 Personen:
500 g Stockfischfilet (ersatzweise frischer Kabeljau)
150 g Mehl, Salz
400 g reife Tomaten
500 g Kartoffeln
4 Knoblauchzehen
1 Bund glatte Petersilie
5 EL Olivenöl
1/2 TL Paprikapulver, edelsüß
1 Briefchen Safranpulver (0,125 g)
800 ml Fischbrühe
1 Lorbeerblatt, 1 Zweig Minze
frisch gemahlener schwarzer Pfeffer
Mehl zum Arbeiten

Den Stockfisch 4 Std. in Wasser entsalzen (s. Seite 141). Dabei das Wasser einmal wechseln. Den Fisch herausnehmen, mit Küchenpapier abtrocknen und in Streifen schneiden.

Mehl und 1 Prise Salz in eine Schüssel geben, so viel Wasser unterkneten, bis ein gleichmäßiger, fester Teig entsteht. Zu einer Kugel formen und 15 Min. ruhen lassen.

Dann den Teig auf einer bemehlten Fläche so dünn wie möglich ausrollen. In unregelmäßige Stücke schneiden, mit Mehl bestäuben und beiseite legen.

Die Tomaten waschen und fein hacken, dabei die Kerne und Stielansätze entfernen. Die Kartoffeln schälen und klein würfeln. Knoblauch schälen und fein hacken. Die Petersilie waschen und grob hacken.

Das Öl in einem breiten flachen Topf erhitzen, darin die Kartoffeln 3–4 Min. braten. Tomaten, Petersilie und Knoblauch 4 Min. mitbraten. Mit Paprika, Pfeffer und Safran würzen. Den Stockfisch dazugeben. Wenn man frischen Fisch nimmt, das Gericht leicht salzen.

Die Teigstücke nun so auf das Gericht legen, dass sie sich überlappen. Mit heißer Fischbrühe auffüllen, das Lorbeerblatt dazugeben und offen bei schwacher Hitze etwa 20 Min. schmoren. Mit fein geschnittenen Minzeblättchen bestreut servieren.

Almindonado de Jaén

Fischbällchen

Zubereitungszeit: 1 Std.
Pro Person ca.: 390 kcal

Zutaten für 4 Personen:
Für die Klößchen:
Salz
1 kg küchenfertige Dorade
(oder 500 g Seelachsfilet)
4 Gewürznelken
je 1/4 TL Koriander- und schwarze Pfefferkörner
1 Zweig Lavendel
1 Briefchen Safranpulver (0,125 g)
1/4 TL Zimtpulver
2 EL Weizenmehl
1/8 l Olivenöl
Für die Vinaigrette:
1 Knoblauchzehe
5 EL Olivenöl
6 EL Rotweinessig
1/2 TL gemahlener Kreuzkümmel

2 l Wasser mit Salz zum Kochen bringen. Den Fisch schuppen und gut abspülen. 1 große Dorade in 3–4 Stücke schneiden, 2 kleine Doraden sind oder das Fischfilet im Ganzen ins kochende Wasser legen. Bei schwacher Hitze 10–15 Min. ziehen lassen. Herausnehmen, etwas abkühlen lassen. Gräten und die Haut entfernen.

Inzwischen für die Vinaigrette den Knoblauch schälen und durchpressen. Olivenöl und Essig mit Knoblauch und Kreuzkümmel aufkochen lassen. Vom Herd nehmen und warm halten.

Nelken, Koriander und Pfeffer im Mörser fein zerstoßen. Lavendel waschen, die Nadeln abzupfen und fein hacken. Den Fisch ganz fein hacken. In eine Schüssel geben. Die zerstoßenen Gewürze, Safran und Zimt dazugeben. Mit dem Mehl gut verkneten und mit Salz abschmecken. Aus der Fischmasse etwa walnussgroße Klößchen formen und in Mehl wälzen. Im heißen Olivenöl goldbraun braten. Fischklöße in eine Schüssel legen und die Vinaigrette darüber gießen.

Dazu schmecken Safranreis (s. rechts) oder Wildreis, ein frischer Salat und trockener Weißwein.

Die Fischklößchen eigenen sich auch sehr gut als Tapas.

Moraga de sardinas

Sardinen mit Muscheln in Weißwein (im Bild)

Zubereitungszeit: 30 Min.
Pro Person ca.: 455 kcal

Zutaten für 4 Personen:
2 unbehandelte Zitronen
1 kg frische Sardinen
1 Bio-Orange
500 g Venusmuscheln (*Almejas*)
2 EL Pinienkerne
1 Zweig Thymian
Salz und frisch gemahlener schwarzer Pfeffer
4 Knoblauchzehen
1 Zweig glatte Petersilie
6 EL Olivenöl
1/4 l trockener Weißwein

1 Zitrone auspressen. Köpfe der Sardinen entfernen. Die Fische ausnehmen und gut abspülen. Mit Küchenpapier trockentupfen. In einen flachen Topf schichten und mit dem Zitronensaft beträufeln.

Die andere Zitrone und die Orange heiß abwaschen und in Scheiben schneiden, Orangenscheiben halbieren und alle Scheiben rund um die Sardinen stecken. Venusmuscheln unter fließendem Wasser waschen, mit Pinienkernen und abgezupften Thymianblättchen darüber verteilen. Salzen und pfeffern.

Den Knoblauch schälen. Die Petersilie waschen und abzupfen. Beides fein hacken. Olivenöl erhitzen, beides darin 2–3 Min. anbraten, mit Wein ablöschen. Aufkochen lassen und heiß über die Sardinen gießen. Die Sardinen salzen und pfeffern und zugedeckt bei schwacher Hitze 10–15 Min. auf dem Herd garen.

Safranreis

Für den Safranreis 1 Schalotte schälen und fein hacken. In 2 EL Olivenöl anschwitzen. 150 g trockenen Reis dazugeben, 2 Min. unter Rühren mitbraten. 1/2 Döschen Safranpulver und Salz dazugeben und 1/2 l Wasser (oder Hühnerbrühe, dann das Salz weglassen) dazugießen. Salzen und 20 Min. bei starker Hitze kochen, bis das Wasser fast verdampft ist. Vom Herd nehmen, zudecken und noch 10 Min. quellen lassen.

Ciervo a la montanería

Hirsch in Rotweinsauce (im Bild)

Marinierzeit: 4 Std.
Zubereitungszeit: 30 Min.
Garzeit: 2 Std.
Pro Person ca.: 740 kcal

Zutaten für 4 Personen:
1 kg Hirschfleisch (aus der Keule)
8 Knoblauchzehen
700 ml kräftiger, trockener Rotwein
3 Lorbeerblätter
3 Zweige Thymian
1 kg rote Zwiebeln
4 EL Olivenöl
100 g geschälte Mandeln
4 getrocknete rote Paprikaschoten (ersatzweise 1 TL Paprikamark)
Salz und roter Pfeffer, frisch gemahlen

Das Fleisch in Würfel schneiden. Den Knoblauch schälen. Für die Beize den Rotwein mit 2 Knoblauchzehen, 1 Lorbeerblatt und 1 Zweig Thymian aufkochen lassen. Etwas abkühlen lassen und über das Fleisch gießen. Im Kühlschank mindestens 4 Std. marinieren.

Von 1 Thymianzweig die Blättchen abstreifen. Die Zwiebeln schälen und fein hacken. Das Olivenöl in einem großen Topf erhitzen und darin Zwiebel und Thymian goldbraun rösten. Das Fleisch dazugeben und mit der Beize samt allen Gewürzen auffüllen, bis das Fleisch bedeckt ist.

In einem Mörser die Mandeln, den restlichen Knoblauch und die getrockneten Paprikaschoten zu einer Paste zerstoßen. Mit 2 Lorbeerblättern und dem restlichen Thymian zum Fleisch geben. Salzen und pfeffern und bei mittlerer Hitze gut 2 Std. schmoren. Dazu schmeckt derselbe Rotwein, der für die Beize genommen wurde.

Faisán en escabeche

Eingelegter Fasan

Zubereitungszeit: 30 Min.
Garzeit: 45–50 Min.
Pro Person ca.: 400 kcal

Zutaten für 4 Personen:
1 küchenfertiger Fasan
1 Knoblauchknolle
6 Möhren
2 EL Olivenöl
2 EL Sherryessig
2 Gewürznelken
3 Lorbeerblätter
1/2 TL bunte Pfefferkörner
je 2 Zweige Thymian und Oregano
Salz und Pfeffer, frisch gemahlen

Den Fasan in 4–6 Stücke schneiden, waschen und gut abtrocknen.

Die Knoblauchknolle in die einzelnen Zehen teilen und diese schälen. Die Möhren putzen und in Scheiben schneiden.

In einem Topf Wasser mit 1 guten Schuss Olivenöl, Sherryessig, Nelken, Lorbeerblättern, Pfefferkörnern, Knoblauch und Möhren erhitzen. Wenn das Wasser kocht, die Fasanstücke und die Kräuter dazugeben, salzen und pfeffern. Bei schwacher Hitze 45–50 Min. köcheln lassen, bis das Fleisch weich ist. Das Fleisch herausnehmen und in ein verschließbares Gefäß legen.

Die Brühe um die Hälfte einkochen lassen, durchsieben und über die Fasanstücke füllen. Abkühlen lassen und gut verschlossen im Kühlschrank aufbewahren.

TIPP

Den marinierten Fasan kann man kalt als Vorspeise oder als leichtes Abendbrot essen. In einem gut verschlossenen Gefäß ist der Fasan 1 Woche im Kühlschrank haltbar.

Conejo con castañas

Kaninchen mit Kastanien im Weinsud

Zubereitungszeit: 20 Min.
Marinierzeit: 24 Std.
Garzeit: 40 Min.
Pro Person ca.: 655 kcal

Zutaten für 4 Personen:
1 küchenfertiges Kaninchen (ca. 1 kg)
3 Knoblauchzehen
1 Zweig glatte Petersilie
1/8 l trockener Weißwein
2 Lorbeerblätter
1 rote Zwiebel, 1 Möhre
1 Lauchstange, 2 Tomaten
4 EL Olivenöl
1 TL Paprikapulver, edelsüß
1 Briefchen Safranpulver (0,125 g)
300 g gegarte Esskastanien (Maronen, aus der Vakuumpackung)
4 EL l trockener Sherry
4 EL Brandy
1/8 l Fleischbrühe
Salz und frisch gemahlener weißer Pfeffer

Das Kaninchen in 6 Stücke teilen, waschen und abtrocknen. In eine Schüssel legen. Für die Beize 2 Knoblauchzehen schälen und in Scheiben schneiden. Petersilie waschen, abzupfen und fein hacken. Mit Wein und dem Lorbeer über das Kaninchen gießen. Zugedeckt im Kühlschrank 24 Std. marinieren. Ein- bis zweimal wenden.

Am nächsten Tag Zwiebel und 1 Knoblauchzehe schälen und fein hacken. Möhre putzen und in Scheiben schneiden. Das Weiße der Lauchstange gut waschen und putzen, in Scheiben schneiden. Tomaten waschen und auf einer Käsereibe reiben.

Kaninchen aus der Marinade nehmen und mit Küchenpapier trockentupfen. Olivenöl in einer großen Pfanne erhitzen, das Kaninchen darin portionsweise bei starker Hitze 5 Min. rundum goldbraun anbraten. Gemüse, Safran und Paprika 5 Min. mitbraten. Geriebene Tomate, Kastanien, die Marinade mit den Gewürzen, Sherry, Brandy und etwas Fleischbrühe dazugeben. Mit Salz und Pfeffer abschmecken. Zugedeckt bei mittlerer Hitze 40 Min. schmoren.

Conejo con almendras

Kaninchen in Mandelsauce (im Bild)

Zubereitungszeit: 20 Min.
Garzeit: 30–40 Min.
Pro Person ca.: 595 kcal

Zutaten für 4 Personen:
1 küchenfertiges Kaninchen
1 kleine weiße Zwiebel
4 Knoblauchzehen
2 Zweige Petersilie
60 g geschälte Mandeln
6 EL Olivenöl
Salz und frisch gemahlener Pfeffer
1 TL Paprikapulver, edelsüß
1 Lorbeerblatt
1/8 l Weißwein oder Sherry (ersatzweise Hühnerbrühe mit etwas Zitronensaft)
10 Mandeln zum Anrichten

Das Kaninchen in 6–8 Stücke zerteilen, waschen und abtrocknen. Zwiebel und Knoblauch schälen. Knoblauch in Scheiben, Zwiebel in feine Streifen schneiden. Die Petersilie waschen und grob hacken. Die Mandeln grob hacken. In einer breiten Pfanne das Olivenöl erhitzen. Die Kaninchenstücke darin rundum goldbraun anbraten. Herausnehmen und warm stellen.

Im selben Öl Zwiebel, Knoblauch, Mandeln (bis auf 1 EL) und Petersilie 5 Min. anbraten. Etwas abkühlen lassen, mit dem Schaumlöffel herausnehmen und mit dem Pürierstab pürieren.

Kaninchenstücke wieder ins Öl geben, mit Salz, Pfeffer und Paprika würzen. Mandelpüree und Lorbeerblatt dazugeben und den Wein angießen. Kurz aufkochen lassen und zugedeckt bei schwacher Hitze 30–40 Min. schmoren.

Die übrigen Mandeln in einer beschichteten Pfanne kurz anrösten und vor dem Servieren über das Kaninchen verteilen. Dazu schmecken Pilze, mit Knoblauch und Speck gebraten und ein trockener Weißwein.

Perdices con chocolate

Rebhuhn mit Schokolade (im Bild)

Zubereitungszeit: 30 Min.
Garzeit: 1 Std.
Pro Person ca.: 335 kcal

Zutaten für 4 Personen:
2 küchenfertige Rebhühner
1 Knoblauchknolle
1 kleine rote Zwiebel
3 EL Olivenöl
je 1 Zweig Rosmarin, Pfefferminze, glatte Petersilie und Thymian
1 Lorbeerblatt
1/2 TL schwarze Pfefferkörner
1/4 l kräftiger trockener Rotwein
2 EL Sherryessig
35 g Blockschokolade
Kräuter zum Garnieren

Die Rebhühner waschen und abtrocknen. Den Knoblauch in Zehen teilen, ebenso wie die Zwiebel schälen und fein hacken. In einem Bräter das Olivenöl erhitzen, die Rebhühner rundum goldbraun anbraten. Zwiebel und Knoblauch, Kräuter und Gewürze dazugeben und 5 Min. mitschmoren. Mit Rotwein und Sherryessig ablöschen. 30–40 Min. bei schwacher Hitze zugedeckt weich schmoren. Eventuell etwas Rotwein nachfüllen.

Die Rebhühner zerteilen, auf einer vorgewärmten tiefen Platte anrichten und warm halten. Kochsud um ein Drittel einkochen lassen, durch ein Sieb über die Rebhühner gießen.

Die Schokolade im Wasserbad schmelzen und gleichmäßig über die Rebhühner verteilen. Mit Kräutern garnieren. Dazu schmeckt ein kräftiger Rotwein Reserva.

TIPP

Koch- oder Blockschokolade enthält bis zu 70 % Kakaomasse und Zucker. Sie schmilzt sehr leicht.

Ajopringue

Leber mit Speck und Zimt

Zubereitungszeit: 30 Min.
Pro Person ca.: 1000 kcal

Zutaten für 4 Personen:
1 Knoblauchknolle
500 g durchwachsener Speck
500 g Lammleber (oder Rinderleber)
Salz und frisch gemahlener schwarzer Pfeffer
2 EL Semmelbrösel
1/2 TL Zimtpulver
1 Zweig Oregano
20 g Pinienkerne

Knoblauch in Zehen teilen und schälen. Den Speck in kleine Würfel schneiden und in einer Pfanne hellbraun braten. Die Speckwürfel herausnehmen und warm halten. Eventuell etwas Fett aus der Pfanne gießen. Knoblauchzehen im Speckfett bei schwacher Hitze in etwa 8 Min. weich braten, herausnehmen. Leber in mundgerechte Würfel schneiden. Ein paar Würfel aufheben. Die restlichen im Speckfett bei starker Hitze rundum 3–4 Min. anbraten, herausnehmen.

Rohe Leberwürfel mit den weichen Knoblauchzehen, etwas Salz und Pfeffer im Mörser zu einer Paste zerstampfen oder mit dem Pürierstab pürieren.

Angebratene Leberwürfel wieder ins Fett geben. Semmelbrösel dazugeben, mit Zimt und Oreganoblättchen würzen und alles 5–8 Min. bei schwacher Hitze braten. Knoblauchpaste und etwas Wasser dazugeben und erhitzen. Die Sauce soll ziemlich dickflüssig bleiben. Vor dem Servieren die Pinienkerne und den Speck dazugeben.

Oregano (links) wird frisch und getrocknet verwendet. Estragon (rechts) würzt sehr intensiv, deshalb sollte man ihn sparsam verwenden.

Lavendel in der Küche ist eher ungewöhnlich. Er schmeckt, vorsichtig dosiert, zu Kaninchen, Huhn, Eintöpfen und in Desserts.

Kräuter

Für alles wächst eines

Die Mauren waren der Meinung, dass »die Ernährung und Verdauung dazu beitragen, den Menschen in geistigem und körperlichem Gleichgewicht zu halten. Aber das ist nur möglich, wenn beim Essen das Wohlsein, das Vergnügen und der Appetit herrschen«.

In der Zeit der Inquisition hätte man sie wohl als Hexe verbrannt: Conchi aus dem kleinen Dorf Bérchules in den Alpujarras kennt alles, was da wächst. Sie ist die Kräuterfrau des Ortes. Ein Spaziergang durch die Alpujarras ist ein Fest für die Nase. Wilde Kräuter wie Thymian, Oregano, Minze, Fenchel, Rosmarin verbreiten ihren Duft in der warmen Sommerbrise. Man muss sich nur bücken, und schon hat man aromatische frische Kräuter zur Hand.

Der richtige Umgang

Jedes Kraut will auf seine eigene Art behandelt werden, erklärt Conchi. Waschen soll man Kräuter nur, wenn sie sehr verschmutzt sind. Meist reicht kurzes Ausschütteln. Minze und Basilikum soll man erst kurz von der Verwendung in feine Streifen schneiden, sonst werden die Kräuter schwarz. Das feine Fenchelkraut zerschneidet man am besten mit der Schere. Thymianblättchen muss man nur mit einer Gabel vom Zweig streifen. Frische Kräuter kann man in Plastikbeutel gefüllt kurze Zeit im Gemüsefach des Kühlschranks aufbewahren. Geerntet werden die Kräuter kurz vor der Blüte. Zum Trocknen bündelt man sie locker zusammen und hängt sie kopfüber an einen luftigen, nicht zu heißen Ort. Je nach Temperatur sind die Kräuter nach einer Woche getrocknet. Die Blätter werden von den Zweigen gezupft, in gut schließende Gläser gefüllt und an einem lichtgeschützten Platz aufbewahrt. Gut bewährt hat sich auch, frische Kräuter in Portionen einzufrieren. Das Aroma bleibt fast so gut wie bei frischen Kräutern.

Das A und O eines guten Gerichts

Wieder einmal mehr ist es das Verdienst der Mauren, dass in der modernen andalusischen Küche verschwenderisch mit aromatischen Kräutern gekocht wird. Sie benutzten Kräuter nicht nur als Würzmittel, sondern wussten sehr wohl um ihre Heilkraft. Auf dieser Grundlage setzten sie Gewürze und Kräuter ein, um die Gerichte schmackhafter zu machen und dabei gleichzeitig die Eigenschaften der Kräuter für das Wohlbefinden zu nutzen. Der Thymian

Der intensive Salbei (links) kommt frisch oder getrocknet an die Gerichte, aber immer sehr sparsam dosiert. Seine Blüten eignen sich gut als essbare Dekoration. Rosmarin (rechts) mit seinen festen Nadeln wird immer mitgekocht oder -gebraten.

»... weckt den Appetit und vertreibt Blähungen«, schreibt Ibn al-Jatib in seinem Buch über die Hygiene. Bevorzugt benutzten die Mauren Minze, Koriander, Lavendel, Raute, Basilikum, Oregano, Estragon, Melisse, Meerfenchelkraut und glatte Petersilie.

Aromatisch und gesund

Den Koriander verwendeten die Mauren besonders gern. Sie schätzten nicht nur sein feines Aroma, sondern schrieben ihm auch verdauungsfördernde Wirkung zu. Man konnte am Namen des Gerichtes sehen, ob frische Korianderblätter oder Koriandersamen benutzt wurden: *Tafaya verde*, eines der populärsten Schmorgerichte zur Maurenzeit, wurde mit Lammfleisch, reichlich Korianderblättchen, Pfeffer, Zwiebel und anderen Gewürzen zubereitet. *Tafaya blanca* enthielt stattdessen Fenchel, Kümmel und Korianderkörner. *Tafaya blanca* mit Fisch enthielt noch Fenchelkraut und Ingwer. Oregano empfahlen die maurischen Köche bei Hülsenfrüchten und Kohlgerichten, weil er »die Winde löst«. Thymian und Lavendel wurden vor allem für Wild verwendet. Lorbeer wurde kultiviert, weil der Lorbeerbaum in den Augen der andalusischen Mauren Gutes brachte und beruhigend auf Kinder wirkte. Außerdem glaubten sie, dass er gefährliche Tiere fern halte. Die erfrischende Minze wurde fast so häufig verwendet wie Koriander. Diese Sitte blieb bis heute erhalten. Nach wie vor streuen die andalusischen Hausfrauen Minze über ihre Suppen und Eintöpfe. Ein paar Blätter Minze zum Salat oder Sorbet verleihen dem Gericht einen ganz besonderen Geschmack und angenehme Frische.

Kräuter und Gewürze verwendeten die Mauren auch für *xarab*, aromatische Fruchtgetränke, die mit Kräutern und Gewürzen parfümiert waren. Für Minzesaft kochten sie 1 l Wasser mit je 1 Hand voll frischer Minze und Basilikum, der Schale von 1 Orange und 3 Gewürznelken auf, ließen den Saft 10 Min. ziehen und siebten ihn durch. Mit Zucker nach Geschmack tranken sie ihn kalt oder warm.

Ein berühmtes Gericht ist der Tafaya, ein Eintopf aus Fleisch oder Fisch, mit gemahlenen Mandeln gebunden und mit Koriander gewürzt.

»Cuidad del granado; *comed la granada, pues ella devanece todo rencor y envidia« – Hütet den Granatapfelbaum; esst Granatäpfel, denn sie vertreiben Groll und Neid. Schneiden Sie die Frucht in der Mitte durch. Dann können Sie die geleeartigen, saftigen, tiefroten bis blassrosa Fruchtkerne entweder mit den Fingern oder mit der Hilfe eines Löffels gut herauslösen.*

Cordero con granadas

Lamm mit Granatäpfeln

Zubereitungszeit: 30 Min.
Pro Person ca.: 1015 kcal

Zutaten für 4 Personen:
12 Lammkoteletts
4 EL Olivenöl
2 Granatäpfel
1 TL Minzeblättchen
1/4 l trockener Rotwein
Salz und frisch gemahlener roter Pfeffer

Die Lammkoteletts waschen und gut abtrocknen. Das Olivenöl in einer Pfanne erhitzen. Die Lammkoteletts darin von beiden Seiten in 10–15 Min. braun braten. Herausnehmen, in eine tiefe Platte legen und zugedeckt warm stellen.

Inzwischen die Granatäpfel halbieren und aus 1 mit der Orangenpresse den Saft auspressen. Die Fruchtkerne des anderen Granatapfels auslösen, den Saft dabei auffangen. Minzeblättchen in feine Streifen schneiden.

Den Bratensatz mit Rotwein loskochen. Granatapfelsaft dazugeben und solange kochen, bis die Flüssigkeit um die Hälfte reduziert ist. Granatapfelkerne und Minzeblättchen dazugeben. Mit Salz und Pfeffer würzen. Die Sauce über die Lammkoteletts gießen.

Tafaya blanca

Lammschmortopf mit Koriander

Zubereitungszeit:: 30 Min.
Garzeit: 1 1/2 Std.
Pro Person ca.: 620 kcal

Zutaten für 4 Personen:
50 g geschälte Mandeln
750 g Lammfleisch ohne Knochen (aus der Keule)
1 große Zwiebel
4 EL Olivenöl
frisch gemahlener weißer Pfeffer
1/2 TL Zimtpulver
1 EL gemahlener Koriander
Salz
1/2 EL frisch zerstoßene Korianderkörner
1 EL Minzeblättchen

Die Mandeln fein hacken. Das Fleisch in 2 cm große Würfel schneiden. Die Zwiebel schälen und fein hacken.

Das Olivenöl in einem Topf erhitzen. Lammfleisch, Zwiebel, Mandeln und Gewürze dazugeben. 1/4 l Wasser dazugießen, alles salzen und bei schwacher Hitze 1 Std. 20 Min.–1 1/2 Std. schmoren, bis das Fleisch weich ist. Ab und zu umrühren.

Vor dem Servieren die Minzeblättchen in Streifen schneiden und über den *Tafaya* streuen.

Variante: Tafaya verde

Wenn man den Koriander durch 1 Bund Koriandergrün ersetzt, nennt sich das Gericht *Tafaya verde*. Den frischen Koriander darf man nicht mitkochen, weil sonst sein zartes Aroma verloren geht. Erst zum Schluss dazugeben. Statt Fleisch kann man auch festen Fisch wie Heilbutt nehmen. Die Kochzeit verringert sich dann auf 30 Min.

Cordero a la naranja y menta

Lamm mit Orangen und Minze

Zubereitungszeit: 30 Min.
Bratzeit: 1 Std.
Pro Person ca.: 935 kcal

Zutaten für 4 Personen:
2–3 Frühlingszwiebeln
1–2 Knoblauchzehen
500 g Kartoffeln
1 große Knoblauchzehe (nach Belieben)
4–5 EL Olivenöl
1 Lammkeule (ca. 1,2 kg)
Salz und frisch gemahlener schwarzer Pfeffer
1/2 Briefchen Safranpulver (0,06 g)
1/8 l Sherry (s. Variante)
2 Zweige Thymian
50 g geschälte Mandeln
3 Bio-Orangen
2 EL Honig (schön wäre Rosmarinhonig)
4 Zweige Minze

Backofen auf 180° vorheizen. Zwiebeln waschen und putzen, Knoblauch schälen und beides fein hacken. Die Kartoffeln schälen und in mittelgroße Würfel schneiden. Den Knoblauch schälen und pressen.

Das Olivenöl in einer großen Pfanne erhitzen. Die Lammkeule mit Salz, Pfeffer und dem Knoblauch einreiben, rundum goldbraun anbraten, dann herausnehmen. Im selben Öl Kartoffeln, Zwiebeln und Knoblauch unter Rühren 5 Min. braten. Safranpulver mit Sherry dazugeben. Salzen und pfeffern.

Kartoffel-Zwiebel-Mischung in eine flache, feuerfeste Form füllen, den Thymian waschen und dazulegen. Die Lammkeule darauf legen, mit Alufolie abdecken und im Backofen (Mitte, Umluft 160°) etwa 45 Min. braten.

In der Zwischenzeit die Mandeln halbieren. 1 Orange heiß waschen und in Scheiben schneiden, die restlichen Orangen auspressen. Orangensaft mit Honig in einem kleinen Topf erhitzen. Mandeln in einer beschichteten Pfanne ohne Fett hellbraun anrösten.

Orangenscheiben und Mandeln um die Lammkeule verteilen. Fleisch mit der Orangensaftmischung begießen und wieder in den Backofen schieben. Weitere 30 Min. braten.

Minzeblättchen abzupfen und in feine Streifen schneiden. Vor dem Servieren auf die Lammkeule streuen. Dazu schmeckt ein trockener Sherry oder ein Weißwein aus der Sherrytraube.

Variante:
Wenn Sie das Lamm ohne Sherry zubereiten wollen, nehmen Sie stattdessen Lammfond mit etwas Zitrone.

Solomillo a la canela

Schweinefilet mit Zimtsauce (im Bild)

Zubereitungszeit: 45 Min.
Pro Person ca.: 490 kcal

Zutaten für 4 Personen:
2–3 Schweinefilets (ca. 800 g)
1 1/2 EL Zimtpulver
2 Schalotten, 3 EL Olivenöl
1/8 l trockener Sherry oder Weißwein (ersatzweise Fleischbrühe mit etwas Zitronensaft)
200 g Sahne, 1 Lorbeerblatt
Salz und frisch gemahlener weißer Pfeffer

Schweinefilets in 3 cm dicke Scheiben schneiden. Von beiden Seiten kräftig mit 1 EL Zimt einreiben. 5 Min. ruhen lassen. Die Schalotten schälen und fein hacken.

Das Olivenöl erhitzen. Die Schweinefilets darin auf beiden Seiten je 4–5 Min. goldbraun braten, herausnehmen und warm stellen.

Im selben Öl die Schalotten glasig anschwitzen. Mit Sherry auffüllen und bei starker Hitze unter Rühren um die Hälfte einkochen lassen. Die Sahne mit dem Lorbeerblatt zugeben und bei starker Hitze unter stetigem Rühren einkochen lassen, bis eine cremige Sauce entsteht. Mit Salz, Pfeffer und 1/2 TL Zimt würzen.

Die Filets wieder in die Sauce legen und bei schwacher Hitze in ca. 10 Min. gar schmoren. Dazu schmecken grüne Bandnudeln und trockener Weißwein.

Pudín de almendras

Mandelpudding (im Bild)

Zubereitungszeit: 35 Min.
Garzeit: 45 Min.
Abkühlzeit: 2–3 Std.
Pro Person ca.: 525 kcal

Zutaten für 4 Personen:
200 g Zucker
1 Bio-Zitrone
1/2 l Milch, 100 g gemahlene Mandeln
4 Eier
1/2 TL Zimtpulver
1 EL geröstete Mandelblättchen

In einem breiten Topf 3 EL Zucker mit 1 TL Wasser bei schwacher Hitze karamellisieren. Den Karamell in eine flache ofenfeste Form füllen. Die Zitrone heiß waschen und die Schale abreiben.

Die Milch erwärmen, den restlichen Zucker hinzufügen und rühren, bis er aufgelöst ist. Die Mandeln dazugeben, aufkochen lassen und 15 Min. stehen lassen.

Die Eier schaumig schlagen, mit Zitronenschale und Zimt unter die Milch rühren. Noch einmal 10 Min. stehen lassen.

Den Backofen auf 150° vorheizen. Eine tiefe Fettpfanne mit heißem Wasser füllen, so dass die Form mindestens zur Hälfte im Wasser steht und in den Ofen (Mitte) schieben. Die Masse in die Form auf den Karamell füllen. Im Wasserbad im Ofen (Umluft 140°) 45 Min. garen.

Abkühlen lassen und im Kühlschrank 2–3 Std. kalt stellen. Vor dem Servieren stürzen und mit gerösteten Mandelblättchen garnieren.

Wasserbad

Um empfindliche Speisen, Saucen, Puddings etc. behutsam zu garen oder zu erwärmen, ohne dass sie kochen, anbrennen oder gerinnen, gart man sie im Wasserbad, auch Bainmarie genannt. Das Behältnis mit der Speise wird in ein größeres Behältnis mit heißem Wasser gestellt. Die Formen stellt man dabei am besten auf einen durchlöcherten Einsatz, damit sie nicht mit dem heißen Boden in Berührung kommen. Die Formen müssen mindestens zur Hälfte im Wasser stehen. Das Wasser im Wasserbad darf niemals kochen.

Crema de canela con merengue

Zimtcreme mit Baiser

Zubereitungszeit: 45 Min.
Kühlzeit: 2 Std.
Pro Person ca.: 490 kcal

Zutaten für 4 Personen:
1/2 l Milch
100 g feiner Zucker
4 Eigelb
80 g Speisestärke
1 gehäufter TL Zimtpulver
1 TL Butter
100 g Mandelblättchen
3 Eiweiß

Die Milch zum Kochen bringen. Vom Herd nehmen und etwas abkühlen lasen.

In einer Schüssel 80 g Zucker mit den Eigelben cremig rühren, dann nach und nach die Speisestärke und den Zimt darunter schlagen. Etwa 15 Min. weiterschlagen, dann die Masse zur lauwarmen Milch geben.

Den Topf auf den Herd stellen und die Masse bei sehr schwacher Hitze unter ständigem Rühren erhitzen, bis die Creme dick wird. Das dauert 15–20 Min.

Die Butter in einer Pfanne erhitzen, die Mandelblättchen mit 1 TL Zucker darin anrösten, bis der Zucker geschmolzen ist. Unter die Creme mischen und die Creme in 4 feuerfeste Förmchen verteilen. 2 Std. kühl stellen.

Für das Baiser den Backofengrill vorheizen. Die Eiweiße mit 1 EL Zucker sehr steif schlagen und auf der Zimtcreme verteilen. Im Backofen (oben) 3–5 Min. gratinieren, bis das Baiser hellbraune Spitzen hat.

Die Costa Tropical ist Europas größtes Anbaugebiet für Chirimoyas. Zur Haupterntezeit im Oktober verkaufen die Bauern ihre Früchte an den Straßen von Motril bis Granada.

Torta real de Motril

Mandeltorte aus Motril
(im Bild hinten)

Zubereitungszeit: 15 Min.
Backzeit: 55 Min.
Bei 16 Stück pro Stück ca.: 275 kcal

Zutaten für 1 Springform von 26 cm Ø:
6 Eier
250 g Zucker
3/4 TL Zimtpulver
500 g gemahlene Mandeln
abgeriebene Schale von 1 Bio-Zitrone
Butter für die Form

Den Backofen auf 150° vorheizen. Die Springform fetten. 3 Eier trennen. Die Eiweiße mit 1 EL Zucker mischen und kalt stellen. Die Eigelbe und 3 ganze Eier mit dem Rührgerät gut verrühren. Nach und nach den restlichen Zucker, den Zimt, die Mandeln und Zitronenschale dazugeben. Alles gut verrühren.

Die Masse in die Springform füllen und im Backofen (Mitte, Umluft 140°) 45 Min. backen.

Die Eiweiße sehr steif schlagen und auf der Mandeltorte verstreichen. Die Torte noch einmal 10–15 Min. backen, bis das Baiser goldgelb ist. Abgekühlt servieren.

Sorbete de chirimoya

Cherimoyasorbet (im Bild vorne)

Zubereitungszeit: 30 Min.
Gefrierzeit: 1 1/2 Std.
Pro Person ca.: 165 kcal

Zutaten für 4 Personen:
100 g feiner Zucker
4 Cherimoyas
4 EL Zitronensaft
Minzeblättchen und Rote Johannisbeeren zum Dekorieren

In einem Topf 200 ml Wasser mit dem Zucker zum Kochen bringen. Unter Rühren zu einem leichten Sirup einkochen lassen.

Die Cherimoyas schälen und die Kerne entfernen. Das Fruchtfleisch mit dem Zitronensaft im Mixer pürieren. Zu dem Zuckersirup geben und gut vermischen.

Die Mischung in eine flache Schale füllen und im Gefriergerät in 1 1/2 Std. gefrieren lassen. Damit sich keine großen Eiskristalle bilden, das Sorbet alle 20 Min. vorsichtig umrühren.

Das Sorbet vor dem Servieren mit dem Rührstab kurz pürieren. Sofort in Schälchen füllen. Mit ein paar Minzeblättchen und einigen Roten Johannisbeeren dekorieren.

TIPP

Cherimoyas sind nicht leicht zu schälen. Wenn sie zu weich sind, können Sie die Früchte auch halbieren und das Fruchtfleisch mit einem Löffel herausnehmen. Dabei die Kerne entfernen.

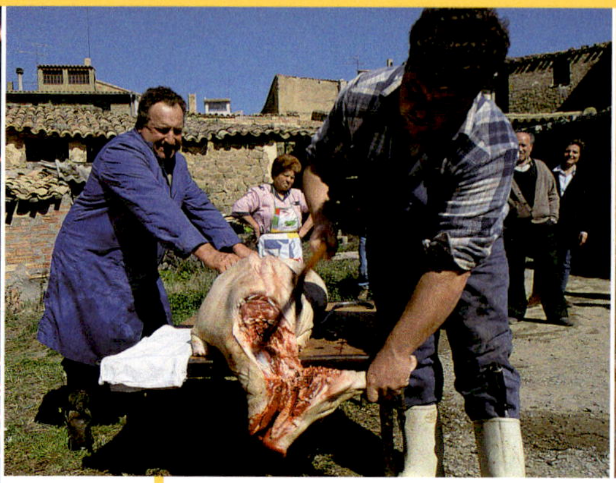

Von der Schnauze bis zum Ringelschwanz verwenden die andalusischen Metzger alles vom Schwein. Für die *Chorizo* wird die gewürzte Wurstmasse in Naturdarm gefüllt. Man isst *Chorizo* frisch im Eintopf oder *curado*, gut gereift und getrocknet, als Tapa.

An der Decke in großen luftigen Trockenräumen aufgehängt, trocknen und reifen die Würste in würziger, sauberer Bergluft.

Chorizo, Salchichon ...

Hier geht es um die Wurst

Es ist eigentlich ein Paradoxon, dass gerade Andalusien mit seiner maurischen Vergangenheit so viel Wert auf Schweinezucht legt. Das hat einen historischen Hintergrund.

Die Mauren waren berühmt für ihre Würste aus Lamm- und Rindfleisch. Die Kunst des Wurstens hatten sie von den Berbern mitgebracht. Als die Christen wieder an der Macht waren, war jeder, der kein Schwein aß, der Inquisition als heimlicher Maure oder Jude verdächtig. Wer also im katholischen Andalusien des 16. Jahrhunderts überleben wollte, musste Schweinefleisch essen. Die Historiker glauben, dass die Wurstherstellung lange in den Händen der *Moriscos*, der zum Christentum konvertierten Mauren, lag. Durch ihr Können hat sich in Andalusien die Kunst, gute Würste zu bereiten, erhalten.

Mit Zimt und Nelken gewürzt

Ein direktes Überbleibsel aus der Maurenzeit ist die *merguez*, eine Wurst aus Lammfleisch, gewürzt mit Koriander, Pfeffer, Lavendel und Zimt. Bekannt ist sie auch als Beigabe zum tunesischen Couscous.

Zu den bekanntesten andalusischen Würsten gehört die feuerrote *chorizo*, eine Paprikawurst, deren Grundmasse Schweinefleisch und Fett ist. Nach einer Ruhezeit von 24 Stunden wird sie in Naturdärme gefüllt und 1–3 Monate an der Luft getrocknet. Jede Region hat ihr eigenes Würzrezept für die *chorizo*. Kein Paprika, dafür umso mehr Knoblauch ist in der *chorizo blanco*, auch *salchicha* genannt, für die das Valle de Pedroches in Córdoba berühmt ist.

In der Provinz Huelva findet man die *salchichón de aguardiente*. Sie ist der *chorizo* ähnlich, das Fleisch ist feiner gehackt. Sie enthält 80 % Fleisch und 20 % Speck sowie Pfefferkörner und schwarzen Pfeffer – und Bergschnaps (*aguardiente*).

Morcilla, eine Blutwurst mit Raffinesse

Auch bei den *morcillas* schmeckt man das maurische Erbe deutlich. Neben Schweineblut und -fett enthalten sie entweder Zwiebel, Reis oder Pinienkerne und sind mit Zimt, Nelken und Aniskörnern gewürzt. Die *morcilla de cebolla* (mit Zwiebel) findet man am häufigsten. Sie wird im Naturdarm gekocht und luftgetrocknet. Sie fehlt in keinem Eintopf und wird auch gebraten als Tapa oder pur in Scheiben verzehrt.

Für Wurstliebhaber ist eine andalusische *charcutería* ein Paradies. Luftgetrocknete Würste – sie dürfen zu Hause nie in den Kühlschrank! – hängen in allen Varianten von der Decke.

Reichlich Zwiebel und etwas Reis enthält die *morcilla de Córdoba*. Sie wird mit Kümmel, Paprika, Oregano, Nelken und Knoblauch aromatisiert. In Olivenöl konserviert man in den Bergen von Ronda die *morcilla rondeña*.

Rund um die Renaissancestädte Úbeda und Baeza wird eine *morcilla blanca* hergestellt, deren Hauptzutat Fleisch vom Schweinskopf ist, gewürzt mit Paprika, weißem Pfeffer, Petersilie, Knoblauch, Mandeln, Sherry, Muskat, Ei und Schinken. Ab und zu ist auch Safran darin, was sie leuchtend gelb macht. Gelb-orange ist auch die *morcilla de calabaza* aus Valle de Pedroches. Ihre Farbe bekommt sie vom Kürbis, der statt Reis verwendet wird. Schinken, Muskat, Zimt, Mandeln und Sherry enthält die *morcilla blanca de Jaén*. U-förmig ist die dünne, luftgetrocknete Hartwurst *longaniza*, die mit Muskat, Anis, Zimt, Nelken, Pfeffer und Knoblauch aromatisiert ist.

Lomo – am besten als Tapa

Für diejenigen, die es ganz mager lieben, ist der *lomo embuchado* genau richtig. Schweinefilet wird von jeglichem Fett befreit und einige Tage in Salz gelegt, dann abgewaschen, gut getrocknet und mariniert mit Paprika, Pfeffer, Knoblauch und Kräutern, vor allem Oregano. Das ganze Filet wird in Naturdarm gepresst und in Trockenhäusern an der Bergluft etwa zwei Monate getrocknet. *Lomo* isst man roh in hauchdünnen Scheiben.

Die exquisite *morcón de chorizo ibérico de bellota*, eine bucklige, dicke Wurst, enthält mehr Fleisch und weniger Fett als die *chorizo*.

Eine interessante Variante findet man in den waldreichen Regionen Andalusien: *chorizos*, die aus Hirsch- (*chorizo de ciervo*) oder Wildschweinfleisch (*chorizo de jabali*) gemacht werden. Mit etwas Glück kann man in kleinen Familienbetrieben sogar noch Hirsch- und Wildschweinschinken finden. Bei Granada gibt es einige Familienbetriebe, die aus Wildfleisch wie Rebhuhn, Fasan oder Wildschwein delikate Pasteten fabrizieren.

Córdoba und Sevilla

Feuertanz und maurische Pracht

Córdoba ist eine ausgesprochen schöne Stadt: die beeindruckende Mezquita und die blumengeschmückten Patios bezaubernd den Besucher ebenso wie maurisch-jüdisches Flair in den verwinkelten Altstadtgässchen. Sevilla liebt das große Theater: Stierkampf und Flamenco sind hier zu Hause, Carmen und Figaro haben ihre Auftritte. Die ideale Bühne mit mediterranem Flair für Tapeo, Rabo de Toro und Yemas de San Leandro.

Córdoba & Sevilla

Feuertanz und maurische Pracht

Mitten in die maurische Mezquita von Córdoba wurde eine Kathedrale gebaut. Ein barbarischer Eingriff, der aber vermutlich die Mezquita vor dem Verfall bewahrte.

Zu Füßen der Sierra Morena, die das zentralspanische Hochland von Andalusien trennt, breitet sich die Provinz Córdoba aus, deren Hauptstadt, die alte Kalifenstadt Córdoba, einst gerühmt wurde als das andalusische Mekka. Das maurische Córdoba zählte im 10. Jahrhundert etwa 1 Million Einwohner, mehr als 300 Moscheen, 700 öffentliche Bäder, 80 Schulen und 17 Hochschulen, 20 Bibliotheken und 50 Hospitäler. Dort kannte man, lange bevor es im Abendland üblich war, Straßenpflaster und Straßenbeleuchtung. Wie heute noch waren Laternen an den Hauswänden befestigt.

Córdoba la Sultana

Obwohl vom alten Córdoba nicht viel übrig geblieben ist, kann man erkennen, dass es eine prachtvolle Stadt gewesen sein muss. Die Mezquita (ursprünglich die Moschee) von Córdoba zählt zu den eindruckvollsten Bauwerken in ganz Spanien. Unter Kaiser Karl V. wurde im 16. Jahrhundert mitten in die Mezquita eine christliche Kathedrale gebaut. 63 Säulen und die Hälfte der ersten Erweiterung gingen unwiderbringlich verloren. Als der Kaier sah, was die Geistlichkeit angerichtet hatte, soll er entsetzt zum Bischof gesagt haben: »Was ihr da macht, das kann man überall machen. Was ihr zuvor hattet, gab es nirgends.« So bedauernswert dieser brutale Eingriff in die Schönheit der Mezquita war, hat er vielleicht dazu beigetragen, dass das Bauwerk heute noch erhalten ist und nicht wie viele maurische Bauten in Andalusien mit der Zeit verfiel.

Der spanische Lyriker Antonio Machado nannte Córdoba »eine geheimnisvolle Stadt, halb maurisch, halb römisch«. Nirgendwo kann man das maurische Flair besser nachempfinden als bei einem Besuch des dämmrigen Säulenwaldes der Mezquita oder einem Bummel durch die verwinkelte Altstadt mit ihren blumengeschmückten Häusern und dem Brunnengeplätscher der schattigen *patios*. Jedes Jahr im Mai findet in Córdoba ein *Patio*-Wettbewerb statt. Man kann die *patios*, die sonst nach maurischer Sitte verschlossen sind, besichtigen oder wenigstens einen Blick durch die kunstvollen schmiedeeisernen Gitter werfen.

Mit maurischer Technik zum Paradiesgarten

Welche Pracht die Kalifen von Córdoba entfalteten, spürt man auch an der Palaststadt Medina Zahara außerhalb von Córdoba. Der erste Kalif, Abd ar-Rahman III., begann den Bau am 19. November 936, wie eine arabische Inschrift an einer Säule mitteilt. Er nannte sie Orangenblüte, nach seiner Lieblingsfrau Azahara. Der Platz am Fuß der Hügelkette war gut gewählt. Zeitweise lebten 20000 Menschen in der riesigen Anlage, die auf drei Terrassen verteilt ist. Obwohl die Medina Azahara heute eine Ruine ist, kann man an den mit viel Sorgfalt zusammengefügten Fundstücken den einstigen Luxus erahnen. Dass die Mauren ihre Hauptstadt gerade hier gründeten, hatte politische und verkehrstechnische Gründe. Das wichtigste Argument war jedoch die Fruchtbarkeit der *Campiña*, der weiten, sanft hügeligen Landschaft, die Córdoba umgibt. Mit ihrer genialen Wassertechnik nutzten die Mauren das Wasser des Guadalquivir und verwandelten das Ackerland in einen fruchtbaren Paradiesgarten. Eines der alten maurischen Wasserräder ist am Fluss erhalten. Heute noch ist die Provinz Córdoba von großer Bedeutung für die nationale Landwirtschaft. Hier wachsen neben Obst und Gemüse vor allem Weizen, Oliven und Wein. In Priego de Córdoba und Baena wird ein erstklassiges kaltgepresstes Olivenöl hergestellt, das zu den besten Spaniens zählt.

Gerichte für ein extremes Klima

Wegen der sehr kalten Winter in der Provinz Córdoba findet man hier ein Paradies unzähliger wärmender Eintöpfe und dicker Saucen vor. *¡Toma pan y moja!* heißt es hier: Wenn man in Córdoba isst, muss man immer ein Stück Brot in

Für gute Heimkehr oder mit der Bitte um Erfüllung eines Wunsches spenden Gläubige ihrem Schutzheiligen eine Kerze.

Durch den bautechnischen Trick der offenen Doppelbogenkonstruktion auf antiken Säulen entsteht der Eindruck, in einem luftigen, steinernen Palmenhain zu weilen.

Rund 2000 Jahre alt ist die Brücke über den Guadalquivir in Córdoba. Sie wurde zur Zeit von Kaiser Augustus errichtet.

Ein frisch erlegter Hase wird gerne in einer Beize eingelegt und zu einem köstlichen Gericht veredelt.

der Hand haben, um die Sauce oder Suppe aufzutunken. Die Palette reicht von einfachen Suppen wie der *Sopa dorada*, aus würziger Brühe mit Petersilie und Knoblauch gekocht, dem dicken Eintopf *Rin-Ran* aus Olivenöl, Brot, Knoblauch, Tomate, Schinken und gekochtem Ei oder der *Gazpacho senoro*, mit goldgelb gerösteten Brotwürfeln, Olivenöl, Kümmel und Safran bis zur *Potaje de garbanzos*, einem deftigen Eintopf mit Kichererbsen, Spinat, Zwiebeln, Knoblauch, Tomate und Olivenöl.

Im Sommer, der so glühend heiß sein kann wie der Winter kalt, ziehen die Cordobesen die kalte *Salmorejo* vor, eine dicke Suppe auf Tomatenbasis oder Salate aus Paprika, Tomaten, oft erfrischend mit Pefferminze gewürzt. Fleisch wird häufig in Beize gelegt, um es weicher zu machen oder um bei Kleinwild den Geschmack zu verbessern. Kaninchen, Rebhuhn und Hase werden mit Montillawein veredelt. Nicht zu verachten sind auch die Tapas, die in und um Córdoba angeboten werden. In Pedroches wird der nach dem *Jamón de Bellota* von Jabugo beste luftgetrocknete Schinken in Andalusien hergestellt. In Pedroches wird auch ein ausgezeichneter Schafkäse gemacht. In der Sierra de Zuheros zwischen Baena und Priego de Córdoba findet man mit etwas Glück noch kleine Käsereien oder Bauern, die mit Kräutern oder Gewürzen aromatisierte Ziegenkäse produzieren.

Sevilla, die feurig-süße

»Wer Sevilla noch nicht gesehen hat, der hat noch kein Wunder gesehen.« Dieses Sprichwort gilt für das maurische und christliche Sevilla des Mittelalters wie für die heutige Stadt. Sie besitzt ein eigenes Flair, von dem der 1955 verstorbene Philosoph Ortega y Gasset sagte: »Es gibt keine Stadt mit gelösterer Zunge; denn an anderen Orten sprechen gewöhnlich nur die Menschen; dort spricht alles, das schattige Sträßchen und das sonnige Plätzchen, der Fetzen Himmel und der Turm, der hineinragt, der Backstein der Mauer und die Blume auf dem Balkon. Von überallher kommen Stimmen, Gesten, Augenzwinkern ...«

Unter den Mauren führte Sevilla den Namen *Ishbiliya*. 1146 geriet die Stadt unter das Regiment berberischer Almohaden. Ihnen verdankt sie die Bereicherung mit so berühmten Kunstwerken wie dem Torre del Oro, einst mit vergoldeten Kacheln geschmückt, und der Giralda, ein ehemaliges Minarett, das heute Wahrzeichen Sevillas ist. Es lohnt sich, den Turm zu besteigen. Von oben hat man einen wunderschönen Blick auf die Dächer Sevillas. Der kastilische König Fernando III., der Heilige, eroberte Sevilla im Jahr 1248 und vertrieb 30000 Ungläubige.

Nach der Entdeckung Amerikas hatte die andalusische Hauptstadt das Monopol für den Überseehandel. Handelshäuser aus ganz Europa, darunter auch die deutschen Fugger und Welser, gründeten am Fluss Guadalquivir ihre Niederlassungen. Die Blütezeit ging zu Ende, als die Habsburger 1717 den Sitz des staatlichen Handelshauses nach Cádiz verlegten.

Anstelle der großen Moschee bauten die Sevillaner im 15. Jahrhundert die Kathedrale Santa María de la Sede, eine der größten Kirchen der Welt. Die Kathedrale von Toledo, so sagt man in Spanien, ist wegen ihrer Kunstwerke zu rühmen, die von León wegen ihrer Schönheit, die von Sevilla wegen ihrer Ausmaße. Von der alten Moschee blieb nur noch der Patio de los Naranjos erhalten.

Zur Weltausstellung 1992 wurde die Stadt auf Hochglanz gebracht.

Tapas und Flamenco

Die Provinz Sevilla ist berühmt für ihre Tapas, diese schmackhaften Kleinigkeiten in tausend Varianten. Die Sitte, dass man zu jedem alkoholischen Getränk gratis eine Tapa serviert bekommt, besteht heute noch, wenn auch nicht mehr überall. Da gibt es eingelegte Oliven, Scheiben von *chorizo* oder *morcilla*, Garnelen, geschmorte Champignons, *boquerones*, frittiert oder würzig eingelegt. In Triana findet man neben Tapasbars auch viele gute Flamenco-Lokale, die *tablaos de flamenco*. Eine gute Flamencovorführung kann ein unvergessliches Erlebnis sein.

Im Herzen Sevillas liegt der Stadtteil Barrio Santa Cruz, das ehemalige Judenviertel. Dieses Labyrinth aus engen Gassen und verwinkelten Gässchen an Sommerabenden zu durchstreifen ist ein Erlebnis. Hinter mancher Hausecke tut sich unverhofft ein kleiner Platz auf, auf dem gelegentlich Theater gespielt wird. Tische stehen vor den Bars auf der Straße. Blumenverkäuferinnen und Gitarrenspieler kommen dann und wann vorbei. Trotz vieler Touristen wirkt Santa Cruz noch unverfälscht und romantisch.

Wer Sevilla besucht, sollte unbedingt einen *tapeo* einplanen, eine Runde von Kneipe zu Kneipe durch die zahllosen Lokale der Stadt. Die Sevillaner besuchen dafür besonders gern die Stadtviertel Los Remedios, La Macarena und Triana.

Ein Minarett aus dem 12. Jahrhundert wurde christlicher Glockenturm. Heute ist die 94 m hohe Giralda das Wahrzeichen Sevillas.

Flamenco-Shows kann man in *Tablaos de Flamenco*, wie die Lokale heißen, genießen, vor allem in Córdoba und Sevilla.

Als »tragbare Klimaanlage« können Fächer bei der großen Hitze im Sommer ein recht nützliches Utensil sein. Die Spanierin beherrscht die nötige Bewegung natürlich aus dem Handgelenk.

Pferdezucht hat in Spanien eine lange Geschichte und große Tradition. Hier, in einem *Club Hipico* in der Provinz Córdoba, werden edle Andalusier gezüchtet, Pferde von *pura raza española*, wie sie korrekt heißen.

Feste und Corridas

Zur *Semana Santa* (Karwoche) und zur *Feria de Abril* finden die beiden großen Feste in Sevilla statt; die Hotels sind Monate im Voraus ausgebucht. Die Karwoche wird mit Prozessionen zelebriert, die hier prächtiger und aufwändiger sind als in jeder anderen spanischen Stadt. Jede *Cofradía* (Laienbruderschaften in Kutten mit spitzen Mützen) trägt einen *paso*, einen tragbaren Altar mit der Heiligenstatue, im Rhythmus der Trommelwirbel durch die Stadt. Wenn dann von einem Balkon eine *saeta* erklingt, läuft einem bei diesem klagenden Gesang ein Schauer über den Rücken. Während der *Feria de Abril* ist der religiöse Ernst der *Semana Santa* schnell vergessen. Am Ufer des Guadalquivir werden Hunderte von *casetas* (Holzbuden) aufgebaut, die Stadt ist mit bunten Girlanden und Laternen geschmückt, und viele Paare machen in Tracht zu Pferd den traditionellen Spazierritt durch die Stadt. Die meisten *casetas* sind allerdings privat und nur mit persönlicher Einladung zugänglich. Fremde Besucher müssen sich auf die *casetas* der Stadt beschränken.

Mit der *Feria* beginnt in Sevilla die Stierkampfsaison. Die Tage der schönen Kampfstiere sind gezählt. Der große andalusische Dichter Federico García Lorca schrieb, seine Heimat sei das einzige Land, dessen Nationalschauspiel der Tod sei. Sevillas Stierkampfarena, La Maestranza am Ufer des Guadalquivir, kann sich über mangelnde Zuschauerzahlen nicht beklagen, obwohl das blutige Spiel um Leben oder Tod von den jungen Spaniern zunehmend abgelehnt wird.

Unwiderstehlich gut

Die sevillanische Küche ist einfach, doch raffiniert. Die maurische Vergangenheit spiegelt sich auch hier in der Verwendung zahlreicher Gewürze und Kräuter wie Minze, Fenchel, Kümmel, Koriander, Knoblauch, Petersilie, Safran oder Kreuzkümmel. Olivenöl ist wie überall in Andalusien unverzichtbar und wird in der Provinz Sevilla in guter Qualität hergestellt. In erster Linie ist Sevilla jedoch die Region der eingelegten schwarzen und grünen Oliven. Die bekannteste Sorte ist die Manzanilla. Die Fleischgerichte aus geschmortem Ochsenschwanz oder Rind stammen manchmal von den *toros bravos*, den Kampfstieren. Selbst die sevillanische Spezialität, geschmorte Stierhoden, ist gelegentlich noch zu finden. Mit sommerlichen Temperaturen von 45° und mehr zählt Sevilla zu den heißesten Städten Europas – da ist die *Gazpacho andaluz*, die erfrischende kalte Gemüsesuppe, fast obligatorisch. Sie soll in Sevilla am besten schmecken. Weiter findet man Kastaniensuppe, *Callos con garbanzos* (Kutteln mit Kichererbsen), *Sopa rabo de buey* (Ochsenschwanzsuppe), *Pollo con aceitunas* (Huhn in Olivensauce), *Conejo con setas y alcaparras* (Kaninchen mit Pilzen und Kapern), *Riñones en Jerez* (Nieren in Sherrysauce) und zum Dessert *Higos con miel* (Feigen in Honigsauce) und Süßes aus dem Kloster. Sevilla ist neben Granada und Cádiz die andalusische Provinz mit den besten Süßigkeiten und Desserts: mit Honig oder Mandeln, Sorbets, Kompott und Marzipan, und das mit so wohlklingenden Namen wie *Canastillas de almendras, Suspiros de monja, Crema virginal, Ramillettes de jacintas, Bizchocos románticos, Flan empiñonado, Tocino de cielo.* Wer kann da widerstehen?

4000 fein gearbeitet Säulen sollen Medina Zahara, den Palast des ersten Kalifen von Córdoba, Abd ar-Rahman III., geschmückt haben. Er benannte ihn nach seiner Lieblingsfrau Azahara. Die immer noch beeindruckenden Reste des Palastes sind 8 km westlich von Córdoba zu bewundern.

Für die Spanier ist der *tapeo* keineswegs die eigene Form des amerikanischen Fast Food. Sondern vielmehr ein Essvergnügen, das Freundschaft und eine angeregte Unterhaltung bedeutet.

Die Bar Mezquita in Córdoba ist berühmt für die hausgemachten *boquerones* von Doña Maria.

Tapas schmecken am besten in geselliger Runde. Es muss nicht immer Sherry oder Wein dazu sein, auch Bier ist erlaubt.

Tapas
Die kleinen Genüsse

Diesen Spruch las ich in einer Taberna in Córdoba: »*No traigas a este lugar aflicciones o problemas! Déjalos en casa estar! Y, si olvidado los traes, sal, mira al cielo y vuelve entrar.*« Bring an diesen Ort keinen Kummer oder Probleme! Lass sie zu Hause! Und wenn Du das vergisst und sie trotzdem bringst, dann geh' hinaus, schau den Himmel an und komme wieder herein.

Über die Entstehung der Tapas gibt es fast so viele Geschichten wie Tapasvarianten. Am besten gefiel mir diese: König Alfonso X. der Weise hatte angeordnet, den Postkutschern bei jedem Halt an einer *posada* kostenlos ein Bier oder einen Wein zu servieren. Mit der Zeit häuften sich die Unfälle wegen Alkohols am Zügel. Flugs ordnete der weise König an, dass den Kutschern an der Poststelle zum Getränk auch ein Happen serviert werden sollte. Der Einfachheit halber deckte der Wirt den Bierhumpen oder das Weinglas mit einer Scheibe Brot mit Schinken oder *chorizo* belegt zu und reichte es dem Kutscher auf den Kutschbock. Zudecken heißt auf Spanisch *tapar*. Die Tapa war geboren.

Vom einfachen Imbiss zu raffinierter Vielfalt

Doch lassen wir die Anekdoten beiseite und nähern uns der Realität. Die Tapa war eher eine kleine Mahlzeit für Bauern und Arbeiter, mit der sie die Zeit bis zum Mittagessen überbrückten und weiterarbeiten konnten. Je mehr Arbeit vor dem Mittagessen erledigt war, desto mehr Zeit blieb nach dem Essen für die Siesta. Die Bauern tranken zur Tapa Wein, denn der hebt den Enthusiasmus und gibt Kraft. Zusätzlich wärmt er den Körper. Was bei der winterlichen Kälte auf den Feldern bitter nötig war. Im Sommer wurde der Wein oft durch eine kühle *Gazpacho* ersetzt. Die erfrischt wiederum den Organismus in der Hitze. Mit der Zeit hat sich die Tapa beträchtlich verändert. War sie früher einfach eine Scheibe Paprikawurst (*chorizo*) oder Schinken, ein Stück Käse oder eingelegte Oliven, Mandeln oder Nüsse, so gibt es heute oft kleine Portionen geschmortes Fleisch oder gebratenen Fisch, gefüllte Kroketten, Kutteln mit Kichererbsen, gebratene Champignons oder Paprikaschoten, mit Fisch oder Fleisch gefüllte spitze rote Paprika, Spinat oder Mangold mit Pinienkernen in Olivenöl, Dicke Bohnen mit Knoblauch und Speck, saftig gebratene Lammleber, Garnelen in Knoblauch, marinierte *boquerones*, gegrillte Nierchen mit Sherry, *albondigas* in Tomatensauce, süße geschmorte rote Paprikaschoten, würzig eingelegte Oliven, Schnecken in scharfer Sauce, ausgebackene Auberginenscheiben mit einem Schuss Pedro Ximénez parfümiert, Tortilla mit grünem Spargel, Jamón Jabugo, frittierte *chipirones*, gebratene Artischocken mit Knoblauch, Muscheln in würziger Sauce, Kartoffeln mit Alioli, fangfrisch gebratene Sardinen ... alles feine Kleinigkeiten, die den Gaumen kitzeln und in ihrer Vielfalt auch ein Mittag- oder Abendessen ersetzen können. Nur süß sind Tapas nie.

Knigge für den *tapeo*

Bevor Sie sich nun zum *tapeo* aufmachen, ein kleiner Knigge, wie man Tapas essen sollte. Tapas sind Kleinigkeiten, die auch in kleinen Portionen serviert werden. Sinn und Zweck der Sache ist, möglichst viele verschiedene Tapas zu probieren. Tapas werden im Stehen an der Bar gegessen. Dazu trinkt man einen kühlen Weißwein oder kräftigen Roten, Sherry oder auch ein erfrischendes Bier. Nach zwei verschiedenen Tapas ist Lokalwechsel angesagt und damit ein bisschen Bewegung.

Wenn es ans Zahlen geht, sollte man das *convidá* der Sevillanos als Beispiel nehmen: Jeder zahlt eine Runde, und niemand verschwindet vor dem Ordern der Rechnung auf der Toilette.

Man isst Tapas etwa von 11 Uhr bis zur spanischen Mittagessenszeit gegen 15 Uhr und vor dem Abendessen von 20 Uhr an. Wer den köstlichen Tapas nicht widerstehen konnte, der verzichtet aufs anschließende Essen.

Tapas für Puristen: grüne Oliven, am besten Manzanilla, gefüllt mit Anchovis.

Der tapeo *ist ein relativ neues Phänomen, das nach dem Spanischen Bürgerkrieg aufkam. Mit dem Wirtschaftswachstum der 1950er Jahre stieg die Zahl der Bars und damit auch die Vielfalt der Tapas.*

Aceitunas negras marinadas

Marinierte schwarze Oliven (im Bild oben rechts)

Zubereitungszeit: 15 Min.
Marinierzeit: 1 Std.
Pro Portion ca.: 150 kcal

Zutaten für 4 Personen:
300 g schwarze Oliven
1 kleine weiße Zwiebel, 1 Bio-Zitrone
8 in Öl eingelegte Sardellenfilets
3 Knoblauchzehen, 2 EL Olivenöl, 1 EL Sherryessig
1 TL gerebelter Oregano

Oliven abtropfen lassen. Zwiebel schälen, halbieren und in feine Scheiben schneiden. Zitrone heiß waschen und in feine Scheiben schneiden. Sardellen aus dem Öl nehmen.

Oliven mit Zwiebel und Zitronen, dem ungeschälten Knoblauch, Sardellen, Öl und Essig mischen. Mit Oregano bestreuen. Zugedeckt im Kühlschrank 1 Std. ziehen lassen.

Queso fresco con oregano

Frischkäse mit Oregano (im Bild unten rechts)

Zubereitungszeit: 10 Min.
Pro Portion ca.: 365 kcal

Zutaten für 4 Personen:
400 g schnittfester Frischkäse (z. B. Feta oder Ziegenfrischkäse), 4–6 EL Olivenöl
frisch gemahlener schwarzer Pfeffer
1 TL frische Oreganoblättchen

Den Käse in dünne Scheiben schneiden, auf einen Teller legen. Mit Olivenöl beträufeln. Pfeffer darüber mahlen und mit Oregano bestreuen. Mit Baguette oder herzhaftem Bauernbrot servieren.

Champiñones en Jerez

Champignons in Sherry (im Bild oben links)

Zubereitungszeit: 20 Min.
Pro Portion ca.: 130 kcal

Zutaten für 4 Personen:
400 g Champignons
1 Schalotte, 1 Knoblauchzehe
3 EL Olivenöl, Salz und frisch gemahlener Pfeffer
100 ml trockener Sherry

Die Champignons mit einem trockenen Tuch abreiben, putzen und vierteln. Schalotte und Knoblauch schälen und fein hacken.

Das Öl erhitzen. Schalotte, Knoblauch und Champignons darin unter Rühren bei starker Hitze 5–6 Min. braten. Salzen und pfeffern, mit Sherry ablöschen und 5 Min. bei schwacher Hitze schmoren.

Datiles con beicon

Datteln im Speckmantel (im Bild unten links)

Zubereitungszeit: 20 Min.
Pro Portion ca.: 635 kcal

Zutaten für 4 Personen:
24 frische Datteln
24 geschälte Mandeln
24 dünne Scheiben Bacon
4 EL Olivenöl, 24 Zahnstocher

Die Datteln entkernen und mit je 1 Mandel füllen. Um jede Dattel 1 Baconscheibe wickeln und mit 1 Zahnstocher feststecken.

Das Olivenöl erhitzen. Die Datteln darin 3–4 Min. braten, bis der Bacon knusprig ist. Heiß servieren.

Ob im Salat Piriñaca *oder in der erfrischenden kalten Suppe Gazpacho: Tomaten, rote und grüne Paprika, Zwiebel und Knoblauch sind bei vielen andalusischen Suppen und Salaten fast immer dabei. Hier zwei traditionelle Gerichte aus Sevilla. Mit knusprigem Weißbrot können sie an heißen Sommertagen eine leichte Hauptmahlzeit sein.*

Piriñaca

Salat aus Tomaten und Paprikaschoten

Zubereitungszeit: 15 Min.
Kühlzeit: 1 Std.
Pro Portion ca.: 145 kcal

Zutaten für 4 Personen:
2 EL Sherryessig
Salz und frisch gemahlener schwarzer Pfeffer
4 EL Olivenöl
2 grüne Paprikaschoten
1 rote Paprikaschote
500 g Tomaten
2 Zwiebeln

Aus Essig, Salz, Pfeffer und Öl in einer Salatschüssel eine Vinaigrette rühren.

Die Paprika und Tomaten waschen, putzen und sehr klein würfeln oder in feine Streifen schneiden. Die Zwiebel schälen und fein hacken. Das Gemüse gut mit der Sauce mischen und im Kühlschrank 1 Std. ziehen lassen. Mit knusprigem Baguette servieren.

Variante:

Die *Piriñaca* schmeckt besonders erfrischend, wenn man kurz vor dem Servieren einige fein geschnittene Streifen Minze dazugibt.

Gazpacho andaluz

Kalte Gemüsesuppe

Zubereitungszeit: 30 Min.
Kühlzeit: 2 Std.
Pro Portion ca.: 165 kcal

Zutaten für 4 Personen:
500 g Tomaten
2 rote Paprikaschoten
1 grüne Paprikaschote
2–3 Gärtnergurken (ca. 300 g)
1 kleine Zwiebel, 1–2 Knoblauchzehen
1–2 EL Semmelbrösel
4 EL Olivenöl
2 EL Sherryessig
Salz und schwarzer Pfeffer

Die Tomaten und die Paprika waschen. Tomaten vierteln und entkernen. Paprika putzen und in grobe Stücke schneiden. Gurken schälen und in grobe Stücke schneiden. Die Zwiebel und den Knoblauch schälen, grob zerschneiden. Das Gemüse im Mixer mit etwas Wasser zu einer feinen Paste pürieren.

Semmelbrösel und Olivenöl dazugeben. Etwa 1/2 l kaltes Wasser unterrühren. Mit Salz, Pfeffer und Sherryessig abschmecken. Die Suppe 2 Std. im Kühlschrank kühlen. Sehr kalt servieren.

TIPP

Einen kleinen Teil des Gemüses in kleine Würfel schneiden und auf die *Gazpacho* streuen. Die Hälfte des Wassers kann auch durch Eiswürfel ersetzt werden, die mitgemixt werden. Dann ist die Suppe sofort kalt.

Salmorejo

Kalte Tomatensuppe

Zubereitungszeit: 15 Min.
Pro Portion ca.: 430 kcal

Zutaten für 4 Personen:
4 Eier
250 g altbackenes Weißbrot
1 kg reife Tomaten
2 Knoblauchzehen
4–6 EL Olivenöl, 2–3 EL Sherryessig
Salz und Pfeffer, frisch gemahlen
50 g luftgetrockneter Schinken
(z. B. *Jamón Serrano*)

Die Eier hart kochen, kalt abschrecken und abkühlen lassen.

Inzwischen das Brot in Scheiben schneiden, in Wasser einweichen. Die Tomaten vierteln, von Stielansätzen und Kernen befreien. Den Knoblauch schälen.

Das Brot gut ausdrücken. Tomaten, Brot und Knoblauch mit dem Pürierstab pürieren, dabei das Öl dazugeben. Mit Essig, Salz und Pfeffer würzen.

Salmorejo in eine Schüssel füllen. Die Eier schälen und in Scheiben schneiden, den Schinken in Streifen. Beides auf der Suppe verteilen.

TIPP

Salmorejo ist so etwas wie eine Gazpacho ohne Gurken. Sie wird nicht nur an heißen Sommertagen mit etwas Brot gegessen, sondern auch als Beize für Kaninchen genommen. Schon im »Don Quijote« schwärmt Sancho Pansa vom Conejo in Salmorejo.

Leuchtende Blüten, aus denen in mühsamer Handarbeit Safran gewonnen wird (s. auch Seite 90ff.).

Sopa de azafrán

Safransuppe (im Bild)

Zubereitungszeit: 30 Min.
Pro Portion ca.: 265 kcal

Zutaten für 4 Personen:
1 Schalotte
1 TL Butter
1 l Hühnerbrühe
1 Briefchen Safranpulver (0,125 g)
300 g Sahne
Salz und frisch gemahlener weißer Pfeffer
ein paar Safranfäden zum Anrichten

Die Schalotte schälen und sehr fein hacken. Die Butter erhitzen und die Schalotte darin 5 Min. anschwitzen. Mit Hühnerbrühe ablöschen. Zugedeckt bei mittlerer Hitze 10 Min. kochen. Safranpulver dazugeben und weitere 5 Min. kochen.

100 g Sahne sehr steif schlagen, den Rest zur Suppe geben und erhitzen. Die Suppe mit Pfeffer und Salz abschmecken.

Zum Servieren die Suppe in Teller füllen, in jeden Teller 1 Klecks Schlagsahne geben und diese mit ein paar Safranfäden bestreuen.

Variante:

Hier noch eine schlankere und deftigere Version der Safransuppe. Bereiten Sie die Suppe wie oben beschrieben zu, aber lassen Sie die Sahne weg. Stattdessen toasten Sie 3 Scheiben Weißbrot und bröckeln sie in die heiße Suppe. Mit dem Schneebesen verrühren und 5 Min. mitkochen lassen. 4 Scheiben Weißbrot in 1 EL Olivenöl goldbraun rösten und mit 1 geschälten Knoblauchzehe einreiben. Vor dem Servieren den Knoblauchtoast in einen Teller geben und die heiße Suppe darüber schöpfen.

Crema de calabaza

Kürbiscreme

Zubereitungszeit: 45 Min.
Pro Person ca.: 240 kcal

Zutaten für 4 Personen:
500 g gelbfleischiger Kürbis
250 g reife Tomaten
200 g rote und grüne Paprikaschoten
200 g Zwiebeln
4–5 Knoblauchzehen
4 EL Olivenöl
Salz und frisch gemahlener weißer Pfeffer
1 Lorbeerblatt
4–6 Scheiben Weißbrot
1 EL Minzeblätter
1 EL Sherryessig
1 EL trockener Oloroso
(nach Belieben)

Den Kürbis schälen und würfeln. Tomaten und Paprikaschoten waschen. Paprika putzen und grob zerteilen. Tomaten halbieren, entkernen und grob zerschneiden. Zwiebeln und Knoblauch schälen und grob hacken.

2 EL Olivenöl in einem Topf erhitzen. Gemüse darin 2–3 Min. anschmoren. Mit 1 l Wasser auffüllen, salzen, pfeffern und das Lorbeerblatt dazugeben. Bei schwacher Hitze 30 Min. kochen, dann etwas abkühlen lassen.

Das Weißbrot in Würfel schneiden und im restlichen Olivenöl goldbraun rösten. Die Minzeblätter fein schneiden.

Das Lorbeerblatt entfernen und die Suppe fein pürieren. Mit Sherryessig und Oloroso abschmecken und noch einmal kurz erhitzen. Mit gerösteten Brotwürfeln und Minze bestreut servieren.

Variante:

Statt Minze können Sie auch frisches Basilikum oder Estragon verwenden. Oder streuen Sie Croûtons über die Suppe.

Morcilla en salsa de tomate

Blutwurst in Tomatensauce (im Bild)

Zubereitungszeit: 20 Min.
Pro Portion ca.: 415 kcal

Zutaten für 4 Personen:
1 EL Sherryessig
4 EL Olivenöl
Zucker
1/2 TL frische Oreganoblättchen
Salz und frisch gemahlener Pfeffer
400 g reife Tomaten
1 Knoblauchzehe
4 luftgetrocknete Blutwürste
(*morcilla*, ca. 400 g)

Aus Essig, 2 EL Olivenöl, 1 Prise Zucker, Oregano, Salz und Pfeffer eine Marinade rühren. Die Tomaten am runden Ende kreuzförmig einschneiden, in kochendes Wasser tauchen, häuten und Kerne sowie Stielansätze entfernen. Sehr fein hacken. Den Knoblauch schälen und fein hacken. Beides mit der Marinade mischen.

Blutwürste in 1 cm dicke Scheiben schneiden. In 2 EL Öl auf jeder Seite 2 Min. braten.

Zum Servieren die Tomaten auf einen flachen Teller häufen und die Blutwurst dazulegen.

TIPP

In Spanien reibt man gerne die ganze, ungeschälte Tomate auf einer feinen Käsereibe und mischt sie dann mit der Marinade.

Caracoles en salsa picante

Schnecken in pikanter Sauce

Zubereitungszeit: 20 Min.
Pro Portion ca.: 140 kcal

Zutaten für 4 Personen:
24 Weinbergschnecken (aus der Dose)
1 Zwiebel
2 Knoblauchzehen
4 EL Olivenöl
1 Lorbeerblatt
2 getrocknete rote Chilischoten
2 EL Tomatenmark
Salz und frisch gemahlener
roter Pfeffer

Schnecken in ein Sieb schütten und abtropfen lassen. Den Sud auffangen. Zwiebel und Knoblauch schälen und fein hacken.

Das Olivenöl in einer Pfanne erhitzen. Darin Zwiebel, Knoblauch, Lorbeerblatt und Chilischoten bei schwacher Hitze 5 Min. andünsten. Tomatenmark in wenig Wasser auflösen und dazugeben. Den Schneckensud angießen. Kurz aufkochen und die Sauce bei mittlerer Hitze in 5 Min. etwas einkochen lassen. Mit Salz und Pfeffer würzen.

Die Schnecken dazugeben und in der Sauce erhitzen, aber nicht kochen lassen. Mit knusprigem Baguette servieren.

Variante:

Sie können etwas weniger Schneckensud, dafür aber 1 guten Schuss trockenen Sherry nehmen.

Morcilla gehört in viele deftige Eintöpfe. Da sie *bien curado*, gut getrocknet, keine Kühlung benötigt, kann man sie auch ausgezeichnet aus dem Urlaub mitbringen.

Das Flamenco-Fieber hält an. Keine Nachwuchssorgen haben die Flamencoschulen in Andalusien. Vor allem junge Menschen aus aller Welt wollen diese faszinierende Tanzkunst lernen.

Mit *palmas,* rhythmischem Händeklatschen, werden Sänger und Tänzer beim Flamenco begleitet.

Flamenco

Der Feuertanz

Flamenco ist Cante Jondo, inniger Gesang. Alles andere, die Gitarre, der Tanz, kommt danach. Der Gesang mit seinem urtümlichen Ausdruck, seiner reichhaltigen Lyrik, seiner unerschöpflichen Tiefe öffnet dem Flamenco-Liebhaber den Weg zur kulturellen Vielfalt des Flamenco.

Alljährlich im Sommer findet in Granada das »Festival de Música y Danza« statt. Im Generalife, den Gärten der Alhambra, wird Flamenco getanzt. Die Nacht ist heiß und voller Wohlgerüche. Der Vollmond ist bereits aufgegangen. Kein Windhauch regt sich. Indirekte Beleuchtung verwandelt den Garten in Bühnenbilder: Dort taucht ein Bogengang auf, hier eine Granatapfelhecke oder pfeilgerade Zypressen. Der Garten duftet nach Jasmin. Die Bühne fügt sich so geschickt in die Umgebung ein, dass sie wie ein Teil des Gartens erscheint. Aus dem Stimmengewirr hört man das eigentümliche Geräusch heraus, das für den spanischen Sommer so charakteristisch ist: das feine scharfe Geknatter, wenn die Spanierinnen mit einer graziösen Bewegung des Handgelenks ihre Fächer auf- und zuklappen. Der Klang der Gitarren lässt die Gespräche verstummen. Ein Mädchen steht auf der Bühne, regungslos in seinem roten Kleid mit den weißen Tupfen. Das Publikum beginnt zu klatschen und mit den Füßen zu stampfen. Plötzlich fahren die Arme des Mädchens empor, die Musik wird rascher und passt sich den Bewegungen der *bailaora* an. Man hört kaum einen anderen Laut als das Klappern ihrer Absätze und die Gitarren. Mit einem Schwung ihres Rockes, dem grazilen Tanz ihrer Arme und Hände versinkt die Welt in ein Nichts. Der Feuertanz hält das Publikum in Atem. Von Liebe, Leid, Schmerz und Entbehrungen singt der *cantaor.* Man muss die Sprache nicht verstehen, um zu wissen, worum es geht. So ausdrucksvoll kann der gesungene Flamenco sein. »Man muss nicht singen können, aber ohne *duende* geht gar nichts«, erklärte mir Flamenco-Gitarrist José einmal. Es ist schwer zu erklären, was *duende* ist. In der Tradition des Flamenco fühlen sich die großen Flamenco-Künstler von einer übernatürlichen Inspiration beseelt, die sie duende nennen. Das heißt, dass der Künstler sich mit Leib und Seele in seinen Gesang und seine Musik einbringt.

Tradition und Avantgarde

Flamenco ist die Bezeichnung für eine Gruppe von Liedern und Tänzen aus Andalusien. Er besteht traditionell aus *cante* (Gesang), *toque* (Gitarrenspiel) und *baile* (Tanz). Eine Besonderheit ist der *compás* (Rhythmus). Die meisten Lieder werden nicht im 3/4- oder 4/4-Takt gespielt, sondern im 12er Schema mit unterschiedlichen Betonungen.

Die Herkunft des Begriffs und die Entstehung des Flamencos sind stark umstritten. Es werden Einflüsse aus den verschiedensten Bevölkerungsgruppen der Vandalen, Phönizier, Juden, Araber angenommen. Mit Sicherheit gibt es Zusammenhänge zwischen dem Flamenco und der jüdisch-religiösen Musik sowie der *ghernati*, der Musik der andalusischen Araber. Seit dem 19. Jahrhundert haben die *gitanos*, die andalusischen Zigeuner, den Flamenco stark geprägt.

In jüngster Zeit gibt es einen Disput zwischen Puristen und avantgardistischen Flamencokünstlern. Die einen meinen, es solle alles bleiben wie gehabt. Die anderen sind der Meinung, auch Flamenco sei lebendig, und bringen neue Ideen, neue Instrumente, neue Arrangements ein. Da entstehen dann so interessante Arrangements wie die des jungen Flamencosänger Diego El Cigala mit dem kubanischen Piano-Altmeister Bebo Valdés. Auch Estrella Morente, die Tochter des großen *cantaor* Enrique Morente, verzaubert mit ihren poetischen Liedern. Vater Enrique produzierte erst kürzlich im Zusammenhang mit dem Dokumentarfilm »Traum von der Alhambra« (*Sueña la Alambra*) eine CD mit Flamencomusik, die von der Tradition bis zur Avantgarde reicht. Der Flamenco ist nicht neu und nicht alt, sondern immer schlicht und ewig, erklärt Morente. Es ist den Versuch wert, sich an einem heißen Sommertag in den *patio* eines *cortijo* irgendwo in der Provinz Cádiz oder Córdoba zu setzen, einen kühlen Sherry und ein paar Scheibchen Jamón de Jabugo vor sich, und der Gitarrenmusik von Paco de Lucía, einem der bekanntesten Flamenco-Gitarristen, zu lauschen. Da wird einem unvermittelt klar, dass diese Musik in genau diese Landschaft passt.

Ensalada de berenjenas y calabaza

Salat aus Auberginen und Kürbis
(im Bild hinten)

Zubereitungszeit: 1 Std.
Pro Portion ca.: 240 kcal

Zutaten für 4 Personen:
1 große Aubergine (ca. 350 g)
Salz
2 EL Rosinen (schön wären Malagarosinen)
1/8 l Sherry
250 g gelbfleischiger Kürbis (mit Schale, aber geputzt gewogen)
3 Knoblauchzehen
5 EL Olivenöl
je 1/2 TL Koriander- und Aniskörner
1 Briefchen Safranpulver (0,125 g)
3 EL Rotweinessig
frisch gemahlener weißer Pfeffer

Die Aubergine waschen, putzen und in 1 1/2 cm dicke Scheiben schneiden. In eine Schüssel legen, mit reichlich Salz bestreuen und 30 Min. ziehen lassen. Die Rosinen in Sherry einweichen.

Gleichzeitig den Kürbis in Scheiben schneiden und in Salzwasser 15 Min. kochen. Abtropfen und abkühlen lassen, schälen und in kleine Würfel schneiden.

Die Auberginen gut mit kaltem Wasser abspülen, abtrocknen und in kleine Würfel schneiden. Den Knoblauch schälen und fein hacken. Olivenöl erhitzen, die Auberginen darin bei starker Hitze rundrum goldbraun braten. Die abgetropften Rosinen, Knoblauch, Koriander, Anis und Safran dazugeben. 2–3 Min. mitbraten. Mit Rotweinessig und Sherry von den Rosinen (ersatzweise Gemüsebrühe) ablöschen.

Die Auberginen vom Herd nehmen und den Kürbis untermischen. Eventuell mit etwas Salz, Pfeffer und Essig nachwürzen. Der Salat kann kalt und warm gegessen werden.

Ensalda de queso de cabra

Salat mit Ziegenkäse (im Bild vorne)

Zubereitungszeit: 30 Min.
Pro Portion ca.: 530 kcal

Zutaten für 4 Personen:
2 Äpfel
5 EL Olivenöl
4 Blätter Chicorée
50 g Rucola
1/2 Kopf Eichblattsalat
1/2 Kopf krause Endivie
10 Walnusskerne
20 g ungesalzene Pistazien- oder Pinienkerne
2 EL Sherryessig
Salz und frisch gemahlener Pfeffer
400 g Ziegenkäse, z. B. Rondin de chèvre (s. TIPP)

Die Äpfel schälen, vierteln, putzen und in feine Spalten schneiden. 2 EL Olivenöl erhitzen, die Äpfel darin 2 Min. braten. Den Chicorée und die Salate putzen, waschen und trockenschleudern. In mundgerechte Stücke teilen. Den Backofengrill vorheizen.

Walnüsse und Pistazien oder Pinienkerne fein hacken. Aus 3 EL Olivenöl, Sherryessig, Salz und Pfeffer eine Vinaigrette rühren.

Den Ziegenkäse portionieren und für 2–3 Min. unter den Grill schieben. Salat mit der Vinaigrette mischen und auf 4 Tellern anrichten. Apfelstücke und Ziegenkäse darauf verteilen und mit den Nüssen bestreuen. Sofort servieren.

TIPP

In Andalusien nimmt man für diesen Salat den schnittfesten Queso fresco de Ronda. Am ehesten kann man ihn durch den französischen Ziegenkäse ersetzen, den man in Deutschland auch bekommt.

Esskastanien werden in vielen andalusischen Rezepten verwendet: zu Wild- und Fleischgerichten, in Desserts wie Flan oder für eine feine, cremige Kastaniensuppe.

Ochsenschwanz *ist ein typisch andalusisches Rezept, auch cola o rabo de toro genannt, weil ursprünglich nur der Schwanz vom Kampfstier verwendet wurde. Als Tapa wird Ochsenschwanztopf mittlerweile in ganz Spanien angeboten. Statt Sherry können Sie auch trockenen Rotwein verwenden, dann bekommt das Gericht einen kräftigeren Geschmack.*

Crema de castañas y jamón ibérico

Kastaniensuppe mit Schinken

Zubereitungszeit: 1 Std.
Pro Portion ca.: 405 kcal

Zutaten für 4 Personen:
250 g frische Esskastanien
Salz, 1 Zwiebel
1 Fenchelknolle (ca. 150 g)
50 g Butter, 1 l Hühnerbrühe
50 g Frischkäse oder Crème fraîche
frisch gemahlener schwarzer Pfeffer
100 g luftgetrockneter Schinken (*Jamón Ibérico*)
2–3 El Sahne

Die Kastanien auf der flachen Seite kreuzweise einschneiden und in leicht gesalzenem Wasser etwa 15 Min. kochen. Abgießen, kalt abbrausen und schälen. Dabei auch die dünne braune Haut entfernen. Einige Kastanien vierteln oder in Scheibchen schneiden. Den Rest fein hacken.

Während die Kastanien kochen, die Zwiebel schälen und fein hacken. Den Fenchel waschen, putzen und klein hacken. Die Butter in einem Topf erhitzen. Die gehackten Kastanien und die Zwiebel darin 5 Min. anbraten, bis sie goldbraun sind. Den Fenchel 5 Min. mitbraten. Mit der Hühnerbrühe auffüllen. Frischkäse oder Créme fraîche in der heißen Suppe auflösen, mit Salz und Pfeffer würzen und bei schwacher Hitze noch 5–10 Min. köcheln lassen.

Den Schinken in feine Streifen schneiden. Vor dem Servieren mit den Kastanienvierteln über die Suppe verteilen. Mit der Sahne beträufeln.

TIPP

Sie können die eingeschnittenen Kastanien auch in einer trockenen Pfanne auf dem Herd 5–10 Min. rösten, dabei die Pfanne ständig rütteln. Dann lassen sich die Kastanien leicht schälen.

Estofado rabo de buey

Ochsenschwanztopf

Zubereitungszeit: 40 Min.
Garzeit: 1 1/2 Std.
Pro Portion ca.: 810 kcal

Zutaten für 6 Personen:
2 kg Ochsenschwanz, vom Metzger in 5 cm große Stücke geteilt
500 g Möhren
500 g reife Tomaten
4 Knoblauchzehen
1 kg rote Zwiebeln
4 EL Olivenöl
1 Briefchen Safranpulver (0,125 g)
Salz und frisch gemahlener schwarzer Pfeffer
1 Zimtstange
1/2 l Weißwein aus Montilla oder trockener Sherry (ersatzweise Fleischbrühe mit etwas Zitronensaft)

Den Ochsenschwanz waschen und abtrocknen. Die Möhren putzen und in etwa 1/2 cm dicke Scheiben schneiden. Die Tomaten kreuzweise einschneiden, kurz in kochendes Wasser tauchen, häuten und entkernen. In grobe Stücke schneiden. Knoblauch und Zwiebeln schälen und in dünne Scheiben schneiden.

Das Olivenöl in einem großen Topf erhitzen. Die Ochsenschwanzstücke darin portionsweise kräftig anbraten und herausnehmen. Zwiebeln und Knoblauch im selben Öl glasig braten. Tomaten, Möhren und Safran 3 Min. mitbraten.

Dann das Fleisch wieder in den Topf geben, salzen und pfeffern. Den Zimt und den Wein dazugeben und alles zugedeckt bei schwacher Hitze 1 1/2 Std. schmoren, bis das Fleisch weich ist. Dazu schmeckt derselbe Wein, in dem das Fleisch geschmort wurde.

TIPP

Am besten schmeckt der Ochsenschwanz, wenn man ihn nach dem Garen 2 Std. ruhen lässt und vor dem Servieren aufwärmt.

Puchero de verano

Sommerlicher Gemüsetopf (im Bild)

Zubereitungszeit: 45 Min.
Bei 6 Personen pro Portion ca.: 230 kcal

Zutaten für 4–6 Personen:
250 g Kichererbsen (aus der Dose)
500 g Kartoffeln
250 g Kürbis
2 Auberginen
250 g breite grüne Bohnen
4 sehr feste Birnen
Salz
1 kleine rote Zwiebel
1 reife Fleischtomate
3 EL Olivenöl
3 Zweige Pfefferminze
2 Zweige glatte Petersilie
1 Briefchen Safranpulver (0,125 g)
1 TL Paprikapulver, edelsüß
frisch gemahlener schwarzer Pfeffer

Kichererbsen in ein Sieb gießen und abspülen, abtropfen lassen. Kartoffeln und Kürbis schälen und in 3 cm große Würfel schneiden. Auberginen waschen, putzen, vierteln und in 2 cm dicke Scheiben schneiden. Bohnen waschen, putzen, in 2–3 lange Stücke schneiden. Die Birnen vierteln, von den Kerngehäusen befreien und in Stücke schneiden. 1 l Wasser aufkochen lassen, leicht salzen. Das Gemüse und die Birnen darin bei mittlerer Hitze etwa 10 Min. garen.

In der Zwischenzeit für das *Sofrito* die Zwiebel schälen und fein hacken. Tomate waschen, häuten, entkernen und klein schneiden. In einer Pfanne das Öl erhitzen, darin die Zwiebel anschwitzen, die Tomaten dazugeben und 4 Min. schmoren. Minze und Petersilie waschen, trockentupfen, die Blätter in feine Streifen schneiden. Mit Safran und Paprika unter das *Sofrito* mischen und 1 Min. mitschmoren.

Das *Sofrito* zum Eintopf geben. Mit Salz und Pfeffer würzen, zugedeckt bei schwacher Hitze 10-15 Min. köcheln lassen. Das Gemüse darf nicht zu weich werden.

Pollo con aceitunas

Huhn in Olivensauce

Zubereitungszeit: 15 Min.
Garzeit: 45 Min.
Pro Portion ca.: 530 kcal

Zutaten für 4 Personen:
1 küchenfertiges Hähnchen (ca. 1,2 kg)
4 EL Olivenöl
200 g Zwiebeln
1 Knoblauchzehe
100 ml andalusischer Brandy, 300 ml Weißwein (ersatzweise Hühnerbrühe mit etwas Zitronensaft)
120 g schwarze Oliven
je 1 Zweig glatte Petersilie und Pfefferminze
1 Eigelb, hart gekocht
3–4 EL Zitronensaft

Das Hähnchen in 6 Stücke teilen und häuten. Das Olivenöl in einer großen Pfanne erhitzen, das Fleisch darin rundum goldgelb anbraten. Herausnehmen und warm stellen.

Zwiebeln und Knoblauch schälen und fein hacken. Im selben Öl 2–3 Min. anbraten. Mit Brandy und Wein ablöschen.

Die Hähnchenstücke in die Sauce geben und zugedeckt bei schwacher Hitze 30 Min. schmoren.

Inzwischen die Oliven entkernen und in Stücke schneiden. Petersilie und Minze waschen, die Blättchen in Streifen schneiden. Das Eigelb zerdrücken. Alles mit dem Zitronensaft zum Huhn geben. Noch 15 Min. schmoren. Dazu passen Reis oder Bandnudeln.

Variante:
Wer mag, kann noch etwas klein gehackten, frischen Ingwer und ein wenig Kreuzkümmel dazugeben. Dazu schmecken dann würfelig geschnittene Bratkartoffeln.

Safran & Gewürze

Alle Wohlgerüche des Orients

Wenn Pfeffer, Kümmel, Korianderkörner und andere Gewürze mit dem *pistilo* im Mörser zerstossen werden, kommen ihr Duft und Geschmack voll zur Geltung. Zimt wird nicht nur für Süßes verwendet. Er verleiht auch Eintöpfen, Ragouts und Schmorgerichten einen interessanten Geschmack. Kreuzkümmel schätzten die Mauren besonders bei Gerichten mit Hülsenfrüchen.

Was wären die *Sopa de Granada* ohne frische Minze, *Raya en Amarillo* oder *Andrajos* ohne Safran, die Mandelsuppe aus Ronda ohne Zimt, *Berenjenas moriscas* oder *Ensalada de pimiento colorado* ohne Kreuzkümmel und *Tafaya* ohne Korianderkörner?

Nur für Wohlhabende

Ziemlich fad muss das Essen im Europa des 10. Jahrhunderts gewesen sein. Gewürze kannte und verwendete man kaum. Sie waren auch sündhaft teuer. Wenn jemand im Mittelalter Gewürze besaß, war er reich und galt als Pfeffersack. Denn Pfeffer war eines der wenigen Gewürze, das allgemein bekannt war. Gewürze galten als Symbole für Luxus und Raffinesse. Kostbar wie sie waren, wurden sie sogar in Testamenten grammweise vererbt. Als die Mauren nach Andalusien kamen, brachten sie aus ihrer orientalischen Heimat allerhand Spezereien mit, die sie Dank ihres lebhaften weltweiten Handels kannten und reichlich nutzten.

Korianderblätter und -samen zählten zu den Lieblingskräutern der Mauren. Die Blätter schmecken leicht nach Anis, man gibt sie am besten erst in der letzten Minute zum Gericht. Die Körner schmecken zart nach getrockneter Orangenschale. Man röstet sie in der Pfanne leicht an, ehe man sie im Mörser zerstampft. Echter Safran gehört unbedingt in die andalusische Küche.

Erbe der Mauren

Diese maurische Tradition, alle Speisen, ob süß oder salzig, Fisch, Fleisch, Gemüse oder Suppen mit Gewürzen zu aromatisieren, hat sich bis heute in der andalusischen Küche erhalten. In einem anonymen maurischen Manuskript aus dem 13. Jahrhundert steht: »Die Kenntnis vom Gebrauch der Gewürze ist die Grundlage für alle Gerichte, denn sie sind das Fundament des Kochens, auf dem aufgebaut wird.« Die Mauren brachten den Zimt aus China, den Safran (*az-za'faran*) aus Persien, den Kreuzkümmel (*kammún*), Kümmel, Kardamom, Ingwer, Sesam, Koriander, Muskatnuss und den Anis (*anisún*) mit. Sie benutzten die Gewürze nicht nur für ihre eigene Küche, sondern exportierten sie von Andalusien auch ins übrige Europa, nach Ägypten und Nordafrika. Der Gewürzhandel war ein wichtiger Faktor für die wirtschaftliche Prosperität des al-Andalus. Ibn Çalih ibn Chayrazad schrieb im 9. Jahrhundert »Es ist angebracht, dass das Auge und die Nase an

Nur die drei Stempelfäden der Safranblüte *crocus sativus* werden als Gewürz verwendet.

einer schön gedeckten Tafel den gleichen Anteil haben, wie der Gaumen.« Auch die andalusische Küche von heute erhält ihren Charakter durch den reichlichen Gebrauch von Gewürzen. Ungewohnt, aber sehr reizvoll ist die Verwendung von Gewürzen wie Anis, Zimt oder Kardamom für Fisch, Fleisch und Gemüsegerichte. Die mitteleuropäische Küche verbindet sie eigentlich eher mit der Weihnachtsbäckerei oder Süßspeisen.

Ohne Mörser halb so gut

Auch im Zeitalter der technisierten Küche greift die Andalusierin noch häufig zum Mörser. Besonders, wenn sie Gewürzkörner zerkleinern will. Gewürze duften und schmecken einfach anders und kräftiger, wenn sie von Hand im Mörser zerstoßen werden. Wobei zerstoßen eigentlich nicht die richtige Bezeichnung ist, denn Gewürze werden im Mörser eher zerrieben. Mit ein bisschen Übung ist das gar nicht so schwer.

Allerdings würde keine Andalusierin heute noch die Mandeln für *Ajoblanco* oder die komplette Gazpacho im Mörser zubereiten. Da leisten ein Mixer oder ein Pürierstab bessere Dienste. Echte Alioli hingegen wird oft noch im Mörser zubereitet. Um jedoch die simplen Zutaten, Knoblauch, Olivenöl und Salz, zu einer feinen Creme zerreiben zu können, brauche man 20 Jahre Übung, meint Asunción, die Meisterin im Zubereiten der Alioli ist. Um den wahren Duft und Geschmack der Gewürze erhalten und genießen zu können, empfiehlt es sich, Gewürze ganz, als Körner oder Samen zu kaufen. Erst vor Gebrauch werden sie im Mörser fein zerrieben.

Safran macht den Kuchen gel

Göttervater Zeus pflegte in einem Safranbett zu schlafen. Die Römer streuten Safranfäden auf ihre Hochzeitsbetten. Marc Aurel badete in Safranwasser, weil es die Haut verschönt und angeblich die Manneskraft stärkt. Shakespeare sagte in seinem »Wintermärchen«: »Ich muss Safran haben zum Färben der Apfelkuchen«.

Ohne Safran ist die andalusische Küche undenkbar. Mit Safran werden Fisch- und Fleischgerichte, Suppen und Eintöpfe, Kuchen und Süßspeisen gewürzt und gefärbt. Der Safran wurde von den Mauren sehr geschätzt. Zwar war der berühmte maurische Arzt Avenzoar (Ibn Zuhr) noch im 12. Jahrhundert der Meinung, dass Safran mit Fisch kombiniert »das Gehirn mit schädlichen Dämpfen füllt«. Aber das hinderte weder die maurischen noch die heutigen andalusischen Köche, großzügig mit Safran zu würzen. Vielleicht auch, weil sie ihm aphrodisierende Wirkung zuschreiben.

Handarbeit macht Safran kostbar

In der maurischen Zeit war der Safrananbau in Andalusien allgemein verbreitet. Heute bekommen die Andalusier ihren Safran aus der benachbarten Extremadura und aus Castilla La Mancha, der Heimat Don Quijotes. Viel Handarbeit ist bei der Kultivierung des lila blühenden Pflanze *Crocus Sativus Linnaeus* nötig. Im Juli werden die Knollen von Hand gesetzt und Ende Oktober, wenn die Safranfelder von Blüten übersät sind, von Hand geerntet. Im Morgengrauen ziehen die Safranpflückerinnen aufs Feld, denn bis zehn Uhr ist die beste Pflückzeit. Jede Blüte hat drei Fruchtblätter. Nur diese roten, süß-aromatisch duftenden Stempelfäden werden getrocknet und als Gewürz verwendet. 150 000 bis 200 000 Stempelfäden müssen von Hand aus der Blüte gezupft werden, um ein Kilogramm frischen Safran zu erhalten. Nach dem Pflücken werden die Fäden getrocknet. Durch das Trocknen verlieren sie Gewicht. Das heißt, aus jedem Kilogramm frischer Stempelfäden erhält man 250 g Safran. Kein Wunder, dass Safran zu den teuersten Gewürzen der Welt zählt. Safran enthält Carotinoide, vor allem Crocin, die dafür verantwortlich sind, dass mit Safran gewürzte Speisen sich intensiv goldgelb färben. Echter Safran ist unvergleichlich im Duft und Geschmack und dient keineswegs nur zum Gelbfärben der Speisen. Auch wenn echter Safran teurer ist als *colorante alimentario,* gelbes Pulver, das nur Lebensmittelfarbe enthält, sollte man ihn für andalusische Gerichte unbedingt nehmen.

In Safran ist nicht immer Safran drin

Weil Safran sehr teuer ist, wurde und wird er oft gefälscht. Minderwertiger Safranersatz oder -beigaben sind u.a. Saflor, auch Färber- oder Öldistel genannt, die zerriebenen Rhizome der Gelbwurz, Curcuma, oder Ringelblumenblüten. Wie erkennt man echten Safran? Legen Sie einen Safranfaden in warmes Wasser. Wenn er dieses intensiv rotgelb färbt und das Wasser gut duftet, ist es echter Safran.

Oder beim Kauf: Echter Safran färbt beim Zerreiben die Finger intensiv rotgelb. Bewahren Sie

Mühsam von Hand muss man die rotgelben, würzigen Safranfäden einzeln aus der Blüte zupfen. Eine Arbeit, an der sich die ganze Familie beteiligt.

Die frischen, leuchtendroten Safranfäden werden auf Drahtrosten über Feuer leicht getrocknet. Sie werden dann dunkler und kürzer.

Ihren kostbaren Safran immer trocken, kühl und lichtgeschützt und möglichst luftdicht verschlossen auf.

Zum Gebrauch von Safran

Um den vollen Duft und die schöne goldgelbe Farbe des Safran zu bewahren, sollte man Safranfäden in einem kleinen Keramikmörser zerreiben. Dann etwas Kochflüssigkeit zugeben und alles zum Gericht geben. Hat man zu wenig Kochflüssigkeit, ist es besser, die Fäden vorher in lauwarmem Wasser einzuweichen und samt Einweichwasser kurz vor Ende der Garzeit zum Gericht zu geben. Safranpulver gibt man direkt zu den Speisen. Da echter Safran sowohl gut würzt als auch färbt, reicht eine Messerspitze für 4 Personen aus. Im Handel ist echter Safran in Portionsbriefchen oder -döschen erhältlich. Eine Portion (0,125 g) reicht für ein Gericht für 4 Personen.

Alcachofas de Montilla

Artischocken mit Schweinefilet in Wein
(im Bild vorne)

Zubereitungszeit: 1 Std.
Pro Portion ca.: 255 kcal

Zutaten für 4 Personen:
3 Bio-Zitronen
3 EL Mehl, Salz
1 kg kleine Artischocken
200 g Schweinefilet
4 Knoblauchzehen
1 Zweig Minze
4 EL Olivenöl
200 ml Weißwein (z. B. aus Montilla) oder trockener Sherry
1/4 l kräftige Fleischbrühe
1 Briefchen Safranpulver (0,125 g)
frisch gemahlener weißer Pfeffer

1 Zitrone auspressen, die restlichen heiß waschen und vierteln. Reichlich Wasser mit Zitronensaft, den Zitronenvierteln, 2 El Mehl und etwas Salz aufkochen lassen. Die Artischocken waschen, harte äußere Blätter großzügig entfernen, die Spitzen abschneiden und die Stiele abbrechen. Artischocken sofort ins kochende Wasser geben und zugedeckt etwa 20 Min. kochen lassen. In ein Sieb abschütten, mit kaltem Wasser abbrausen und abtropfen lassen.

Das Schweinefilet in feine Streifen schneiden. Knoblauch schälen und fein hacken. Die Minze waschen, die Blättchen abzupfen und in Streifen schneiden.

Das Öl in einer tiefen Pfanne erhitzen, Fleisch und Knoblauch darin anbraten. Die Artischocken 2 Min mitbraten. Wein und Fleischbrühe dazugießen und mit Minze, Safran und Salz würzen. Bei mittlerer Hitze offen noch 10-15 Min. schmoren, die Flüssigkeit soll dabei etwas einkochen. Mit Salz und Pfeffer abschmecken.

Variante: Artischocken mit Venusmuscheln
Statt Schweinefilet kann man auch 600 g Venusmuscheln nehmen. Die Fleischbrühe wird dann durch Fischfond ersetzt. Die Muscheln gründlich waschen und mitkochen, bis sie sich geöffnet haben.

Ajoharina

Kartoffeln mit Knoblauch (im Bild hinten)

Zubereitungszeit: 45 Min.
Pro Portion ca.: 260 kcal

Zutaten für 4 Personen:
1 kg Kartoffeln
4 EL Olivenöl
1 getrocknete rote Paprikaschote (s. TIPP)
1 TL Paprikapulver, edelsüß
2 Knoblauchzehen
1 EL Mehl
5 schwarze Pfefferkörner
Salz

Die Kartoffeln schälen und in kleine Würfel schneiden. Gleichzeitig das Olivenöl in einer tiefen Pfanne erhitzen. Die getrocknete Paprikaschote darin 10 Min. braten, dann herausnehmen, halbieren und entkernen.

Im selben Öl die Kartoffeln 5 Min. anbraten. Das Paprikapulver dazugeben, die Kartoffeln mit kochendem Wasser bedecken und etwa 10 Min. kochen.

Den Knoblauch schälen und mit der getrockneten Paprikaschote, dem Mehl und den Pfefferkörnern im Mörser fein zerstampfen. Etwas Kochflüssigkeit dazugeben und gut verrühren, zu den Kartoffeln geben. Mit Salz abschmecken und weitere 10 Min. garen. Die Kartoffeln sehr heiß servieren.

TIPP

Statt der getrockneten Paprikaschote können Sie auch 1 TL Paprikamark aus der Tube verwenden. Dieses in etwas Brühe oder Wasser auflösen und zu dem Zeitpunkt ans Gericht geben, wenn die im Mörser zerstampfte Schote dazukäme.

Cabrito a la miel y azafrán

Zicklein in Honigsauce mit Safran

Zubereitungszeit: 30 Min.
Garzeit: 1 1/4 Std.
Pro Portion ca.: 950 kcal

Zutaten für 4 Personen:
4 Knoblauchzehen
200 g Zwiebeln
500 g Kartoffeln
100 g aromatischer Honig (am besten Rosmarinhonig)
6 EL Sherryessig
4 EL Olivenöl
2 Zickleinkeulen (ersatzweise 1 Lammkeule)
Salz
1 Briefchen Safranpulver (0,125 g)
1/2 TL Paprikapulver, edelsüß
1/4 TL frisch gemahlener roter Pfeffer
1 TL frische Rosmarinnadeln
1 Lorbeerblatt
1/2 l trockener Weißwein (ersatzweise Fleischbrühe mit etwas Zitronensaft)

Knoblauch und Zwiebeln schälen und fein hacken. Die Kartoffeln schälen und in mundgerechte Stücke schneiden. Den Backofen auf 180° vorheizen. Den Honig leicht erwärmen, mit Sherryessig verrühren.

Das Olivenöl in einer großen Pfanne erhitzen. Die Zickleinkeulen mit Salz einreiben und im Öl rundum braun anbraten. Herausnehmen und in eine feuerfeste Form legen.

Knoblauch und Zwiebeln im selben Öl goldbraun anschwitzen. Safran, Paprikapulver, Pfeffer, Rosmarin, Lorbeerblatt und Wein dazugeben, 5 Min. bei schwacher Hitze schmoren. Die Sauce über das Fleisch gießen. Die Kartoffeln um das Fleisch legen. In den Backofen (Mitte, Umluft 160°) schieben und etwa 1 Std. braten, evtl. die Hitze etwas reduzieren. Wenn zu wenig Flüssigkeit bleibt, etwas Wein oder Wasser dazugießen.

Das Fleisch aus dem Ofen nehmen. Mit der Honig-Mischung begießen. Noch einmal für 15–20 Min. in den Backofen schieben.

Albóndigas con trufas

Fleischbällchen mit Trüffeln (im Bild)

Zubereitungszeit: 40 Min.
Pro Portion ca.: 425 kcal

Zutaten für 4 Personen (24 Stück):
1 Knoblauchzehe
1 kg Lammhackfleisch (oder Rinderhackfleisch, 2-mal durchgedreht)
1 Ei
1 EL Semmelbrösel
Salz und frisch gemahlener roter Pfeffer
1 Glas schwarze Trüffel (20 g)
4 EL Korianderöl (s. TIPP; ersatzweise Olivenöl)
Mehl zum Arbeiten

Den Knoblauch schälen und sehr fein hacken. Das Hackfleisch in einer Schüssel mit Ei, Semmelbröseln und Knoblauch gut verkneten. Mit Salz und Pfeffer würzen.

Die Trüffel in kleine Stücke schneiden. Mit bemehlten Händen aus dem Fleischteig kleine Klößchen formen. Dabei in jedes Klößchen 1–2 Trüffelstückchen drücken. 10 Min. mit einem Tuch abgedeckt ruhen lassen.

Das Öl in einer Pfanne erhitzen. Die Klößchen darin rundum bei mittlerer Hitze nicht zu dunkel anbraten. Sie müssen zart bleiben. Zugedeckt bei schwacher Hitze etwa 15 Min. garen.

Dazu passen Safranreis (s. Seite 44) und Gurkensalat mit einem Dressing aus Joghurt, Minzeblättchen, Olivenöl, Sherryessig und Pinienkernen.

TIPP

Korianderöl kann man ganz leicht selbst herstellen. 1 EL Korianderkörner im Mörser fein zerstoßen. In eine Flasche geben, mit 1/4 l Olivenöl auffüllen. Gut verschließen und 3 Wochen an einem warmen Ort, aber nicht in der Sonne, stehen lassen. Dann in eine saubere Flasche abseihen. 1 frischen Korianderzweig in die Flasche stecken und das Öl gut verschlossen aufbewahren.

Costillas a la miel

Rinderrippen in Honig mit Orangenreis

(im Bild)

Zubereitungszeit: 30 Min.
Garzeit: 45 Min.
Pro Portion ca.: 705 kcal

Zutaten für 4 Personen:
2 Stängel Rosmarin
1 1/2 kg Rinderrippen (Querrippe, ersatzweise Hochrippe), vom Metzger in 2 cm breite Scheiben schneiden lassen
Salz und frisch gemahlener schwarzer Pfeffer
8 EL flüssiger Honig
Für den Orangenreis:
2 Bio-Orangen
1 Schalotte
1 TL Korianderkörner
2 EL Olivenöl
120 g Reis
Salz und frisch gemahlener weißer Pfeffer

Den Backofen auf 180° (Umluft 160°) vorheizen. Den Rosmarin waschen, trockentupfen, die Nadeln abstreifen und fein hacken. Von den Rippen möglichst viel Fett abschneiden. Die Rippen salzen und pfeffern, nebeneinander in eine feuerfeste Form legen. Den Honig über das Fleisch träufeln. Darüber den Rosmarin verteilen. 4–5 EL Wasser dazugeben. Die Rippen in den Backofen (Mitte) stellen, die Temperatur auf 160 Grad (Umluft 140°) reduzieren. Das Fleisch 1 Std.–1 Std. 10 Min. garen. Die Flüssigkeit sollte weit gehend aufgesogen sein.

Für den Orangenreis nach 45 Min. Garzeit die Orangen heiß waschen, abtrocknen und die Schale abreiben. Orangen auspressen. Schalotte schälen und sehr fein hacken. Koriander im Mörser fein zerstoßen.

Das Öl in einem Topf erhitzen. Die Schalotte darin 3 Min. anschwitzen. Den trockenen Reis und den Koriander unter Rühren 2 Min. mitbraten. Mit Orangensaft ablöschen. Die Schale dazugeben, salzen und pfeffern. Etwa 1/2 l Wasser auffüllen und 10 Min. bei starker Hitze kochen lassen, bis das Wasser fast verdampft ist. Dann den Ofen ausschalten, den Reis zudecken und 10 Min. quellen lassen.

Die Rippen mit Orangenreis und einem Salat aus Tomaten mit roten Paprikaschoten servieren.

Cordero con aceitunas y ciruelas

Lamm mit Oliven und Pflaumen

Zubereitungszeit: 30 Min.
Garzeiten: 1 Std. 10 Min.
Pro Person ca.: 945 kcal

Zutaten für 4 Personen:
15 Mandeln
150 g Zwiebeln
1 Bund glatte Petersilie
2–3 reife Tomaten
4–6 EL Olivenöl
1 kg Lammkeule oder Lammschulter
Salz und frisch gemahlener schwarzer Pfeffer
12 schwarze Oliven
12 getrocknete Pflaumen ohne Stein
1 TL frisch geriebener Ingwer
1/2 TL Zimtpulver
1 Briefchen Safranpulver (0,125 g)
1/8 l Fleischbrühe

Die Mandeln kurz überbrühen und aus der Schale drücken. Die Zwiebeln schälen und fein hacken. Die Petersilie waschen und fein hacken. Die Tomaten kreuzweise einschneiden, kurz in kochendes Wasser tauchen, häuten, entkernen und fein hacken.

Das Olivenöl in einem breiten Topf erhitzen. Die Zwiebeln darin bei mittlerer Hitze 5 Min. braten, bis sie goldbraun werden. Petersilie und Tomaten hinzufügen, umrühren und 2 Min. mitbraten. Die Lammkeule mit Salz und Pfeffer einreiben. Auf das Zwiebelbett legen und zugedeckt 35 Min. bei mittlerer Hitze schmoren.

Inzwischen die Oliven entkernen und halbieren. Die Pflaumen vierteln. Die Mandeln grob hacken und in einer beschichteten Pfanne ohne Fett kurz anrösten. Oliven, Pflaumen, Mandeln, Ingwer, Zimt und den Safran zum Fleisch geben. Die Fleischbrühe angießen. Zugedeckt bei mittlerer Hitze weitere 30–40 Min. schmoren.

Vor dem Servieren das Fleisch in Scheiben schneiden und auf eine vorgewärmte Platte legen. Sauce mit Mandeln, Oliven und Pflaumen über die Fleischscheiben gießen. Dazu schmecken grüne Butternudeln und ein Salat aus frischen Spinatblättern, Knoblauch und ausgebratenen Speckwürfeln in einer Sherry-Olivenöl-Marinade.

Ternera a la sevillana ist inzwischen in ganz Spanien verbreitet. Das würzig gespickte Rindfleisch ist im Sommer oder für Picknicks sehr beliebt, da es auch kalt ausgezeichnet schmeckt.

Das Rezept für den Codiciado *stammt aus einem anonymen Manuskript aus dem 13. Jahrhundert, das erst vor kurzem entdeckt wurde. Typisch ist die interessante süß-pikante Kombination von Fleisch, Gemüse, exotischen Gewürzen, Mandeln und Eiern.*

Codiciado

Rindfleischtopf mit Auberginen und Knoblauch

Zubereitungszeit: 45 Min.
Garzeit: 1 1/4 Std.
Pro Portion ca.: 595 kcal

Zutaten für 4 Personen:
1 Aubergine, Salz
1 kg Rindfleisch ohne Knochen (z. B. Hochrippe)
1 kg Zwiebeln
4 EL Olivenöl
1 Briefchen Safranpulver (0,125 g)
je 1/2 TL frisch gemahlener schwarzer Pfeffer, Korianderkörner und Kreuzkümmel
2 Zweige Meerfenchel (ersatzweise Fenchelkraut oder 1 TL Fenchelsamen)
1 EL Rosinen
1 EL Honig (am besten Orangenblütenhonig)
je 1 EL gemahlene Pinienkerne und Mandeln
4 EL Rotweinessig
1 Knoblauchknolle
4 Eier

Die Aubergine schälen, der Länge nach vierteln und in Scheiben schneiden. In kochendem Salzwasser 3 Min. blanchieren, in ein Sieb abgießen und abtropfen lassen. Das Rindfleisch in 3 cm große Würfel schneiden.

Die Zwiebeln schälen und achteln. In einem großen Schmortopf Olivenöl erhitzen, die Zwiebeln darin goldbraun anbraten. Fleisch und Aubergine dazugeben. Mit Wasser auffüllen, bis das Fleisch knapp bedeckt ist. Safran, Pfeffer, Koriander, Kreuzkümmel und Fenchel, Rosinen, Honig, Pinienkerne und Mandeln zum Fleisch geben. Salzen, mit Essig abschmecken und die Knoblauchknolle dazulegen.

Zugedeckt 1 Std. bei schwacher Hitze schmoren. Dann offen bei mittlerer Hitze weitere 20–30 Min. kochen lassen, bis die Flüssigkeit auf die Hälfte reduziert ist.

Nun die Eier in den Topf schlagen, umrühren und kochen, bis die Eier gestockt sind.

Ternera a la sevillana

Rindfleisch mit Sherry, Zimt und Mandeln

Zubereitungszeit: 40 Min.
Garzeit: 1 Std. 20 Min.–1 1/2 Std.
Bei 6 Personen pro Portion ca.: 460 kcal

Zutaten für 4–6 Personen:
4 Knoblauchzehen
100 g luftgetrockneter Schinken (*Jamón Serrano*) in 2–3 dicken Scheiben
75 g gestiftelte Mandeln
75 g entkernte grüne Oliven
1 kg Rindfleisch aus der Oberschale oder Hochrippe
Salz und frisch gemahlener schwarzer Pfeffer
400 g Zwiebeln
5 EL Olivenöl
1 Briefchen Safranpulver (0,125 g)
1 Zimtstange
1/4 l Sherry oder Rotwein (ersatzweise Fleischbrühe mit 3 EL Sherryessig)

Den Knoblauch schälen. 2 Knoblauchzehen, den Schinken und die Hälfte der Mandeln in feine Stifte schneiden. Die Oliven in Scheiben schneiden. Mit einem spitzen Messer kleine Einschnitte in das Rindfleisch machen. Knoblauch, Oliven, Schinken und Mandelstifte in die Einschnitte stecken. Das Fleisch mit Salz und Pfeffer einreiben. Zwiebeln und restlichen Knoblauch schälen und fein hacken.

Das Olivenöl in einem Bräter erhitzen. Darin das Rindfleisch von allen Seiten kräftig anbraten, herausnehmen. Im selben Öl Zwiebeln und Knoblauch 2–3 Min. anbraten. Das Fleisch wieder in den Topf legen. Safran, Zimt und den Sherry dazugeben. Bei mittlerer Hitze zugedeckt 1 Std. 20 Min.–1 1/2 Std. schmoren. Den Braten ab und zu mit Sauce begießen. Die restlichen Mandeln in einer trockenen Pfanne rösten.

Das Fleisch herausnehmen und warm stellen. Die Sauce etwas einkochen lassen und mit Salz und Pfeffer würzen. Vor dem Servieren das Fleisch in Scheiben schneiden, mit der Sauce übergießen und mit den Mandeln bestreuen. Das sevillanische Rindfleisch schmeckt auch kalt sehr gut.

Riñones al Jerez

Nieren in Sherrysauce

Zubereitungszeit: 30 Min.
Pro Portion ca.: 420 kcal

Zutaten für 4 Personen:
700 g Kalbsnieren (oder Rindernieren)
1 Schalotte
1 Knoblauchzehe
4 EL Olivenöl
1/4 l trockener Sherry
1 Lorbeerblatt und 1 Zweig Thymian
Salz und frisch gemahlener schwarzer Pfeffer

Die Nieren häuten, halbieren und alle weißen Harnstränge wegschneiden. Dann schräg in dünne Scheiben schneiden. Schalotte und Knoblauch schälen und sehr fein hacken.

2 EL Olivenöl in einer Pfanne erhitzen und die Nieren darin portionsweise anbraten. (Nicht zu viel in die Pfanne geben, sonst ist die Temperatur zu niedrig, die Nieren geben Saft ab und werden zäh.) Die Nieren dann aus der Pfanne nehmen und zur Seite stellen.

Das restliche Öl erhitzen. Schalotte und Knoblauch darin 2–3 Min. anschwitzen. Mit Sherry ablöschen, Lorbeerblatt und abgestreifte Thymianblättchen dazugeben. Die Sauce bei starker Hitze in 5 Min. etwas einkochen lassen. Den mittlerweile ausgetretenen Saft von den Nieren dazugeben und nochmal einkochen lassen. Salzen und pfeffern.

Nieren in der Sauce 5 Min. erwärmen. Heiß servieren. Dazu schmecken Safranreis (s. Seite 44) und gebratene rote Paprikaschoten.

Variante:
Man kann die Sauce auch mit etwas Crème fraîche oder Sahne abrunden.

Magret de pato con higos

Entenbrust mit Feigen in Weinsauce (im Bild)

Zubereitungszeit: 30 Min.
Pro Person ca.: 625 kcal

Zutaten für 4 Personen:
2 Entenbrüste à 300 g
Salz und frisch gemahlener schwarzer Pfeffer
1 Schalotte
1 EL Olivenöl
200 ml Dessertwein (Pedro-Ximénez- oder Malagawein)
200 ml Fleischbrühe
200 g Sahne
6 frische Feigen

Mit einem scharfen Messer die Haut der Entenbrüste rautenförmig einschneiden, ohne das Fleisch zu verletzen, das Fleisch salzen und pfeffern.

In einer beschichteten Pfanne die Entenbrüste bei mittlerer Hitze mit der Hautseite nach unten 5–8 Min. anbraten. Austretendes Fett mit dem Löffel entfernen. Wenn die Haut goldbraun ist, das Fleisch umdrehen, die Hitze eventuell reduzieren und die Brüste 5 Min. weiterbraten. Nach dem Garen zugedeckt 2 Min. ruhen lassen.

Für die Sauce die Schalotte schälen und fein hacken. Das Öl erhitzen, Schalotte darin glasig braten. Mit Wein und Brühe ablöschen. Bei starker Hitze 10 Min. kochen, bis die Flüssigkeit auf die Hälfte reduziert ist und die Sauce dickflüssig wird. Die Sahne dazugießen und cremig einkochen lassen. Mit Salz und Pfeffer würzen.

Die Feigen schälen und in Scheiben oder Viertel schneiden. In der Sauce erwärmen. Entenbrust in 1 cm dicke Scheiben schneiden. Mit Feigen und Sauce servieren.

Variante: Entenbrust mit marinierten Feigen
200 ml Dessertwein (s. oben) mit 40 g Zucker mischen, aufkochen lassen, vom Herd nehmen und 300 g getrocknete Feigen darin 2 Std. marinieren. Herausnehmen und schräg in Scheiben schneiden. Marinade mit Fleischbrühe und 2 EL Sherryessig mischen und die Sauce und die Entenbrüste wie oben zubereiten.

Süßigkeiten – Dulces
Himmlische Köstlichkeiten

Ein Drehfenster ermöglicht die Kommunikation zwischen den in manchen andalusischen Klöstern zum Schweigen verpflichteten Nonnen und den Kunden, die extra kommen, um die berühmten Süßigkeiten zu kaufen. Und der Waren- und Geldaustausch funktioniert so natürlich auch.

Wer Süßes liebt, geht in Andalusien ins Kloster. Das Süße bzw. dessen Herstellung ist nämlich in Andalusien fest in den Händen der Nonnen. In ihren Klöstern stellen sie ohne Rücksicht auf Kalorien himmlische Süßigkeiten her. Schon das Wort *Dulces del convento* lässt den Andalusiern das Wasser im Mund zusammenlaufen. Wie kann man sich kulinarischen Luxus besser ausmalen, als sich Süßes aus Mandeln, Pistazien- oder Pinienkernen vorzustellen, getränkt mit Orangenblüten- und Rosenwasser und beträufelt mit duftendem, hellgoldenem Honig? Oder Blätterteig bestäubt mit feinstem Zucker und Sesamkörnern. Marzipan mit dem Duft von süßem Mandelöl. Schon der arabische Poet Ibn Razi beschrieb im 10. Jahrhundert in seinem Buch über die Esskultur (»Die reichhaltige Sammlung an fruchtigen Speisen und deren Variationen«) die antidepressive Wirkung des Zuckers. Die Schwäche für alles Süße haben die Andalusier von ihren maurischen Vorvätern geerbt: *alfajores, galletas de anís y canela, gelatina de azahar,*

Die andalusischen Konditoreien, die *pastelerías*, sind eine einzige Versuchung für Schleckermäuler. Die Kalorienbomben sprengen mühelos alle Kalorientabellen und manche sind süßer als Zucker. Aber allen Diätzeitschriften zum Trotz: Der Andrang der Liebhaber solcher Genüsse ist groß, die Auswahl riesig.

mazapanes, bizcochos, ajonjolí, canutillos, cabello de ángel, tocino de cielo, suspiros de monja, huesos de santo, besos de dios, gar nicht zu reden von Ausgebackenem wie *almojabanas, buñuelos de viento, rosquillas, churros* oder *jeringes* ... Betrachtet man dieses appetitliche Repertoire, so ist es kein Wunder, dass all diese Süßspeisen auch noch heute in der andalusischen Küche zu finden sind. Die Rezepte dafür hüten die andalusischen Nonnen. »Hauptstadt« der Süßigkeiten zur Maurenzeit war Medina Sidonia.

Zucker oder Honig?

Als Liebhaber des Süßen brachten die Mauren das Zuckerrohr nach Andalusien und kultivierten es mit Erfolg. Anfangs wurde es im häuslichen Garten angebaut und eher als Süßigkeit zum Lutschen genutzt. Erst im 13. Jahrhundert begann man, daraus Zucker herzustellen. Der sevillanische Agronom Ibn al-Awam erklärte in seinem berühmten Buch über die Landwirtschaft genau, wie man Zuckerrohr anbaut und Zucker daraus herstellt: Das geschnittene

Membrillo ist eine Quittenpaste und heißt auch Quittenspeck. Man isst ihn dünn geschnitten mit einer Scheibe würzigem Frischkäse.

Für *dulces* gibt es in Andalusien immer eine Gelegenheit. Besonders in der Weihnachtszeit muss man die gewünschten Süßigkeiten rechtzeitig vorbestellen.

Die *Yemas* aus der Bäckerei Horno de San Bonaventura werden liebevoll einzeln in feines Seidenpapier verpackt.

Zuckerrohr wurde in Keltern mit den Füßen getreten, der austretende Saft zweimal gekocht. Nach dem Verdampfen der Flüssigkeit ließ man die gewonnene Masse im Schatten trocknen.
Bis dahin hatte man überwiegend mit Honig oder Früchten gesüßt. Der Zucker aus Zuckerrohr, anfangs nur wenigen Reichen vorbehalten, trat langsam aber sicher seinen Siegeszug über Andalusien nach ganz Europa an. Ibn Razi schrieb im 10. Jahrhundert: »Al-Andalus ist großzügig mit Seide, süß mit Honig, perfekt mit Zucker, erleuchtet durch das Wachs der Kerzen, überreich an Olivenöl und luxuriös durch Safran.«

Backen zum Überleben

Im 19. Jahrhundert buken die andalusischen Nonnen um ihr Überleben. Der Politiker Juan Alvarez Mendizábal aus Cádiz, Finanzminister und Premierminister der Regentin María Cristína de Borbón, ordnete 1836 die *desamortización de Mendizábal* an: Das enorme Vermögen und die riesigen Ländereien des spanischen Klerus wurden enteignet und öffentlich versteigert. Bis dahin hatten die Nonnen, oft Töchter der Noblen und Reichen, ihre Süßigkeiten meist als Dank an edle Spender verschenkt. Nahezu besitzlos und aller Einkünfte beraubt, mussten sie nun sehen, wie sie überlebten. Die Süßigkeiten wurden jetzt zur Aufbesserung der klösterlichen Kassen verkauft. Als nach dem Spanischen Bürgerkrieg alles knapp war und im Land Hunger herrschte, mussten die, die nicht auf die klösterlichen Süßigkeiten verzichten wollten, im Drehfenster des Klosters Geld sowie das Gewicht der bestellten Süßigkeiten in Zucker hinterlassen. In einem Hirtenbrief von 1950 erlaubte Papst Pius XII. den andalusischen Nonnen ausdrücklich die kommerzielle Herstellung von Süßwaren. Die heilige Teresa, die als Schutzpatronin der spanischen Köche angesehen wird, soll gesagt haben: »Gott ist auch zwischen den Küchenherden.«

Jedes Kloster hat seine Spezialität

Dass in den Klöstern in und um Jerez de la Frontera »Himmelsspeck« hergestellt wird, hat einen alkoholischen Hintergrund: Zum Klären des Sherrys wurde Eiweiß genommen. Wohin nun mit dem vielen Eigelb? Die *Bodegas* schenkten sie den Klöstern. Diese bereiteten daraus den köstlichen *Tocino de cielo*, eine der bekanntesten andalusischen Süßigkeiten.

Die *Yemas de San Leandro*, eine der beliebtesten Süßigkeiten der Klöster in Sevilla, werden mit Sirup und *huevo hilado* (Fadenei) hergestellt. Diese süßen Spaghettifäden entstehen, wenn man Eigelb mit Zucker mischt und dann durch ein Sieb presst.
Im Kloster Santa Paula in Sevilla wird nach einem uralten Rezept *Dulce de membrillo* (Quittenpaste) fabriziert. Für ihren *turrón* und ihre *roscos de vino* sind die Hieronymus-Nonnen des Klosters Nuestra Señora de los Angeles in Constantina berühmt. Marokkanische Biskuits backen die Franziskanerinnen von Écija. Die Sirupfrüchte des Klosters Santiago in Granada muss man, wenn es auf Weihnachten zugeht, rechtzeitig bestellen. Auch die Nonnen des Klosters Santa Isabel la Real in El Albayzín stellen wieder Süßes her. Sie wollen damit die Restaurierung ihres Glockenturms und der Holzdecke im Kirchenschiff finanzieren. Die göttlichen *Alfajores* des Convento San Cristobal Medina Sidonia sind fast eine Sünde wert.

Das Kaufritual

Viele der Nonnen haben ein Schweigegelübde abgelegt. Das heißt, sie dürfen miteinander gar nicht sprechen und mit ihren Kunden nur das Nötigste. Untersagt ist ihnen auch, sich in der Öffentlichkeit zu zeigen. Dort, wo die süßen Köstlichkeiten verkauft werden, gibt es deshalb ein hölzernes Drehfenster, der *torno*. So können die Nonnen verkaufen, ohne gesehen zu werden. Wollen Sie *dulces* kaufen, sollten Sie sich an ein ungeschriebenes, aber festes Ritual halten. Im Kloster geben Sie der *hermana tornera* an, was Sie kaufen möchten, und sie wird Ihnen den Preis nennen, den Sie zahlen müssen. Nun fassen Sie sich in Geduld und hüllen sich in Schweigen. Irgendwann wird sich das Drehfenster bewegen. Die *hermana tornera* teilt mit, dass alles fertig ist und nennt noch einmal den Preis. Verpackt in Folie, Papier oder sogar Seide erscheint das Bestellte. Haben Sie die Summe genau zur Hand, legen Sie das Geld in das Drehfenster, verabschieden sich und gehen. Muss gewechselt werden, dauert es noch einmal einige Schweigeminuten, bis das Wechselgeld im Drehfenster erscheint. Wie ein Besuch in einer anderen Zeit kommt einem dieses Erlebnis vor, wenn man aus dem dämmrigen Kloster in den hellen Sonnenschein tritt.

Wenn schon der Speck im Himmel so gut ist, wie mag dann erst der Schinken sein, sagt man über *Tocino de cielo*, den süßen Himmelsspeck aus Eigelb und Zucker.

Torrijas

Arme Ritter mit Wein und Honig (im Bild hinten)

Zubereitungszeit: 30 Min.
Bei 6 Personen pro Portion ca.: 595 kcal

Zutaten für 4–6 Personen:
1/4 l trockener Sherry
1/4 l Dessertwein (z.B. Pedro-Ximénez-Wein oder Sherry Oloroso dulce)
1 Zimtstange
100 g Honig
2 TL Zucker
3 Eier
8 Scheiben altbackenes Weißbrot ohne Kruste
1 TL Zimtpulver
Olivenöl zum Braten

Sherry und Wein mit der Zimtstange in einen Topf geben und bei schwacher Hitze solange kochen, bis die Flüssigkeit um ein Drittel reduziert ist. Den Zimt entfernen. Den Sud abkühlen lassen.

Den Honig mit 100 ml Wasser und 1 Prise Zucker für den Glanz bei schwacher Hitze kochen, bis das Honigwasser dickflüssig wird. Beiseite stellen. Die Eier mit dem restlichen Zucker schaumig schlagen.

Reichlich Olivenöl erhitzen. Die Brotscheiben erst in den Wein tauchen, dann in den Eiern wenden. Im heißen Öl auf beiden Seiten goldbraun backen. Auf Küchenpapier legen und abtropfen lassen.

Die *Torrijas* auf Tellern anrichten, mit dem Honigsirup (*aguamiel*) beträufeln. Mit Zimt überpudern und sofort servieren.

Variante: Torrijas ohne Alkohol

Für *Torrijas* ohne Alkohol 1/2 Milch mit 3 EL Zucker, 1 Zimtstange und 1 Stück Zitronenschale erhitzen. Vom Herd nehmen und vorsichtig über 8 Brotscheiben gießen. Sie sollen sich vollsaugen, aber nicht zerfallen. Etwa 30 Min. ziehen lassen. Dann die Scheiben in einen anderen Teller legen, um die überschüssige Milch zu entfernen. Dann wie oben in Eiern wenden und braten. Zimt mit Zucker mischen und auf die *Torrijas* streuen.
Statt Zimt und Zucker kann man auch Honig und Wasser zu gleichen Teilen leicht erwärmen und über die *Torrijas* träufeln.

Flan de queso de cabra

Ziegenkäseflan mit Datteln (im Bild vorne)

Zubereitungszeit: 20 Min.
Kühlzeit: min. 2 Std.
Pro Portion ca.: 355 kcal

Zutaten für 4 Personen:
100 g frische Datteln
3 Blatt weiße Gelatine
6 EL Milch
200 g Ziegenfrischkäse
70 g feiner Zucker
3 EL Orangenblütenwasser (Apotheke) oder Orangensaft
1–2 EL Zitronensaft
1 TL Sonnenblumenöl
3 EL Orangenblütenhonig
Minzeblättchen zum Garnieren

Die Datteln entkernen und in sehr kleine Würfel schneiden. Die Gelatine in kaltem Wasser einweichen. Die Milch leicht erwärmen, die Gelatineblätter gut ausdrücken und bei schwacher Hitze in der Milch auflösen (nicht kochen lassen!).

Den Ziegenkäse mit Zucker, lauwarmer Milch und Orangenblütenwasser oder Saft mit dem Handrührgerät glatt rühren. Den Zitronensaft unterrühren und die Datteln (ein paar zum Dekorieren aufheben) vorsichtig unterheben.

4 Förmchen (oder Kaffeetassen) mit Öl auspinseln. Die Käsemasse einfüllen und im Kühlschrank mindestens 2 Std. kühlen.

Vor dem Servieren die Förmchen auf Teller stürzen. Die Flans mit Honig beträufeln und mit Datteln und Minzeblättchen dekorieren.

Für Süßspeisen verkaufen die Andalusier ihre Seele. Selbst ein so einfaches Rezept wie Milchreis wird in dieser Zubereitung zu einem deliziösen Dessert.

Sorbete de rosas *erinnert an ein Märchen aus 1001 Nacht. Nehmen Sie zum Rosensorbet 2 Hand voll stark duftende ungespritzte Rosenblätter, um den ganzen Zauber des Orients einzufangen. Legen Sie die Blätter in das Zuckerwasser vom Rezept auf Seite 111 und lassen Sie sie 1 1/2 Std. ziehen. Dann wie im Rezept weiterarbeiten, dabei das Rosenwasser weglassen. Und wenn Sie keine Blätter für die Zubereitung verwenden können, dekorieren Sie das Dessert damit.*

Arroz con leche

Andalusischer Milchreis (im Bild)

Zubereitungszeit: 45 Min.
Kühlzeit: 3–4 Std.
Bei 8 Personen pro Portion ca.: 255 kcal

Zutaten für 6–8 Personen:
500 ml Milch
100 g Rundkornreis, 100 g Zucker
1 Vanilleschote, 4 ganz frische Eigelb
Zimtpulver
1 Bio-Zitrone, 200 g Sahne

Die Vanilleschote längs halbieren. 400 ml Milch erwärmen. Reis, 2 EL Zucker und 1/2 Vanilleschote hinzufügen. Aufkochen und bei schwacher Hitze 30 Min. ausquellen lassen, dabei immer wieder umrühren.

Inzwischen die restliche Milch erwärmen. Das Mark aus der zweiten Vanilleschotenhälfte kratzen. Die Eigelbe in einer Schüssel, die auf ein Wasserbad passt, mit dem restlichen Zucker verrühren. Über dem heißen Wasserbad mit dem Schneebesen schlagen, bis sich der Zucker aufgelöst hat. Die warme Milch und das Vanillemark hinzufügen. Bei schwacher Hitze weiterschlagen, bis die Creme dicklich wird.

Die Creme vom Herd nehmen und gut mit dem Milchreis mischen. Mit etwas Zimt würzen. In eine Schüssel füllen und abkühlen lassen.

Von der Zitrone ein paar dünne Schalenstückchen abschälen und in kochendem Wasser 3–4 Min. blanchieren. Kalt abbrausen und in feine Streifen schneiden. Die Sahne steif schlagen und unter den Reis mischen. Mit der Zitronenschale dekorieren.

Den Milchreis im Kühlschrank 3–4 Std. kühlen. Vor dem Servieren mit Zimt bestreuen.

TIPP

Ein klassisches Gericht unserer Kindheit einmal andalusisch-maurisch verändert. Am besten bereiten Sie den Milchreis am Vortag zu, damit er gut gekühlt ist.

Sorbete de rosas

Rosensorbet

Zubereitungszeit: 30 Min.
Gefrierzeit: 2 Std.
Pro Portion ca.: 335 kcal

Zutaten für 4 Personen:
220 g Zucker
2–3 EL Rosenwasser (Apotheke)
100 ml Orangensaft
1 EL Zitronensaft
2 TL weiße Pfefferkörner
2 ganz frische Eiweiß
1 Flasche Cava brut (spanischer trockener Schaumwein)
1 Hand voll ungespritzte Rosenblätter (falls vorhanden)

Den Zucker mit 1/4 l Wasser kochen lassen, bis er sich ganz aufgelöst hat. Vom Herd nehmen. Rosenwasser, Orangen- und Zitronensaft und Pfefferkörner dazugeben und alles 30 Min. ziehen lassen.

Den Sirup durch ein feines Sieb gießen. Die Eiweiße sehr steif schlagen und vorsichtig unter den Sirup rühren. Die Masse in eine Sorbetmaschine füllen (wenn vorhanden) und zweimal 20 Min. gefrieren. Oder die Masse in eine flache Schale füllen und 2 Std. ins Gefrierfach stellen. Zwischendurch ab und zu mit dem Schneebesen umrühren.

Das Sorbet mit dem Pürierstab oder im Mixer kurz pürieren. In hohe Gläser geben und mit Cava auffüllen. Mit frischen Rosenblättern garniert servieren.

TIPP

Wer einen Garten hat, kann die Blätter von eigenen Duftrosen nehmen. Die sind garantiert ungespritzt. Beim Blumenhändler werden Sie keine bekommen.

Pastel cordobés

Kürbiskuchen (im Bild hinten)

Zubereitungszeit: 2 Std.
Pro Stück ca.: 770 kcal

Zutaten für 8 Stück:
500 g feines Mehl
300 g Butter
100 g Schweineschmalz
1 TL Sherryessig
10 g Salz
500 g Cabello de Angel oder fertige Kürbismarmelade (s. rechts)
1 Eier
Zucker und 2 TL Zimtpulver

Den Backofen auf 180° vorheizen. Mehl, Butter und Schweineschmalz mit Essig und Salz verkneten, dabei nach und nach so viel Wasser dazugeben, dass der Teig geschmeidig wird. 30 Min. kalt stellen.

Auf einer bemehlten Fläche dünn ausrollen und erneut verkneten. Anschließend in 2 Stücke teilen. Beide Stücke 1/2 cm dick ausrollen.

Den Boden einer runden Kuchenform so belegen, dass ein Rand von 2 cm übersteht.

Die Kürbismarmelade mit 1 TL Zimt würzen und auf dem Teig verstreichen. Die andere Teighälfte drüberlegen. Die Teigränder so zusammendrücken, dass sie wie ein Zopf aussehen.

Das Ei verschlagen und den Kuchen damit bestreichen. Im Backofen bei 180° (Umluft 160°) 45 Min. backen. Herausnehmen, mit Zimt und Zucker bestreuen und noch einmal für 5 Min. in den Backofen schieben. Dazu schmeckt ein süßer Pedro-Ximénes- oder Malagawein.

Variante:
Manchmal werden auf der süßen Füllung aus Kürbismarmelade noch einige hauchdünne Scheiben Jamón serrano verteilt, bevor die Teigdecke aufgelegt wird. Die süße Marmelade ergibt zusammen mit dem pikanten Schinken eine besonders raffinierte Geschmackvariante.

Kürbismarmelade
Cabello de Angel ist eine sehr süße Kürbismarmelade, die man in Andalusien überall fertig kaufen kann. Für alle, die sie nicht bekommen, hier ein Rezept für eine ebenso feine Kürbismarmelade:
1 kg geputztes Kürbisfleisch würfeln, durch die feine Scheibe des Fleischwolfs drehen. Das Mus mit wenig Wasser in einem Topf etwa 10 Min. dünsten. 2 cm Ingwerwurzel schälen und sehr fein hacken. Mit 1 TL Zimtpulver, 1/4 TL Nelkenpulver, 1 Prise Muskat und 6 EL Zitronensaft unter das Kürbismus rühren. 1 kg Gelierzucker einstreuen und alles unter ständigem Rühren aufkochen lassen. Etwa 5 Min. sprudelnd kochen lassen, dann in ganz saubere Gläser füllen und diese sofort verschließen.

Higos villamiel

Feigen in Honig-Wein-Sauce (im Bild vorne)

Zubereitungszeit: 10 Min.
Garzeit: 30–40 Min.
Pro Portion ca.: 520 kcal

Zutaten für 4 Personen:
16 getrocknete Feigen
16 schöne Walnusskerne
1/4 l Rotwein
1/4 l Oloroso dulce (süßer Sherry)
1/8 l Orangensaft
8 EL Orangenblütenhonig

Die Feigen aufschneiden und mit je 1 Walnusskern füllen.

Rotwein, Sherry, Orangensaft und Honig in einem weiten Topf erhitzen. Die Feigen nebeneinander hineinsetzen und bei schwacher Hitze 30–40 Min. darin ziehen lassen.

Die Feigen herausnehmen. Den Sud offen sirupartig einkochen und über die Feigen träufeln.

Varianten:
Statt Oloroso kann man auch Málagawein oder Portwein nehmen.
Gut passt auch Schlagsahne zu den Feigen.

LAZO

Huelva und Cádiz

Sherry, Schinken, Langostinos

Huelva, das heißt Atlantikküste mit endlosen, feinsandigen Stränden, Dünen und Pinienhainen an der Costa de la Luz, einzigartigen Weiden für schwarzfüßige Schweine sowie Sehnsucht nach Ferne und Kolumbus. Zwischen zwei Meeren liegt Cádiz mit weißen, weiten Sandstränden einerseits, Pueblos Blancos, geschützten Naturparks und Königsadlern andererseits.

Huelva & Cádiz

Nobler Wein und wilde Stiere

Auch heute noch sticht in Sanlúcar de Barrameda so manches Segelschiff in See – wie Christoph Kolumbus vor wenig mehr als 500 Jahren zu seiner dritten Reise.

Bei den Phöniziern hieß Huelva noch *Onuba.* Deshalb spricht man auch von der *Terra Onubense.* Die Araber nannten den Ort *Guélhah,* woraus der heutige Name entstand. Die Provinz Huelva liegt etwas abseits, ganz im Westen Andalusiens. Zu Unrecht (oder zum Glück?) zählt Huelva nicht zu den klassischen Reisezielen Andalusiens. Dabei bietet die Provinz einiges für Naturfreunde, für historisch Interessierte und für Gourmets. Die 120 Kilometer lange Küste bietet wunderschöne, ausgedehnte Sandstrände. Am Strand von Ayamonte an der portugiesischen Grenze kann man 3000 Sonnenstunden im Jahr genießen. El Portil mit 20 km Sandstrand und Schatten spendenden Pinienhainen hat den längsten Strand der Provinz. Wer von Huelva aus entlang des »Paseo del Conquer« zur Ermita Nuestra Señora de la Cinta fährt, kann einen fantastischen Blick über die Flüsse Rio Tinto und Odiel sowie die Lagunen genießen. Die Insel *Isla de Saltés* im Mündungsbereich des gleichnamigen Flusses ist die Heimat des berühmten Fandango, bei dem Gitarren den Sänger begleiten.

Im Hemd zur Madonna

Die Madonna vom Gürtel ist von jeher eine Schutzheilige der Seefahrer. Als Kolumbus von seiner ersten Reise mit der Caravelle »Niña« heimkehrte, geriet er in einen gewaltigen Sturm. Die Segel waren längst weggerissen, als er am 3. März 1493 in sein Tagebuch schrieb: »Er [der Admiral] warf Lose aus, einen Pilgrim zum Heiligtum der Santa Maria de la Cinta in Huelva zu entsenden, der in seinem Hemd gehen sollte, und das Los fiel auf den Admiral.« Die »Niña« erreichte den sicheren Hafen, und Kolumbus pilgerte im Hemd zur Schutzheiligen. Eng verknüpft mit Kolumbus ist auch das Kloster de la Rábida. Dort ließ er 1484 seinen Sohn Diego zurück und spann mit den Mönchen seinen Plan aus, in den fernen Westen zu segeln. Das Zimmer, in dem Kolumbus seine Unterredungen mit dem Abt Juan hielt, kann besichtigt werden.

Ein Paradies für Feinschmecker

Bei so viel Seefahrt, Strand und Meer ist es einleuchtend, dass Huelva ein Eldorado für Liebhaber von Fisch und Meeresfrüchten ist. In Orten wie Moguer, Ayamonte oder La Rábida kann man sie wunderbar frisch genießen. In Punta Umbria sollte man sich *Raya en amarillo* gönnen oder *Atún al ajillo* und die *Sopa de mechillones.* Berühmt sind auch die ausgezeichneten Fischkonserven von Ayamonte aus Tunfisch und Makrele und das *Mojama.* Nicht zu vergessen die Hummer, Langusten und vor allem die schmackhafte weiße Garnele, die in den Flussmündungen gefangen wird.

Aber auch auf dem Land gedeihen Köstlichkeiten: Im Norden der Provinz zieht sich der westliche Ausläufer der Sierra Morena mit der Sierra de Aracena hin, die von Eukalyptus und Korkeichen bestanden ist, und wo man in den Minas de Ríotinto nach Kupfer und Pyrit schürfte. Hier, in dieser gebirgigen Zone, werden die luxuriösesten Schinken der Welt produziert. Waldreiche Berge mit schmalen, kurvenreichen Straßen, an jeder Kreuzung eine *venta,* eins der kleinen Landgasthäuser, in denen man Schinken, *ajo agarreño* oder ein Omelett mit *gurumelos,* den Pilzen der Region, kosten kann. Dazwischen bezaubernde Dörfer wie Alájar, Aracena oder Galaroza und die unbeschreiblichen *dehesas,* die von Stein- und Korkeichen bestandenen riesigen Weiden, auf denen die schwarzfüßigen iberischen Schweine leben. Der Name Jabugo wird weltweit mit dem Schinken *Jamón ibérico de Bellota* assoziiert. Außer dem Schinken genießen auch die *embutidos ibéricos* einen ausgezeichneten Ruf. Diese Würste werden ebenfalls aus dem Fleisch des *cerdo ibérico* hergestellt. Am bekanntesten ist *chorizo,* mild oder pikant, eine Art Paprikawurst, für die jedes Dorf sein eigenes Rezept hat. Oft sind diese Würste mit Zimt, Pfeffer und aromatischen Kräutern gewürzt. Aracena ist auch bekannt für seinen *queso de Aracena,* ein zylindrischer Käse aus Ziegenmilch.

Die klassische Tapa: *Jamón Ibérico de bellota* und ein Sherry Fino.

Einer der vielen schönen Patios in Arcos de la Frontera lädt zur Einkehr ein.

Vejer de la Frontera, eines der weißen Dörfer, *pueblos blancos*, in der Provinz Cádiz zählt zu den schönsten Orten Andalusiens.

In El Rocío wird die *Virgen de Rocío* verehrt. Alljährlich findet Ende Mai eine berühmte Wallfahrt statt, die fast 1 Million Pilger anzieht.

Pferde gehören zu Spanien wie Stiere, Schinken oder Flamenco. In der Umgebung des Naturparks Doñana werden edle Pferde gezüchtet.

Egal, wo eine Romería – die Wallfahrt – stattfindet, man trägt dafür die traditionellen Trachten, wie hier diese Frau in Mazagón.

Die Costa de la Luz, die flache »Küste des Lichts« zwischen Huelva und Cádiz, ist für ihre endlosen goldenen Strände mit feinem Sand, die ausgedehnten Dünen und ihr helles strahlendes Licht berühmt.

Das Rebhuhn wird auf viele Arten zubereitet. Sehr originell ist die *Sopa de perdiz* mit dunklem Brot, Knoblauch, Sherry und Schinken.

Cádiz: Stiere und Flamenco

Cádiz ist Spaniens südlichste Provinz und voller Gegensätze. Im Osten fährt man durch ein steiles Bergland zu herrlich gelegenen blendend weißen Dörfern wie Arcos und Jimena de la Frontera, Olvera, Ubrique und Medina Sidonia. Dazwischen liegen riesige Weideflächen, die Heimat der *toros bravos*, der schwarzen oder braunen Kampfstiere. Aus der Nähe bekommt man sie selten zu sehen. Wenn sie nicht mit Grasen oder der Nachzucht beschäftigt sind, liegen sie faul im Schatten der Korkeichen. Im Westteil, auf der Route des Sherrys, findet man flach hügelige, wellige Weinfelder und die Atlantikküste mit weitläufigen Sandstränden.

Cádiz ist Spaniens ältester Seehafen. Die Stadt liegt auf einem Felsen aus Muschelkalk, der wie ein Arm mit geballter Faust in den Atlantik ragt. Auf der Faust wohnen seit 3000 Jahren Menschen. Hier ist ganz große Geschichte präsent. Plinius hielt Cádiz für einen Teil des untergegangenen Atlantis. Lord Byron bezeichnete die Stadt als Sirene des Ozeans und die Gaditanos, wie die Einwohner heißen, nennen Cádiz »kleiner Silberbecher«. Vom nahen kleinen Hafen Puerto de Santa María brach Kolumbus 1492 zu seiner ersten Entdeckungsreise nach Amerika auf.

Unweit liegt Cap Trafalgar, wo Admiral Nelson seinen berühmten Seesieg errang. Und am Felsen von Gibraltar, der als eine der Säulen der Herkules den antiken Seefahrern das Ende der damals bekannten Welt anzeigte, betritt man seit dem spanischen Erbfolgekrieg ein kleines Großbritannien. Die große Zeit von Cádiz war das 18. Jahrhundert, als die Stadt das Monopol für den Überseehandel des spanischen Weltreichs hatte. Heute lebt die Provinz von Schiffbau, Stier- und Pferdezucht, Weinbau und natürlich vom Tourismus. Cádiz erhebt auch den Anspruch, die Heimat des Flamenco zu sein. Eine große Zahl berühmter *cantaores* und *bailaores*, Flamenco-Sänger und -Tänzer, stammt aus der Provinz Cádiz.

Sherrybodegas und edle Pferde

Mit Jerez de la Frontera, der größten Stadt in der Provinz Cádiz, verbinden die meisten Besucher zunächst nur eines: den Sherry, der seinen Namen von der Stadt hat. *Die Ruta de Jerez* führt durch die klassischen Anbaugebiete von Puerto de Santa María über Jerez nach Sanlúcar de Barrameda, wo der Sherry Manzanilla heißt. Von der Straße blickt man auf die weißen, kalkhaltigen Weinfelder, auf denen die berühmte Palominorebe wächst. Nicht nur die *bodegas* locken die Besucher nach Jerez, sondern auch die Kampfstier- und besonders die Pferdezucht. Die Real Escuela Andaluza del Arte Ecuestre, die königlich-andalusische Reitschule, hat ihren Sitz in der Stadt. Dort kann man die rassigen andalusischen Pferde tanzen sehen. Auch überall in der Umgebung findet man Gestüte mit edlen Pferden. Die *Feria de Caballo* im Mai lässt das Herz eines jeden Pferdeliebhabers höher schlagen. Im August kann man in Sanlúcar de Barrameda beides verbinden: den Besuch der Sherry*bodegas* und den des berühmten Pferderennens am Strand.

Fisch- und Wildspezialitäten

Fisch und Meeresfrüchte werden in Cádiz zu wahren Gaumenfreuden wie *Pescado a la Teja, Tortilla de quisquillas, Jibia en salsa, Raya en pimentón* oder *Besugo gaditano*. Bei einem Besuch lassen Sie sich auf keinen Fall *Pescaítos fritos* entgehen, die es zwar in ganz Andalusien gibt, aber nirgendwo so gut wie hier.

Im Bergland von Cádiz überwiegen Fleisch und Gemüse. Auch köstliche Wildspezialitäten sind hier zu haben. Angefangen vom *Rabo de toro*, dem klassischen Ochsenschwanz, der hier Stierschwanz heißt, über die berühmten *Riñones al Jerez, Faisan al licor de manzana, Ragout de venado a la miel* bis zu *Conejo con almendras a la manzanilla*.

Das besondere Klima und die natürliche Nahrung, vor allem Kräuter, sorgen für die ausgezeichnete Qualität der Käse aus der Sierra de Cádiz. Mit etwas Glück findet man noch einen Schäfer, der aus Ziegen- oder Schafmilch den Käse selber macht. Grazamela, Benaocaz, El Bosque und Ubrique sind die Hauptorte.

Die Hochburg der klösterlichen Süßigkeiten ist Medina Sidonia, ein bezaubernder Ort auf einem Hügel, der eine atemberaubende Aussicht auf die Umgebung erlaubt. Der Name Medina Sidonia ist untrennbar mit der uralten Familie der Guzmans verbunden, einer der reichsten Grundbesitzerfamilien Andalusiens, die ihren Stammbaum auf *Guzman el Bueno* zurückführt, der sich 1292 bei der Einnahme von Tarifa auszeichnete und entsprechend belohnt wurde. Berühmt sind die *Alfajores*, die zusammen mit den *Amarguillos* und den *Tartas pardas* das goldene Trio der asidonensischen Süßigkeiten bilden.

Dattelpalmen zieren die Plaza del Mercado in Jerez de la Frontera. Im Hintergrund sieht man das Archäologische Museum.

Da Cádiz ein wichtiger Fischereihafen ist, spielen Fisch, Muscheln und Meeresfrüchte in der Küche eine wichtige Rolle.

Das Kontrollieren und Ausbessern der Fischernetze ist Männersache und wird erledigt, wenn die Boote wieder an Land sind.

Jamón Ibérico
Schinken von glücklichen Schweinen

Bellotas sind das Kraftfutter für die iberischen Schwarzfußschweine. Durch die Steineicheln bekommt ihr Fleisch den begehrten Geschmack. Die *cerdos ibéricos* haben es gut. Sie dürfen und sollen während der Mast täglich ungefähr ein Kilo zunehmen.

Der *Jamón Ibérico de Bellota* gilt als der beste luftgetrocknete Schinken der Welt. Er stammt von glücklichen Schweinen und ist auch sehr teuer. Das liegt nicht daran, dass die Schweine ihr Leben lang in der wunderschönen Landschaft des Naturschutzgebietes Sierra de Aracena frei herumlaufen und leckere *bellotas* (Steineicheln) fressen. Der Zeitaufwand bei der Schinkenherstellung ist der Grund: 18 bis 24 Monate dauert es, bis ein Schinken auf dem Teller des Feinschmeckers liegt.

Doch vorher führt das Schwein ein luxuriöses freies Leben in den *dehesas* im Norden der andalusischen Provinz Huelva. Die *dehesa* ist eine einzigartige Mischung von Stein- und Korkeichenhainen und Weiden, eine zart-herbe Landschaft, wie mit einem weichen Pinsel gezeichnet. Sattgrüne Weiden, darauf knorrige wettergegerbte graugrüne Bäume, die schon seit Jahrhunderten dort stehen, weiße, blitzsaubere Dörfer, Burgen, Kirchen, Einsiedeleien und eine alte Mezquita in Almonaster la Real; eine der

Der Schinken wird auf der *jamonera* festgeschraubt. Mit einem scharfen, biegsamen Messer entfernt man die Schwarte und den äußeren fetten Speck. Nun schneidet man, von oben nach unten, hauchdünne Scheiben ab.

schönsten und unberührtesten Landschaften Andalusiens. Das kleine Dorf Jabugo, fast an der Grenze zur Extremadura gelegen, ist die Hochburg der *Jamón-Ibérico*-Produktion.

Schwein mit Geschichte

Das *cerdo ibérico,* die letzte europäische Weideschweinrasse, ist schwarzgrau, mit dünnen, schwarzen Fesseln, auch *pata negra,* Schwarzfuß, genannt und lang gezogenen Schnauzen. Dank ihrem täglichen Jogging sind sie schlanker als ihre faulen häuslichen Verwandten. Durch die Bewegung verteilt sich das Fett gleichmäßig in den Muskeln, der Schinken bekommt so das begehrte marmorierte Fleisch, *veteado* genannt.

Schon die Römer schätzten die ausgezeichneten Schinken und Schweinefleischprodukte der Iberischen Halbinsel. Cato d. Ä. schrieb im 3. Jahrhundert v. Chr. in seinem Buch über die Landwirtschaft »De re rustica«: »Wenn du einen Schweineschinken

Schinken hängen in luftigen *secaderos*, damit die Feuchtigkeit verschwindet. Man sagt, der Schinken schwitzt.

kaufst, schneide ihm die Füße ab, lege ihn in Salz. Nach zwei Tagen nimm ihn heraus und hänge ihn in den Wind, dann fünf Tage in den Rauch und schließlich in die Speisekammer.«

Der griechische Geograph und Historiker Strabo erzählte im 1. Jahrhundert v. Chr. in seinem dritten geographischen Buch über die Iberische Halbinsel »... die Mehrheit ist bewohnt vom Volk der Iberischen Rasse, welche ausgezeichnete Schinken macht, die man mit den kantabrischen vergleichen könnte, die ihnen nicht gerade geringe Einkünfte bringen.« Die Römer liebten auch die Würste, die aus dem restlichen Schwein hergestellt wurden.

In der maurischen Zeit verschwand das Schwein fast in der Versenkung. Erst im 13. und 14. Jahrhundert ließen vor allem die Klöster die Kultur der Verarbeitung von Schweinefleisch wieder aufleben. Allerdings waren die besten Stücke vom Schwein dem Adel, dem Klerus und den wenigen Reichen vorbehalten. Felipe V. nahm 1715 auf einen Jagdausflug zehn Pfund Schweineschmalz und einen Schinken von Algarrobillas mit. Carlos IV. liebte Eintopf mit »Rindfleisch, Schinken, Huhn, Kichererbsen und Gemüse«. Don Quijote sagte von seiner Dulcinea »*Esta Dulcinea de Toboso ... dicen que tuvo la mejor mano para salar puercos que otra mujer de toda la Mancha*«. (Von dieser Dulcinea aus Toboso sagt man, sie habe ein besseres Händchen zum Einsalzen von Schweinefleisch als alle anderen Frauen in der Mancha.)

Kontrollierte Herstellung

Der Legende nach ist der *Jamón Ibérico* per Zufall erfunden worden. Einst fiel ein Schwein in einen Gebirgsbach, der sehr salzhaltiges Wasser führte. Als die Hirten das Schwein fanden, brieten sie es und entdeckten, dass das gesalzene Fleisch äußerst angenehm schmeckte. Von da an perfektionierten sie das, was ihnen die Natur per Zufall gezeigt hatte.

So einfach wie zu alten Zeiten geht es heute nicht, denn die Herstellung läuft streng kontrolliert ab. Die *Organización Denominación de Origen – Jamón de Huelva* hat den Tierarzt José de Mier Morales mit der Qualitätskontrolle beauftragt. Er ist verantwortlich dafür, dass alles mit rechten Dingen zugeht. Nichts, von der reinrassigen Begattung über die Überprüfung der Mast mit *bellotas* bis zum Test der Marktreife des Schinkens entgeht ihm.

Im November, wenn die Eichen ihre Früchte abwerfen, beginnt die viermonatige *montanera,* die Mast. Da legen die Schweine so richtig zu, pro Tag fast ein Kilo, bis sie das Schlachtgewicht von 160 Kilo erreicht haben. Kein Wunder, sie fressen ja auch bis zu zehn Kilo *bellotas* und *albornoques* am Tag. Doch nicht jedes Schwein hat das Glück, an dieser Orgie teilnehmen zu dürfen: Vor Beginn der Mast schätzt Señor de Mier den Bestand der Früchte ein. In guten Jahren dürfen viele Schweine teilnehmen, in schlechten Jahren nur wenige. Pedro Garrido Cirera beispielsweise züchtet auf seiner 140 Hektar großen Finca Silladilla bei Los Romeros etwa 350 *cerdos ibéricos.* Wegen des trockenen Winters gab es 2004 weniger Eicheln, und er durfte nur 75 Schweine zur Eichelmast bringen.

Tierarzt de Mier ist auch dafür verantwortlich, dass es die richtigen Schweine sind. Schon bei der Geburt überprüft und markiert er sie mit einem Knopf im Ohr. Fünf bis acht Mal im Leben eines Schweins, fast immer unangemeldet, schaut der Tierarzt nach dem Rechten.

Schlachtfest für die ganze Familie

Die ganze Familie nimmt im Frühjahr an der *matanza*, dem Schlachtfest, teil. Die Männer holen die Schweine von der Weide, schlachten und zerlegen sie. Die Frauen stehen in der Küche, kochen das Fleisch und machen die Wurst. Von den Ohren bis zu den Klauen werden praktisch alle Teile des Schweins verwurstet. Für den *Jamón Ibérico de Bellota* kommen nur der Schinken und die Schulter, *paleta*, in Frage. Wie hier die Garridos sind viele Schinkenhersteller kleine Familienbetriebe. Auch heute noch läuft der Prozess des Einsalzens (*salazón*) und Reifens (*curación*) weit gehend wie früher ab. Der Schinken bekommt sofort nach der Schlachtung einen Brandstempel mit dem Schlachtdatum. Unmittelbar danach werden die Schinken eingesalzen. Es muss genau die richtige Menge Salz sein, um das Fleisch vor Mikroben zu schützen und gleichzeitig den guten Geschmack zu erreichen. Maximal acht Schinken werden aufeinander gestapelt und bleiben bei einer Temperatur von 1° bis 6° liegen, einen Tag pro Kilogramm Schinken. Durch das Eindringen des Salzes wird dem Schinken schrittweise Feuchtigkeit entzogen. Nach der Einsalzzeit wird der Schinken gewaschen und für sechs bis neun Monate im *secadero* (Trockenhaus) aufgehängt. Hier findet in den

Um das Aroma und somit die Qualität eines *Jamón Ibérico* zu prüfen, führt der *experto jamonero* die Probe *a la cala* durch. Mit den Händen fühlt er, ob der Schinken die richtige Konsistenz hat und ertastet gleichzeitig das Gelenk.

Mit einem beherzten Stich wird mit einem handgefertigten Dolch aus Rinder- oder Pferdeknochen tief ins Fleisch bis an den Knochen gestochen und gleich wieder herausgezogen. Der Prüfer schnüffelt mit seiner geschulten Nase am Dolch. Steigt das gewünschte Aroma auf, hat der Schinken seine Marktreife erreicht.

Begehrt bei Einheimischen wie Reisenden sind die ausgezeichneten Schinkentapas der Bar Casa Román.

Descorchar, das korrekte Aufschneiden eines *Jamón Ibérico* in möglichst kleine hauchdünne Scheiben, ist ein Ritual und eine Kunst, die lange Übung erfordert.

Trevélez am Fuße der Sierra Nevada ist bekannt für seinen milden Schinken. Vakuumverpackt ist der *Jamón de Trevélez D.O.* ein schmackhaftes Urlaubsmitbringsel.

Sommermonaten unter ständiger Luftzufuhr das *sudado* (Ausschwitzen) statt. Durch die hohen Temperaturen verteilt sich das Fett gleichmäßig im Schinken. Mindestens 15 Tage muss das Thermometer während des Trocknens über 36° steigen, sonst wird das Fett nicht flüssig genug. In dieser Zeit entwickelt sich das gewünschte Aroma.

Danach müssen die Schinken wieder umziehen. Nun geht es in die *bodega,* den Keller. Gemächlich und bei konstanter Temperatur und Feuchtigkeit reifen die Schinken weitere zehn bis zwölf Monate. In dieser Zeit bildet sich auf ihrer Oberfläche der charakteristische dunkle Belag, *hongos.* Wenn der *Jamón Ibérico* aus der *bodega* geholt wird, hat er zwischen 30 und 35 % seines ursprünglichen Gewichts verloren und wiegt jetzt sechs bis acht Kilo.

Doch woher weiß der Gourmet nun, ob er wirklich *Jamón Ibérico* auf dem Teller hat? Das Etikett *Jamón de Jabugo* oder *Jamón Ibérico* sagt noch gar nichts über die Qualität des Schinkens aus. Steht auf dem Etikett jedoch *Jamón Ibérico de Bellota*, weiß man, was man hat. Auch der Zusatz *pata negra* kann auf dem Etikett stehen.

Olive auf vier Beinen

Das cerdo ibérico, gemästet mit Steineicheln, kann bis zu 500 % mehr Fett als andere Rassen haben. Trotzdem ist der *Jamón Ibérico de Bellota* ein gesundes Lebensmittel. Mit seinem hohen Anteil an ungesättigten Fettsäuren ähnelt er dem Olivenöl. »Olive auf vier Beinen« wird das iberische Schwein deshalb von den Bauern genannt. Hoch ist auch der Anteil an Vitamin B und Folsäure sowie Mineralien, vor allem Eisen, Zink, Magnesium, Kalzium und Phosphor. Und trotz des Fettgehalts hat der *Jamón Ibérico* erfreulich wenig Kalorien.

Das Aufschneiden, *descorchar*, eines solch köstlichen Schinkens ist ein Ritual für sich. Wie guter Wein muss der Schinken, nachdem er aus der *bodega* kommt, erst zwei Tage ruhen, bis er eine Temperatur von 23 bis 25° erreicht hat. Hat man einen ganzen Schinken gekauft, sollte man am besten die *jamonera*, (Schinkenhalter), gleich mit erwerben. Geschnitten wird mit einem langen, scharfen, biegsamen Schinkenmesser, immer von der Klaue her in hauchdünnen Scheiben. Die Schwarte und das äußere Fett werden nach Bedarf weggeschnitten. Aufgehoben wird der Schinken an einem kühlen, luftigen Ort, mit einem sauberen Küchenhandtuch bedeckt.

Jamón Serrano oder Jamón Ibérico

Der *Jamón Ibérico de Bellota* oder *montanera* ist sozusagen die Luxusvariante des *Jamón Serrano*, des luftgetrockneten gewöhnlichen spanischen Bergschinkens. Die zweitbeste Qualität heißt *recebo.* Auch diese Tiere laufen gewisse Zeit frei, werden aber vor dem Schlachten mit Futter gemästet. Ihr Fett ist weicher und deutlicher im Fleisch erkennbar. Nur mit Schweinefutter wird bei der Qualitätsstufe *pienso* gemästet. Diese Tiere leben überwiegend in Ställen und bewegen sich wenig.

In Andalusien gibt es drei Regionen, die Schinken mit der Herkunftskontrolle *Denominación de Origen* D.O. anbieten dürfen: Huelva, Los Pedroches und Trevélez. Allerdings sind die traditionellen Hersteller von Jabugo mit der Bezeichnung D.O. *de Huelva* nicht einverstanden. Sie hätten lieber eine eigene D.O. *de Jabugo* bekommen. Zu Recht behaupten sie, dass die Marke *Jamón de Jabugo* bekannter sei als *Jamón de Huelva.* Deswegen hat sich kaum die Hälfte der Schinkenbauern im Kreis Jabugo der D.O. *de Huelva* angeschlossen. In der *Sociedad de Orígen de Jabugo* vertreiben sie ihre Schinken unter der Bezeichnung *Jamón de Bellota de Jabugo* mit eigener, ebenso strikter Qualitätskontrolle.

In der Provinz Córdoba liegt der kleine Ort Los Pedroches. Die Mauren nannten die Gegend einst Fahs al Ballut, was »voll mit *bellotas*« heißt. Die dortigen Schinkenhersteller dürfen seit 1998 ihren *Jamón Ibérico de Bellota de Los Pedroches* D.O. anbieten.

Trevélez ist das höchst gelegene Dorf Spaniens am Südhang der Sierra Nevada in der Provinz Granada. Nur acht Dörfern in den Alpujarras, so nennt man diese Gebirgszone, dürfen *Jamón de Trevélez* D.O. unter genau festgelegten Bedingungen herstellen. Der *Jamón de Trevélez* ist runder und wiegt zwischen 8,5 und 9,5 Kilo. Er ist wenig salzig, zart und angenehm im Geschmack.

Kenner sagen, man könne bei einem guten *Jamón Ibérico de Bellota* diverse Geschmacksaromen finden: Walnuss, Haselnuss, Karamell, Zimt, Veilchen, Vanille, Trüffel oder Röstbrot. Mein Gaumen ist wohl nicht trainiert genug. Aber eines stellt auch er fest: Der Schinken schmeckt himmlisch.

Der Reifeprozess des Jamón Serrano wird ständig kontrolliert.

Arroz con almejas

Reis mit Venusmuscheln (im Bild)

Zubereitungszeit: 30 Min.
Garzeit: 20–30 Min.
Pro Portion ca.: 555 kcal

Zutaten für 4 Personen:
2 Knoblauchzehen
1 rote Paprikaschote
250 g grüne Bohnen
500 g Venusmuscheln (*Almejas*)
4 EL Olivenöl
1 l Fischbrühe
Salz und frisch gemahlener Pfeffer
1 Briefchen Safranfäden (0,125 g)
350 g Paellareis (ersatzweise parboiled Reis)

Den Knoblauch schälen. Das Gemüse waschen. Die Paprikaschoten putzen und in Streifen schneiden. Die Bohnen putzen und in 3 cm lange Stücke schneiden. Die Muscheln unter fließendem Wasser gründlich waschen.

Das Olivenöl in einer großen flachen Pfanne erhitzen. Den Knoblauch darin in 2–3 Min. goldbraun anbraten, herausnehmen. Bohnen und Paprika im selben Öl bei starker Hitze 5 Min. anbraten, herausnehmen.

Die Muscheln ins Öl geben und bei schwacher Hitze zugedeckt kochen, bis sie sich öffnen. Fischbrühe, Salz, Pfeffer, Safran und Bohnen dazugeben und zum Kochen bringen. Den Reis gleichmäßig in die Pfanne rieseln lassen. Paprika darüber verteilen und alles bei schwacher Hitze 20–30 Min. kochen, bis die Flüssigkeit verdampft ist. Mit einem kräftigen Rotwein servieren.

Varianten:
Legen Sie 2–3 Rosmarinzweige auf das Gericht, während der Reis gart. Das verleiht ihm einen würzigen Kräutergeschmack.
Sie können auch ungeschälte Knoblauchzehen nehmen und diese vor dem Anbraten mit einem breiten Messer leicht quetschen (s. TIPP Seite 35). Das köstliche Mus der gegarten Knoblauchzehen drückt man auf dem Teller mit der Gabel aus.

Sopa de mejillones

Muschelsuppe mit Fadennudeln

Zubereitungszeit: 45 Min.
Pro Person ca.: 320 kcal

Zutaten für 4 Personen:
2 Tomaten, 1 Stange Staudensellerie
1 Möhre, 1 Petersilienwurzel
2 Knoblauchzehen
1 Bio- Orange
1 Bio-Zitrone
1 kg Fischabfälle oder Fisch für die Suppe (im Fischgeschäft
danach fragen)
1/2 l trockener Sherry oder Weißwein
Salz und frisch gemahlener bunter Pfeffer
1 Briefchen Safranpulver (0,125 g)
1 kg Miesmuscheln
1–2 EL Olivenöl
80 g feine Fadennudeln
2 Zweige glatte Petersilie (oder Koriandergrün oder Minze)

Tomaten und Sellerie waschen, putzen und in grobe Stücke schneiden. Möhre und Petersilienwurzel putzen und in Scheiben schneiden. Knoblauch schälen. Von der Orange und der Zitrone je 1 Stück Schale abschneiden. Die Früchte auspressen. Den Fisch gegebenenfalls abspülen.

Fisch und Gemüse mit 1/2 l Wasser und dem Sherry in einen Topf geben. Mit Salz, Pfeffer und der Hälfte des Safrans würzen. Zum Kochen bringen und bei mittlerer Hitze 30 Min. kochen.

Inzwischen die Muscheln abspülen, die Bärte entfernen, geöffnete Muscheln wegwerfen. Öl und Muscheln in einen flachen Topf geben. Zugedeckt bei starker Hitze kochen, bis die Muscheln sich geöffnet haben. Die Muscheln aus der Schale lösen, geschlossene wegwerfen. Den Muschelsaft durch ein feines Sieb gießen und aufheben.

Die Suppe durch ein Sieb in einen Topf gießen und erhitzen. Restlichen Safran, Nudeln und Muschelsaft in die Suppe geben. Zum Kochen bringen und bei mittlerer Hitze 5–8 Min. garen, bis die Nudeln bissfest sind. Muscheln in der Suppe erwärmen. Petersilie waschen, die Blättchen fein schneiden und auf die Suppe streuen.

Gazpacho verde

Grüne Gazpacho mit Spinat und Paprika

Zubereitungszeit: 30 Min.
Pro Portion ca.: 260 kcal

Zutaten für 4 Personen:
1 Brötchen vom Vortag
2 grüne Paprikaschoten
2 Gärtnergurken (ca. 250 g)
100 g Blattspinat
100 g Salatblätter (Romanasalat)
1 Knoblauchzehe, 1 Eigelb
2 EL Sherryessig, 4 EL Olivenöl
Salz und frisch gemahlener weißer Pfeffer
2 hart gekochte Eier
2 EL gehackte Mandeln

Die Brötchen in Wasser einweichen, dann gut ausdrücken. Die Paprika waschen und putzen. Die Gurken schälen. Spinat und Salat waschen und trockenschleudern. Den Knoblauch schälen. Alles grob zerschneiden.

Das Eigelb mit Essig und Knoblauch im Mixer pürieren. Nach und nach Olivenöl, Brötchen und Gemüse dazugeben. Mixen, bis eine feine Creme entsteht. Eventuell etwas eiskaltes Wasser dazugießen. Salzen und pfeffern.

Die Eier grob hacken und mit den Mandeln vor dem Servieren über die Gazpacho streuen.

Variante: Gazpacho verde mit Dorade

Die grüne Gazpacho schmeckt auch gut mit pochierten Doradenfilets als Einlage. Dafür Doradenfilets mit etwas Zitronensaft beträufeln und je nach Dicke 3–5 Min. bei schwacher Hitze in heißem Salzwasser oder Fischsud ziehen, jedoch nicht kochen lassen. Die Eier dann weglassen.

Sopa fría de tomate y sandía

1 kg reife Tomaten überbrühen, häuten, halbieren und entkernen. Das Fruchtfleisch aus 1 kg Wassermelone herauslösen, die Kerne entfernen, das Fleisch in Stücke schneiden. Einige Stücke aufheben. Den Rest mit den Tomaten im Mixer mit 4 Olivenöl, Salz, Pfeffer und 2–3 Minzeblättchen pürieren. In den Kühlschrank stellen. 12 Kirschtomaten waschen und halbieren. 3 Minzeblättchen in feine Streifen schneiden. Die Suppe mit Melonenstückchen, Tomatenhälften und den Minzeblättchen dekorieren.

Sopa de tomate con langostinos

Tomatensuppe mit Garnelen (im Bild)

Zubereitungszeit: 40 Min.
Pro Portion ca.: 290 kcal

Zutaten für 4 Personen:
800 g Tomaten, 1 kleine weiße Zwiebel
3 Knoblauchzehen
150 g rote Paprikaschote
100 g grüne Paprikaschote
200 g Weißbrot
4 EL Olivenöl, 1 l Fleischbrühe
3 Zweige frische Minze
250 g gekochte Garnelen (*langostinos*)
Salz und frisch gemahlener weißer Pfeffer

Die Tomaten waschen, vierteln, dabei die Stielansätze entfernen. Zwiebel und Knoblauch schälen und fein hacken. Die Paprikaschoten waschen und putzen, mit den Tomaten fein hacken. Das Brot in kleine Würfel schneiden.

Das Öl in einem Topf erhitzen. Zwiebel, Knoblauch, Tomaten und Paprika darin unter Rühren 3–4 Min. anschwitzen, dann das Brot dazugeben und mit Fleischbrühe auffüllen. 10 Min. bei mittlerer Hitze kochen. Vom Herd nehmen, etwas abkühlen lassen und pürieren. Mit Salz und Pfeffer abschmecken.

Inzwischen die Minze waschen, Blättchen abzupfen und in feine Streifen schneiden. Die Garnelen schälen. Die pürierte Suppe auf den Herd stellen. Garnelen und Minze dazugeben und 3–4 Min. erhitzen. Sehr heiß mit knusprigem Baguette servieren.

TIPP

Wenn Sie frische Garnelen nehmen, bereiten Sie einen Sud aus Zwiebel, Möhren, Salz und Pfeffer zu und kochen ihn 20 Min. Dann mit den Garnelen aufkochen und 5 Min. ziehen lassen. So bekommen die Garnelen einen würzigen Geschmack.

Die wohlschmeckende Hundesuppe *enthält natürlich kein Hundefleisch, sondern Fisch. Sie ist maurischen Ursprungs und wird wohl deswegen so genannt, weil die Christen die Muselmanen Hunde nannten. Ob die Legende stimmt oder nicht, dieses uralte Rezept ist ein perfektes Beispiel für das, was man in Cádiz als plato marinero kennt, ein exquisites Fischergericht.*

Caldillo de perro

Hundesuppe mit Seehecht (im Bild)

Zubereitungszeit: 35 Min.
Pro Portion ca.: 465 kcal

Zutaten für 4 Personen:
1 kg Fisch (Seehecht, Kabeljau, Seeteufel, Flunder)
Salz
2 Zwiebeln
6 Knoblauchzehen
3–4 EL Olivenöl
1 l Fischbrühe
3 Bitterorangen (ersatzweise 2 Blutorangen und 1 Limette)
frisch gemahlener schwarzer Pfeffer
4 Scheiben Landbrot

Den Fisch säubern, abspülen, in Scheiben schneiden und salzen. Die Zwiebeln schälen und fein hacken. Den Knoblauch schälen. In einem großen Topf das Olivenöl erhitzen und den Knoblauch darin goldbraun braten, herausnehmen. Im selben Öl die Zwiebeln glasig braten.

Fischbrühe und Knoblauch zu den Zwiebeln geben und zum Kochen bringen, offen auf die Hälfte einkochen lassen. Dann die Fische hineinlegen und 10–15 Min. ziehen lassen.

Die Bitterorangen auspressen. Den Topf vom Herd nehmen und erst die Hälfte des Saftes hinzufügen. Dann nach Geschmack (wenn Ihnen der Saft zu bitter ist, nehmen Sie weniger davon) den Rest dazugeben. Mit Salz und Pfeffer abschmecken.

Die Brotscheiben rösten, in Suppenteller legen und die Suppe darauf schöpfen.

Sopa de gato

Brotsuppe mit Knoblauch und Käse

Zubereitungszeit: 35 Min.
Pro Portion ca.: 240 kcal

Zutaten für 4 Personen:
6 Scheiben Weißbrot vom Vortag
3 Knoblauchzehen, 4 EL Olivenöl
1 TL Paprikapulver, edelsüß
1 l Gemüsebrühe
Salz und frisch gemahlener Pfeffer
geriebener Parmesan zum Bestreuen

Den Backofen auf 200° (Umluft 180°) vorheizen. Das Brot in Würfel schneiden. Den Knoblauch schälen und fein hacken.

Das Olivenöl in einer Pfanne erhitzen. Darin die Brotwürfel in 2–3 Min. goldbraun braten. Knoblauch und Paprika dazugeben. Mit Gemüsebrühe ablöschen, salzen, pfeffern. 15 Min. zugedeckt bei schwacher Hitze kochen.

Die Suppe in vier feuerfeste Schüsseln verteilen. Im Backofen 10 Min. überbacken, bis eine braune Kruste entsteht. Großzügig mit Parmesan bestreuen und sehr heiß servieren.

Im Fischerhafen Bonanza werden die *langostinos* gleich nach dem Anlanden gekocht.

Kenner halten die *langostinos tigres de Sanlúcar*, die gestreiften Riesengarnelen, für die besten der Welt. Zu den appetitlich angerichteten *langostinos* gehört eine echte Alioli.

Langostinos
Graues Gold des Guadalquivir

Sanlúcar de Barrameda am Mündungsdelta des Guadalquivir ist die Stadt des Manzanilla, der Langostinos, der Pferderennen am Strand und das Tor zum Naturpark Doñana.

Langostinos bekommt man in Andalusien in jeder Stadt. Am schönsten essen Sie *langostinos tigres de Sanlúcar* im alten Fischerviertel Bajo de Guía. Da, wo früher die Fischer wohnten, reiht sich heute Restaurant an Restaurant. Das berühmteste ist das »Casa Bigote«. Hier gibt es auch eine Riesenauswahl appetitanregender Tapas. Ausgezeichnet schmecken die *langostinos* aber auch in jedem anderen Fischrestaurant. Viele Restaurants haben Tische in Erdgeschoss, auf der Terrasse und im Obergeschoss. Vergessen Sie ausnahmsweise einmal die Terrasse, und nehmen Sie oben Platz. Durch die großen, weit geöffneten Fenster genießen Sie einen wunderbaren Blick auf die Mäander des Río Guadalquivir und den Naturpark Doñana.

Rassige Pferde
Sollten Sie zufällig im August im Bajo de Guía speisen, lassen Sie sich durch das Beben des Bodens und wildes Pferdegetrappel nicht erschrecken. Im August findet das berühmte Pferderennen von Sanlúcar de Barrameda statt. Zu Beginn der Dämmerung, wenn der Westhimmel orangerot glüht, geht es los. Mehr als 100 Pferde rasen auf dem feuchten Sand zwischen den Stränden von Bajo de Guía und Las Pilates entlang. Die »Carrera de Caballos« gibt es bereits seit mehr als 160 Jahren. Es ist das älteste Pferderennen Spaniens. Wenn man Einheimische nach dem Ursprung des Rennens fragt, bekommt man eine poetische Antwort. Der griechische Gott Phoebus Apollon habe die Feuerpferde aus seiner Kutsche gespannt, als er an den Strand von Sanlúcar kam. Wahrscheinlicher ist, dass im 19. Jahrhundert die Besitzer der Pferde, die frisch gefangene Fische und Meeresfrüchte vom Bajo de Guía transportierten, das Rennen organisierten.

Ein Paradies nicht nur für Vögel
Von Sanlúcar startete nicht nur Kolumbus seine dritte Reise in die neue Welt. Von hier aus fährt auch einmal täglich ein Schiff in den Naturpark Doñana. Einst waren die Herzöge von Sidonia die Besitzer von Sanlúcar de Barrameda und des

Jährlich zu Pfingsten erwacht das abgelegene Dörfchen El Rocío am Río Guadalquivir und feiert eine der berühmtesten Marienwallfahrten von ganz Spanien.

Nationalparks Doñana. Doña Ana, eine der Herzoginnen, ließ sich im Naturpark einen Palast bauen. Nach ihr ist der Park benannt. In dem 56544 Hektar großen Park finden Sie drei Landschaftsformen: *coto*, das sandig trockene Heideland mit festen Dünen, *dunas móviles,* die um etwa fünf Meter jährlich wandernden Dünen des Küstenstreifens und *marismas*, das feuchte Marschland. Die *marismas* sind ein wichtiger Rast- und Nistplatz für Vögel. Man sieht den Kaiseradler, das Purpurhuhn, Fischreiher, Flamingos und 300 weitere verschiedene Vogelarten. Aber auch Rehe, Wildpferde, Füchse, Biber, Mungos und Luchse. Von Sanlúcar aus fährt täglich einmal ein Boot über den Guadalquivir zum Nationalpark, wo man auf ausgewiesenen Pfaden einen Teil des Parks durchwandern kann.

Ein Fest für die Paloma Blanca

Das kleine Dorf El Rocío liegt am Rande der *marismas* am rechten Ufer des Guadalquivir. Einmal im Jahr an Pfingsten wacht El Rocío aus seinem Schlaf, wenn Zehntausende von Pilgern der Jungfrau vom Morgentau, *Nuestra Señora del Rocío,* mit einer Wallfahrt ihre Referenz erweisen. Ein Jäger hatte dort im Mittelalter in einem hohlen Baum zwischen Dorngestrüpp eine Marienstatue entdeckt, für die Alfonso X. 1275 eine Kapelle stiftete. Die »Romería del Rocío« ist wohl die berühmteste und farbenprächtigste Wallfahrt ganz Spaniens. Ein langer Zug blumengeschmückter Planwagen schaukelt in Richtung El Rocío. Viele Wallfahrer kommen auch zu Pferd, hinter sich auf dem Partnersitz die jeweilige Señora im gerüschten Flamencokleid. Von Sanlúcar setzen die Wallfahrer samt Pferd und Kutsche sogar mit Barkassen über den Guadalquivir. Da die Wallfahrt mindestens drei Tage dauert, schlägt man jede Nacht eine Art Lager auf. Die Wagen bilden einen Kreis, in der Mitte brennt ein Lagerfeuer, auf dem ein Eintopf brutzelt. Es herrscht Fiesta-Stimmung, Flamencomusik ertönt. Arm und Reich pilgern, schmausen und singen zusammen. Die weiße Taube, *paloma blanca*, wie die Marienstatue auch genannt wird, überbrückt für ein paar Tage alle Unterschiede.

Berenjenas mozárabes

Frittierte Auberginen (im Bild vorne)

Ruhezeit. 30 Min.
Zubereitungszeit: 30 Min.
Pro Portion ca.: 385 kcal

Zutaten für 4 Personen:
750 g Auberginen
Salz
4–6 EL Mehl
1 Ei
1/4 l Bier (ersatzweise Mineralwasser)
1/2 Briefchen Safranpulver (0,06 g)
8 EL Orangenblütenhonig
8 EL Malagawein
1/4 l Olivenöl

Die Auberginen in dünne Scheiben schneiden. In ein Sieb legen, mit Salz bestreuen und 30 Min. ruhen lassen.

Aus Mehl, Ei, Bier, Safran und Salz einen dünnflüssigen Ausbackteig rühren.

Den Honig in einen kleinen Topf füllen, erwärmen und mit dem Wein verrühren. Die Auberginenscheiben kalt abbrausen und gut abtrocknen.

Das Olivenöl in einer tiefen Pfanne erhitzen. Die Auberginen erst in den Teig tauchen, dann portionsweise im Öl schwimmend von beiden Seiten ausbacken. Das dauert etwa 5 Min. Auf Küchenpapier abtropfen lassen. Die Honig-Wein-Mischung über die Auberginen träufeln und sofort servieren.

Tortilla de quisquillas

Krabbentortilla (im Bild hinten)

Zubereitungszeit: 35 Min.
Pro Person ca.: 460 kcal

Zutaten für 4 Personen:
8 Eier
Salz und frisch gemahlener weißer Pfeffer
500 g geschälte Krabben
6–8 EL Olivenöl
2–3 EL Queso Rondeño (ersatzweise Provolone)

Die Eier in einer Schüssel mit dem Schneebesen gut verrühren, aber nicht verschlagen. Salzen und pfeffern. Die Krabben dazugeben.

Das Öl in einer Pfanne erhitzen. Die Eimasse in die Pfanne füllen. Bei schwacher Hitze ca. 10 Min. stocken lassen.

Die Tortilla mithilfe eines Tellers wenden und auf der anderen Seite bei schwacher Hitze ebenfalls 10 Min. backen. Backofengrill vorheizen.

Den Käse reiben und über die Tortilla streuen. Unter dem Grill 10 Min. gratinieren.

Tortilla

ist das spanische Nationalgericht. Ursprünglich war sie nur ein Omelett, bis die Spanier im 16. Jahrhundert die Kartoffel aus Südamerika mitbrachten. Es besteht kein Zweifel, dass die Spanier die Ersten waren, die Kartoffeln in Europa anbauten. Das war auch die Geburtsstunde der *Tortilla española,* der Tortilla aus Eiern und Kartoffeln. Heute schätzt man, dass es mehr als 300 Arten gibt, eine Tortilla zuzubereiten. Egal, ob die Tortilla, wie in unserem Rezept mit Eiern und Krabben gebraten wird, mit Mangold oder Spinat, Zwiebel, Garnelen, Tunfisch, grünem Spargel oder jungen Artischocken, sie muss immer kreisrund, gelb und glänzend wie die Sonnenscheibe sein. Wichtig ist, dass Sie die Eiermasse nur rühren, nicht verschlagen. Und dass Sie die Tortilla bei schwacher Hitze ganz langsam auf einer Seite braten, dann umdrehen und die andere Seite fertig garen.

Jibia en salsa

Tintenfisch in Weinsauce

Zubereitungszeit: 1 Std.
Pro Portion ca.: 300 kcal

Zutaten für 4 Personen:
2 reife Tomaten
2 Knoblauchzehen
200 g Zwiebeln
4 EL Olivenöl
1 kg küchenfertiger Tintenfisch
Salz und frisch gemahlener weißer Pfeffer
1/8 l Sherry oder trockener Weißwein

Die Tomaten kreuzweise einritzen, kurz in kochendes Wasser tauchen, häuten, entkernen und grob hacken. Den Knoblauch und die Zwiebel schälen und fein hacken.

Für das *Sofrito* das Olivenöl in einer Pfanne erhitzen und die Hälfte der Tomaten und Knoblauchzehen darin 5 Min. anschmoren.

Den Tintenfisch waschen und in 2 1/2 cm große Stücke schneiden. Die Arme getrennt aufheben. Tintenfischstücke zum *Sofrito* geben und 5 Min. bei mittlerer Hitze schmoren.

Die restlichen Tomaten und den übrigen Knoblauch mit Zwiebeln und Tintenfischarmen im Mixer pürieren. Zum Tintenfisch geben, salzen und pfeffern. Wein angießen und alles zugedeckt 10 Min. schmoren. Dazu schmecken knuspriges Baguette und ein leichter Weißwein oder ein Rosado.

TIPP

Kaufen Sie geputzten Tintenfisch. Wenn Sie nur tiefgefrorenen bekommen, muss der vor der Zubereitung auftauen. Tintenfisch darf nicht lange garen, sonst wird er zäh.

Dorada al Jerez

Dorade in Sherry (im Bild)

Zubereitungszeit: 35 Min.
Pro Portion ca.: 430 kcal

Zutaten für 4 Personen:
4 küchenfertige Doraden (à 400 g)
Salz und frisch gemahlener weißer Pfeffer
2–3 Zitronen, davon 1 Bio
6 EL Olivenöl
4 EL trockener Sherry Oloroso

Den Backofen auf 200° vorheizen. Die Doraden innen und außen gründlich waschen und abtrocknen. Im Bauch und hinter den Kiemen salzen und pfeffern.

Die Doraden in eine feuerfeste Form legen. Die oben liegende Seite mehrmals schräg einschneiden. Die Bio-Zitrone heiß waschen und in feine Scheiben schneiden. Die Scheiben in die Einschnitte der Doraden stecken. Die restlichen Zitronen auspressen. Den Fisch mit Zitronensaft, Olivenöl und Sherry beträufeln.

Den Fisch in den Backofen (Mitte, Umluft 180°) schieben und 20–25 Min. backen. Ab und zu mit dem Sud begießen.

Variante: Dorada con vinagre dulce

4 Doraden vorbereiten, salzen und pfeffern. 4 Zweige Zitronenthymian in den Fischbauch stecken. 200 ml Fischfond mit 4 EL Pedro-Ximénez- oder Balsamico-Essig und 4 EL Olivenöl mischen. 2 gehackte Schalotten auf den Boden einer feuerfesten Form legen. Die Doraden darauf legen. 200 g Venusmuscheln drumrum legen. Mit der Hälfte der Essig-Öl-Mischung begießen. Fisch im vorgeheizten Backofen bei 200° (Umluft 180°) 20–25 Min. backen. Nach und nach die restliche Essig-Öl-Mischung zugeben. Die Fischfilets und Muscheln auslösen, mit dem Sud servieren.

TIPP

Zu dieser Dorade schmeckt eine Vinaigrette aus fein gehackter Schalotte, Sherryessig, Olivenöl, Salz und Pfeffer gut.

Zur Herstellung von *mojama* werden die grätenlosen Tunfischfilets vor dem Trocknen gesalzen.

Fangfrisch bleibt der Tunfisch nicht lange liegen: Er wird auf der *plancha* gegrillt, frisch als Tunfischcarpaccio oder eingesalzen und luftgetrocknet als *mojama* serviert.

Mojama
Tunfisch auf andere Art

Es sieht aus wie Bündner Fleisch, duftet würzig nach Fisch und schmeckt köstlich. Die Rede ist von Mojama, dem luftgetrockneten Filet des Tunfischs.

Das dunkelrote Fleisch des roten Tunfischs, *atún rojo*, schätzten schon die Römer. Sie salzten das Filet ein und trockneten es, bis es aussah wie ein *Jamón Serrano*. Die Mauren verfeinerten die Technik. Nach dem Einsalzen ließen sie das Filet an der Sonne in frischer Luft trocknen. Das Ergebnis nannten sie *mussama*. Daraus machten die Spanier *mojama*. Berühmt ist das *mojama* aus Barbate, einem kleinen Ort im äußersten Süden der Provinz Cádiz.
Am Herstellungsprinzip der Römer und Mauren hat sich seither nicht viel geändert. Auch nicht an der Kunst, den Tunfisch zu fangen.

Tausendjährige Fischfangtechnik

Jedes Jahr zwischen den Monaten April und Juni ist in der Meerenge von Gibraltar das gleiche Phänomen zu beobachten. Riesige Tunfischschwärme schwimmen durch die Meerenge zum Laichen ins warme Mittelmeer. Sie kommen vom eiskalten Atlantik. Zu diesem Zeitpunkt ist ihr Fleisch durch die Winterjagd nach Heringen besonders fest und schmackhaft. Bis zu 200 Kilogramm wiegen die Tunfische. Phönizier, Römer und Araber wussten um dieses Phänomen und machten es sich zunutze. Die Phönizier erfanden *almadraba*, die spezielle Fischfangmethode für diese Tunfische, die auch heute, nach 300 Jahren, noch fast unverändert genutzt wird. Die Fischer setzen ein Labyrinth vertikaler, fest montierter Netze in den Golf von Gibraltar. Wenn die Tunfische die Meerenge passieren, werden sie von ihrem Weg abgeleitet und geraten in die Sackgasse. Mit langen Stangen und Handleinen werden sie in die Boote gezogen und geschlachtet. So werden zumindest keine anderen Fischarten irrtümlich gefangen, und die gefangenen Tunfische weisen überdies keine Verletzungen ihres zarten Fleisches auf, wie sie bei der herkömmlichen Schleppnetzfischerei vorkommen. Die lange Tradition dieser Fischfangkunst und ihre Bedeutung für die Qualität des Tunfischs gaben ihm einen eigenen Namen: Tunfisch Almadraba. Weniger geschätzt als der Tunfisch *almadraba de derecha* ist der Tunfisch, der *almadraba al reves* gefangen wird, d.h., wenn er nach dem Laichen vom

Bevor das *mojama* in hauchdünnen Scheiben auf den Teller kommt, wird es aufgehängt und im frischen Levantewind an der Luft getrocknet.

Mittelmeer wieder in den Atlantik zieht. Er ist abgemagert und sein Fleisch ist schlapp. Aber auch er wird oft gefangen. Heutzutage päppelt man ihn jedoch erst auf, ehe er geschlachtet wird.

Mehr als nur Fisch

In der andalusischen Provinz Cádiz ist der Tunfisch mehr als nur ein großer nahrhafter Fisch. Der Tunfischfang war und ist die wirtschaftliche Grundlage vieler Fischergenerationen. In Barbate und den Nachbarorten Zahara de los Atunes und Conil am südlichen Zipfel Andalusiens dreht sich alles um den Tunfischfang. Er bestimmt hier den Lebensrhythmus. Blendend weiß gekalkt sind die Häuser, immer liegt ein Duft nach frischem Fisch und Meersalz in der Luft. Fast stetig weht der Levantewind. Diesen Wind nutzen die Fischer zum Trocknen des *mojama.* Mit einem Messer wird das Tunfischfilet *lomo* herausgelöst. Dann wird es gewaschen, mit grobem Meersalz eingesalzen und bleibt darin 24 Stunden liegen. Dann wird das Salz wieder abgewaschen und das Tunfischfilet wird noch einmal 48 Stunden gelagert. Nach einer zweiten, sorgfältigen Wäsche wird es an einem luftigen Ort im Levantewind getrocknet.

Gutes *mojama* ist dunkelrot, fest, von intensivem Aroma und schillert im Anschnitt. Man schneidet es in hauchdünne Scheiben, träufelt etwas vom besten Olivenöl darüber und isst es zusammen mit leicht gerösteten Mandeln.

Alles wird verwendet

Nicht nur das Filet des Tunfischs wird nach der alten Methode konserviert und als *salazones* auf den Markt gebracht. *Cerdo del mar*, Schwein des Meeres, nennen ihn die Fischer auch. Ähnlich wie beim Schwein wird beim Tunfisch alles verwendet: frisch, eingesalzen, als Konserve. Sogar die Abfälle werden noch zu künstlichem Dünger verarbeitet. Als Delikatesse gelten auch die Eier des Tunfisches. Sie werden gesalzen, getrocknet, gepresst und dann ebenfalls in dünne Scheiben geschnitten serviert. Ein paar Tropfen Olivenöl dürfen auch hier nicht fehlen.

Mojama con higos y queso de cabra

Mojama mit Feigen und Ziegenkäse (im Bild)

Zubereitungszeit: 20 Min.
Pro Portion ca.: 465 kcal

Zutaten für 4 Personen:
750 g frische reife Feigen
150 g weicher Ziegenkäse
3 EL Olivenöl
100 g Mojama (s. Seite 140)
je 25 g geschälte Mandeln und Pinienkerne
1 EL Sherryessig
2 EL Dessertwein (z.B. Pedro-Ximénez-Wein)
1 Msp. Kreuzkümmel
frisch gemahlener schwarzer Pfeffer

Die Feigen schälen und auf Teller verteilen. Mithilfe eines Löffels platt drücken.

Den Ziegenkäse in Würfel schneiden. In 1 EL Olivenöl goldbraun braten. Über die Feigen verteilen. Das Mojama in hauchfeine Scheiben schneiden und darüber verteilen.

Mandeln und Pinienkerne in einer Pfanne ohne Fett rasch anrösten. Grob hacken.

Aus Sherryessig, Wein, 2 EL Olivenöl, Kreuzkümmel und Pfeffer eine Sauce rühren. Über das Mojama verteilen. Mit Mandel- und Pinienkernen bestreut servieren.

Variante: Mojama aceite y almendras

150 g Mojama in hauchdünne Scheiben schneiden und auf einem Teller anrichten. Mit 4–6 EL Olivenöl beträufeln. 20 g geschälte Mandeln in einer Pfanne ohne Fett anrösten. Über das Mojama verteilen.

Rape con espárragos verdes

Seeteufel mit grünem Spargel und Weinsauce

Marinierzeit: 30 Min.
Zubereitungszeit: 45 Min.
Pro Portion ca.: 710 kcal

Zutaten für 4 Personen:
8 Schwanzstücke vom Seeteufel (ca. 1 kg)
Salz und frisch gemahlener rosa Pfeffer
8 dünne Scheiben magerer Speck
6 EL Olivenöl
250 g grüner Spargel oder Zuckerschoten
Für die Zabaione:
1 Bund frischer Estragon
1 EL Sherryessig
1 Prise getrockneter Estragon
3 ganz frische Eigelb
100 g kalte Butter in Flöckchen
100 ml Weißwein oder Sherry

Die Seeteufelschwänze putzen, Gräten entfernen. Fisch waschen und mit Salz und Pfeffer würzen. 30 Min. kühl stellen.

Jedes Fischstück in 1 Scheibe Speck wickeln. 3 EL Olivenöl erhitzen. Darin die Seeteufelrollen bei starker Hitze schnell gar braten. Das dauert 7–10 Min.

Den Spargel waschen, Spitzen 8–10 cm lang abschneiden. Oder die Zuckerschoten waschen und putzen. In einer zweiten Pfanne 3 EL Olivenöl erhitzen und Spargel oder Zuckerschoten darin bei starker Hitze 5 Min. anbraten, ohne dass sie Farbe annehmen.

Für die Zabaione Estragonblättchen abstreifen und fein schneiden. Den Essig mit dem getrockneten Estragon in einem flachen Topf erhitzen. Vom Herd nehmen und die Eigelbe unter ständigem Schlagen mit dem Schneebesen unterrühren. Bei schwacher Hitze wieder auf den Herd stellen. Butterflöckchen unterschlagen und salzen. Wenn die Zabaione dicklich wird, etwas Wein und den frischen Estragon unterrühren. Die Sauce soll dickflüssig bleiben.

Auf jeden Teller 2 Seeteufelpakete legen, darüber die Spargelspitzen. Mit der Zabaione beträufeln.

Atún fresco con tomate

Tunfisch mit Tomate (im Bild vorne)

Zubereitungszeit: 35 Min.
Pro Portion ca.: 190 kcal

Zutaten für 4 Personen:
1 kg Tunfisch
250 g Zwiebeln, 1 Knoblauchzehe
1 kg reife Tomaten
1/2 Bund glatte Petersilie, 6 EL Olivenöl
Salz und frisch gemahlener schwarzer Pfeffer

Den Tunfisch in mundgerechte Würfel schneiden. Zwiebeln und Knoblauch schälen und fein hacken. Die Tomaten kreuzweise einritzen, in kochendes Wasser tauchen, häuten, entkernen und fein hacken. Die Petersilie waschen und fein hacken.

Das Olivenöl in einem flachen Topf erhitzen. Zwiebeln und Knoblauch 5 Min. glasig anbraten. Die Tunfischwürfel 5 Min. bei mittlerer Hitze mitbraten. Tomaten und Petersilie dazugeben, salzen und pfeffern. Alles zugedeckt bei schwacher Hitze 8–10 Min. erwärmen. Als Vorspeise (für 8 Personen) mit Baguette servieren.

Atún en escabeche

Marinierter Tunfisch

Zubereitungszeit: 25 Min.
Marinierzeit: 2 Std.
Haltbarkeit: 2–3 Tage im Kühlschrank
Pro Portion ca.: 220 kcal

Zutaten für 4 Personen:
1 kg Tunfisch, Salz
1/4 l Olivenöl
1 große Zwiebel, 3 Knoblauchzehen
2 Lorbeerblätter
je 1 Zweig Thymian und Rosmarin
100 ml Sherryessig

Tunfisch abspülen und mit Küchenpapier abtrocknen, in 2 cm dicke Scheiben schneiden und salzen. In 4 EL Olivenöl auf jeder Seite 2 Min. braten. Herausnehmen und in eine Schüssel legen.

Die Zwiebel schälen und in Ringe schneiden. Restliches Öl erhitzen. Ungeschälte Knoblauchzehen, Zwiebeln, Lorbeerblätter, Thymian- und Rosmarinzweig sowie Sherryessig hineingeben und salzen. Solange bei schwacher Hitze schmoren, bis die Zwiebeln weich sind. Das dauert 10–15 Min.

Die heiße Beize über den Tunfisch gießen. Er soll ganz bedeckt sein. Abkühlen lassen und in den Kühlschrank stellen. Marinierter Tunfisch wird kalt mit Weißbrot gegessen. Als Vorspeise reicht er für 8 Personen.

Varianten:
Auch Makrele oder Sardinen lassen sich auf diese Art sehr gut einlegen.

Carpaccio de atún rojo

Carpaccio von rotem Tunfisch (im Bild hinten)

Zubereitungszeit: 20 Min.
Kühlzeit: 1 Std.
Pro Portion ca.: 285 kcal

Zutaten für 4 Personen:
500 g sehr frischer Tunfisch (Sushi-Qualität)
1 Zitrone
Salz und frisch gemahlener schwarzer Pfeffer
1 EL kleine Kapern

Das Tunfischfilet fest in Küchenfolie einwickeln, damit es eine runde Form bekommt. Im Gefrierfach etwa 1 Std. anfrieren lassen.

Die Zitrone auspressen. Den Tunfisch mit einem sehr scharfen Messer in hauchdünne Scheiben schneiden. Auf vier Teller verteilen und mit etwas Zitronensaft beträufeln. Salzen und pfeffern. Mit Kapern bestreut zu knusprigem Baguette oder getoastetem Brot servieren.

Varianten:
Nach Geschmack können Sie etwas feines Olivenöl auf den Tunfisch träufeln oder eine Sherryvinaigrette (s. TIPP Seite 139 rechts).

Wilde Stiere

Ungetüme mit sanften Augen

Kilometerlang ziehen sich in der Provinz Cádiz die riesigen Weiden, auf denen der *toro bravo* rund vier Jahre lang glücklich lebt. Seine enorme Kraft und Wildheit soll der andalusische Stier den Kräutern auf den Weiden verdanken.

Stiere und Stierkampf gehören ebenso zu Andalusien wie der Flamenco. Beides hat eine lange Tradition. Beides wird sowohl bewundert als auch abgelehnt. Der Stierkampf ist nach wie vor für Spanier und Ausländer ein beliebtes Schauspiel. Doch auch in Spanien nimmt die Zahl der Gegner des Stierkampfes zu.

»Die Form ist das Ganze. Inhaltlich ist es nichts als ein Schlachtfest mit Rindvieh«, bemerkte der Schriftsteller Horst Krüger dazu.

Der Stier ist eines der Symbole der spanischen Kultur. Der Stierkampf auch. Diesen Standpunkt vertreten zumindest die Befürworter. Die Zucht der *toros bravos,* Kampfstiere, ist in jedem Fall ein gutes Geschäft. Außerdem hat durch den Stierkampf eine Stierrasse überlebt, die ohne ihn längst ausgestorben wäre. Sie stammt vom mittelalterlichen Ur ab. Der *toro bravo* oder *toro de lidia* ist ein domestiziertes und wildes Tier zugleich. Domestiziert, weil seine Existenz abhängig vom Menschen ist. Wild, weil er

Am Stierkampf scheiden sich die Geister. Tradition bedeutet er für die *aficionados*. Tierquälerei sehen die Gegner darin, ein Geschäft stellt er für Züchter und Matadore dar.

aufwächst, ohne mit den Menschen in Kontakt zu kommen. In der Stierkampfarena steht der Stier erstmals dem Menschen gegenüber.

Berühmte Zuchten, berühmte Namen

In Spanien wurde der Stierkampf in der heutigen Form im 18. Jahrhundert eingeführt. Damals züchteten die Karthäusermönche auf den riesigen Latifundien ihrer Klöster den *toro bravo* für die Stierkämpfe. Im 19. Jahrhundert wurden diese Ländereien konfisziert und Adeligen übereignet. In dieser Zeit entstanden große *ganaderías*, Züchterdynastien mit berühmten Namen wie de Gallardo, Espinosa, Vázquez, Vistahermonsa und Cabrera. Statistiken über die Stierzucht begannen aber schon 1768, als angeordnet wurde, dass die Zahl der Tiere dem Rat von Kastilien gemeldet werden musste. Im Jahr 1905 wurde die *Unión de Criadores de Reses de Lidia*, die erste Stierzüchtervereinigung gegründet. Sie legt die Kriterien für die Zucht fest.

Zu den bekanntesten heutigen Züchtern gehört Juan Pedro Domecq. Seine *juanpedros,* wie die Stiere des ehemaligen Sherrybarons genannt werden, sind *toros artistas,* wilde »Zirkus-«Stiere, die nicht so schnell angriffslustig sind wie die anderer Züchter. Das erlaubt dem Torero während des Stierkampfes mehr Show und dem Publikum spektakuläre Unterhaltung – was den Puristen unter den *aficionados* nicht so gefällt. Die Anhänger des klassischen Stierkampfes schätzen mehr den angriffslustigen Stier, der den Torero zwingt, nach den strengen Regeln der *corrida* zu agieren. Ihnen sind die *toros de Miura* lieber, die wegen ihrer Gefährlichkeit bekannt sind. Etliche Toreros, darunter berühmte Matadore wie Manolete und Pepete haben durch sie ihr Leben verloren.

Ruta de Toros

Friedlich geht es an der »Ruta de Toros« zu, auch wenn an den Zäunen rechts und links der Straße der Stiere »*Cuidado toros bravos*« steht. Was nicht etwa brave, sondern wilde Stiere heißt. Auf ausgedehnten Weiden sieht man hier die schwarzen Stiere grasen oder faul im Schatten der knorrigen Oliven- und Korkeichenbäume liegen. Bis für sie »Der Tod am Nachmittag« beginnt.

Die »Straße der Stiere« beginnt in Jerez de la Frontera, führt durch einige *pueblos blancos* wie Medina Sidonia oder Alcalá de los Gazules am Parque Natural de los Alcornocales entlang weiter nach El Castaño und Los Barrios bis nach Tarifa. Ab und zu erhascht man einen Blick auf berühmte *fincas* wie Corbacho Grande, Martelilla, Torrestrella oder Cebada Gago.

Einst war der eiserne Stier Reklametafel der Sherry- und Brandyfirma Osborne, heute gilt er als das Wahrzeichen Spaniens.

Nirgendwo werden das Ländliche und das Mediterrane so deutlich erlebt wie in den Tapasbars, die sich in Ronda in den Gassen gegenüber der Plaza de Toros aneinanderreihen. Es scheint, als hätte jedes dritte Haus in seinem Wohnzimmer eine Theke.

Viele dieser Stierzucht*fincas* sind für Gäste geöffnet. Hautnah erlebt der Besucher die Welt der wilden Stiere, ein kräftiges Frühstück, Ausritt zu Pferd und geschmorten Ochsenschwanz zum Abendessen inbegriffen.

Korkeichen, Geier und Ziegenkäse

Als Krönung sollten Sie von Alcalá de los Gazules durch den Naturpark Los Alcornocales über Ubrique und die Sierra la Grazalema bis nach Ronda fahren. In diesem Park liegt der größte Korkeichenwald der Welt. Seltsam sehen sie aus mit ihren bis auf Mannshöhe abgeschälten Stämmen. Auf endlosen Weiden grasen Rinder, Pferde oder Ziegen. Geier kreisen in den Lüften. Mit etwas Glück kann man sogar wilde Bergziegen sehen. Die Route führt durch eine atemberaubende, nahezu unberührte Landschaft, fernab vom Massentourismus. Nach jeder Kurve, und die gibt es reichlich, eröffnen sich Ausblicke, wie man sie sich schöner kaum vorstellen kann. Soweit das Auge reicht, nichts als Natur. Da ist eine Rast in der *venta*, einer ländlichen Gaststätte, gerade recht. Auch eine Gelegenheit, die berühmten *Habas de Ronda* (Dicke Bohnen mit Schinken, Tomaten, Zwiebel in Olivenöl) oder den köstlichen *Queso del Ronda* als Tapa zu probieren. Gestärkt mit einem schwarzen *café sólo* oder einem *café con hielo,* einem schwarzen Kaffee auf Eiswürfeln, geht es weiter durch die Sierra de Ubrique nach Ronda.

Ronda und der Stierkampf

Ronda ist immer schon bekannt durch seine besondere Beziehung zur Welt des Stierkampfs. Hier steht die älteste, größte und schönste Stierkampfarena Spaniens. 1785 wurde sie erbaut. Ernest Hemingway und Orson Welles erkundeten hier die Ursprünge des *Niño de la Palma*, von Antonio Ordoñez, einem der besten Toreros der Geschichte. Der Dichter Rainer Maria Rilke suchte in Ronda Erholung und fand Inspiration. Man muss nicht unbedingt ein Dichter sein, um sich an der einmaligen Lage des Ortes zu begeistern: Er liegt auf einem Felsplateau und ist durch eine 150 Meter tiefe Schlucht geteilt. Hier genießen Sie im Restaurant Mesón Escudero eine ausgezeichnete traditionelle andalusische Küche, und von der Terrasse, hoch über dem Río Guadalevin, einen beeindruckenden Blick.

Vergessen Sie nicht, für die Rückfahrt einen *queso rondeño* zu kaufen. Diesen Käse aus der Milch der Málagaziegen, die in der Serranía de Ronda nur würzige Kräuter und Wildblumen fressen, bekommt man heute leider nur noch selten direkt beim Bauern. EU-Richtlinien haben die bäuerliche Herstellung fast unmöglich gemacht. Das hoch gelegene Ronda, umgeben von Gebirgsketten, war einst auch berühmt berüchtigt wegen der *bandoleros*, die als Straßenräuber und Schmuggler ihr Unwesen trieben. Die Straßenräuber sind mittlerweile verschwunden. Als eine der letzten wurde die *bandolera* Margarita Cisneros 1852 durch die Garrotte hingerichtet.

Der Stier am Straßenrand

Für viele gilt er als das Wahrzeichen Spaniens, der schwarze Stier, der Spaniens Autobahnen und Nationalstraßen bewacht. Dabei war das 50 Tonnen schwere Eisenungetüm ehemals nur ein Werbegag der Sherry- und Brandyfirma Osborne aus Jerez. Der Osbornestier, wie er genannt wird, machte Reklame für den Brandy Soberano. Das erste Exemplar wurde 1957 an der Straße Madrid-Burgos aufgestellt. Es war gerade einmal vier Meter hoch und aus Holz. Daraus wurde eine »Herde« von 500 Stieren, die Spaniens Nationalstraßen bewachten. Im Jahr 1988 verabschiedete das Transportministerium ein Gesetz, das das Aufstellen von Reklametafeln entlang der Nationalstraßen verbietet. Beinahe wäre der Osbornestier diesem Gesetz zum Opfer gefallen. Flugs wurde eine Vereinigung der Freunde des Osbornestieres gegründet, um die noch stehenden 93 Exemplare zu retten. Die Firma Osborne ließ die Reklame schwarz überpinseln. De facto war der Stier also keine Reklame mehr. De jure sah das Transportministerium das nicht so. Alle Reklametafeln sollten verschwinden. Also auch der Osbornestier. Dann schrieb die englische Journalistin Vicky Hayword einen Artikel im »European«, den die spanische Presse aufgriff. Ein Aufschrei ging durch das Land: 99 % der Spanier sahen den Osbornestier als Teil ihres nationalen Kulturgutes und als Kunstwerk. Es sieht nun so aus, als habe der Stier als Kunstwerk überlebt; als tapferer und nobler Stier *indultado* (begnadigt). Die *Junta de Andalucía* ist so stolz auf ihn, dass sie den Stier Ende der 1990er Jahre im Alleingang zum schützenswerten Monument erklärte. Nur hat der Stier jetzt einen gefährlicheren Feind als das Gesetz von 1988, nämlich die exzessive Straßen- und Häuserbautätigkeit.

Ronda hat die älteste und schönste Stierkampfarena von ganz Spanien.

Solomillo de ternera al Brandy

Rinderfilet in Brandy

Marinierzeit: 24 Std.
Zubereitungszeit: 1 1/4 Std.
Pro Portion ca.: 605 kcal

Zutaten für 4 Personen:
Für die Marinade:
1 Zwiebel, 1 Möhre
1 Stange Sellerie, 1 kleine Lauchstange
aromatische Kräuter (Rosmarin, Basilikum, Thymian, Estragon, etc.)
3/4 l trockener Rotwein, 2 EL Olivenöl
1 kg Rinderfilet
Für die Sauce:
2 EL Olivenöl, 1 große Zwiebel
4 Knoblauchzehen
6 EL Brandy, 2 EL Tomatenmark
2 EL Honig (schön wäre Rosmarinhonig)

Für die Marinade die Zwiebel schälen und grob hacken. Die Möhre putzen und in Stücke schneiden. Lauch und Sellerie gut waschen und grob hacken. Kräuter grob hacken. Alles in eine tiefe Schüssel geben. Wein und Olivenöl dazugießen. Das Fleisch darin zugedeckt 24 Std. im Kühlschrank marinieren.

Das Fleisch aus der Marinade nehmen und abtrocknen. Die Marinade durchsieben und aufheben. Den Backofen auf 180° vorheizen. Das Öl erhitzen und das Rinderfilet darin in 10–15 Min. rundum goldbraun anbraten. Herausnehmen und im Backofen (Mitte, Umluft 160°) etwa 20 Min. nachgaren lassen. Wenn Sie das Rinderfilet durchgebraten wollen, lassen Sie es 10 Min. länger in der Sauce.

Zwiebel und Knoblauch schälen und fein hacken, im Bratfett 5 Min. anschwitzen. Mit Brandy und 400 ml Marinade ablöschen. Tomatenmark in etwas Marinade auflösen und hinzufügen.

Die Sauce 5 Min. bei starker Hitze etwas einkochen lassen. Den Honig einrühren und weitere 5 Min. einkochen lassen, bis die Sauce dickflüssig wird.

Rinderfilet in Scheiben schneiden, auf eine vorgewärmte Platte legen und mit Sauce servieren. Dazu schmecken in Bauchspeck gebratene Steinpilze und grüne Bandnudeln.

Caldereta rociera

Pilgereintopf mit Rindfleisch (im Bild)

Zubereitungszeit: 30 Min.
Garzeit: 2 Std.
Bei 5 Personen pro Portion ca.: 455 kcal

Zutaten für 4–5 Personen:
1 kg Rindfleisch (Hochrippe oder aus der Schulter)
400 grüne Paprikaschoten
250 g Zwiebeln, 400 g reife Tomaten
2 Stängel glatte Petersilie
3 EL Olivenöl
2 ganze Knoblauchknollen
2 Lorbeerblätter
3 Gewürznelken, 3 Zweige Thymian
1/2 TL schwarze Pfefferkörner, Salz
3/4 l trockener Weißwein (ersatzweise Fleischbrühe mit etwas Zitronensaft)

Rindfleisch in mittelgroße Würfel schneiden. Paprikaschoten putzen, Zwiebeln schälen. Tomaten waschen.

Tomaten, Paprikaschoten, Zwiebeln und Petersilie grob hacken. Das Olivenöl in einem Topf erhitzen, alles darin unter Rühren 5 Min. anschwitzen. Die Knoblauchzehen aus den Knollen lösen und ungeschält dazugeben. Weitere 5 Min. mitschmoren.

Fleischwürfel, Lorbeerblätter, Nelke, Thymian und Pfeffer dazugeben. Salzen und mit Wein auffüllen. Vorsichtig umrühren. Bei schwacher Hitze zugedeckt 2 Std. schmoren. Wenn zu viel Flüssigkeit verdampft, etwas Wein oder Wasser auffüllen.

TIPP

Wie der Name sagt, wird dieser typische Eintopf auf der Wallfahrt nach El Rocío über offenem Feuer auf Pinienholz geschmort. Im Original wird Lamm verwendet und ein ganzer Lammkopf mitgekocht, um der Suppe einen deftigen Geschmack zu verleihen. Sollte das Fleisch hart bleiben, etwas Bier dazugeben. Dazu schmecken kräftiges, frisches Landbrot und ein trockener Sherry oder Weißwein.

Fleisch mit Orangensaft und Honig, eine süß-säuerliche Kombination, die in Andalusien häufig zu finden ist. Ein maurisches Erbe, das vor allem die jungen Köche wieder entdecken.

Gurumelos *sind würzige, pikante Pilze, die dem Reizker ähnlich sind. Im Herbst, wenn der erste Regen gefallen ist, die Luft aber noch warm ist, findet man sie in den andalusischen Wäldern. Oft werden sie dann als Tapa angeboten, in Scheiben in Olivenöl gebraten und mit etwas Knoblauch und Petersilie gewürzt.*

Liebre con gurumelos y alcaparas

Hase mit Pilzen und Kapern

Zubereitungszeit: 15 Min.
Garzeit: 45 Min.
Pro Portion ca.: 480 kcal

Zutaten für 4 Personen:
1 küchenfertiger Wildhase (ca. 1 kg) oder Kaninchen
Salz und frisch gemahlener schwarzer Pfeffer
1 EL Mehl
4 EL Olivenöl
1/4 l Rotwein
1/8 l Fleischbrühe
2 Gewürznelken
1 Lorbeerblatt
1 Zweig Thymian
200 g frische Pilze (Reizker, Steinpilze oder Pfifferlinge)
25 g Kapern

Den Hasen in 6 Stücke zerteilen, salzen, pfeffern und in Mehl wälzen. Das Olivenöl erhitzen. Darin die Hasenstücke rundum goldbraun anbraten. Den Wein dazugießen und bei starker Hitze etwas einkochen lassen. Mit Fleischbrühe auffüllen, Gewürze und Thymian dazugeben. Zugedeckt bei schwacher Hitze 35 Min. schmoren.

Inzwischen die Pilze putzen und in 2 cm dicke Streifen schneiden. Die Kapern abtropfen lassen. Beides zum Hasen geben und 10 Min. mitschmoren. Dazu schmecken im Ofen gebackene Rosmarinkartoffeln (s. unten).

Rosmarinkartoffeln

750 g mittelgroße Kartoffeln gut waschen und längs halbieren. Ein Backblech ölen und großzügig mit gehacktem Rosmarin bestreuen. Die Kartoffeln mit der Schnittseite nach unten darauf setzen und bei mittlerer Hitze 20 Min. backen, wenden und 15 Min. weiterbacken.

Lomo al caramelo de naranja

Schweinefilet in Orangenkaramell

Zubereitungszeit: 45 Min.
Pro Portion ca.: 405 kcal

Zutaten für 4 Personen:
2–3 Schweinefilets (ca. 800 g)
Salz
1 TL frisch gemahlener schwarzer Pfeffer
3 EL Olivenöl
4 EL feiner Zucker
1/8 l frisch gepresster Orangensaft
4–5 EL Orangenlikör (nach Belieben, z. B. Cointreau)
1 TL abgeriebene Orangenschale

Schweinefilet mit Salz und Pfeffer einreiben. Das Olivenöl erhitzen und die Filets darin rundum goldbraun anbraten. Mit Zucker bestreuen und karamellisieren lassen. Dabei das Schweinefilet immer wieder wenden.

Den Orangensaft dazugießen und das Fleisch bei schwacher Hitze zugedeckt 15–20 Min. schmoren. Ab und zu umdrehen.

Wenn das Fleisch durch ist, den Orangenlikör dazugeben und noch 5 Min. ziehen lassen. Mit etwas abgeriebener Orangenschale bestreut servieren. Die Sauce abschmecken. Dazu schmeckt Safranreis (s. Seite 44) gut.

TIPPS

Streuen Sie ein paar leicht angeröstete Pinienkerne oder Mandeln über das Filet.
Servieren Sie dazu gegrillte Orangen. Dafür 2 Bio-Orangen waschen und halbieren (oder in dicke Scheiben schneiden). Auf den Bratrost legen, mit 1 TL braunem Zucker und gestoßenem rotem Pfeffer 5–6 Minuten grillen. Wenn Sie die Orangenfilets vorher an den Häutchen einschneiden und lösen, sind sie leichter zu essen.

Über der harten Schale hat die Mandel eine grüne, pelzige, dicke Haut.

Mandeln zu ernten ist harte, staubige Arbeit. In der größten Augusthitze werden die Früchte mit Stöcken von den Bäumen geschlagen und aufgesammelt.

Almendras
Mandelbäume aus Liebe

In Sevilla herrschte im 11. Jahrhundert ein maurischer Despot. Er stellte die gebleichten Schädel seiner Widersacher als Blumentöpfe auf seine Terrasse. Ganz anders war sein Sohn, al Mutamid, der als ritterlich, freigebig und tapfer gelobt wurde und zudem ein berühmter Dichter war.

Eines Tages ging Mutamid mit seinem Wesir Verse schmiedend am Ufer des Guadalquivir entlang und dichtete: »Der Windhauch hat das Wasser in einen Kürass verwandelt ...« Die passende Fortsetzung dazu fiel ihm jedoch nicht ein. Plötzlich ertönte eine helle Mädchenstimme mit einer vollendeten Versreplik. Eine hübsche Maultiertreiberin lächelte den Dichterprinzen an. Er verliebte sich sofort, kaufte die Schöne dem Viehhändler ab und machte sie zu seiner Königin. Die beiden waren eines der berühmtesten Liebespaare des al-Andalus.

Frühlingsschnee
An einem kalten Vorfrühlingstag soll die bezaubernde Sevillanerin aus einem Fenster der Residenz in Córdoba voller Entzücken beobachtet haben, wie weiße Schneeflocken herabrieselten. Sie schalt ihren verliebten König in gespieltem Ärger, hier zeige sich, dass er nichts für sie tue, sie nicht wirklich liebe, denn Schnee, solch blendendes Wunder des Allmächtigen und Allerbarmers, habe er ihr schnöde vorenthalten. Auf der Stelle versprach der König seiner Itimad ar-Rumaikiyya von nun an Schnee in jedem Jahr – in Córdoba fast unmöglich. Noch im gleichen Monat ließ al Mutamid die Sierrahänge ringsum mit Mandelbäumchen bepflanzen. Seine Itimad hatte fortan in jedem Frühjahr den Schnee der rieselnden Mandelblüten. So erzählt es die Legende. Heute noch kann man in vielen Regionen Andalusiens jedes Jahr im Februar die Pracht der weiß und rosa blühenden Mandelbäume bestaunen.

Unentbehrlich in der Küche
Mandeln werden in vielen Gerichten eingesetzt, der *Ajoblanco*, der kalten Mandelsuppe mit Knoblauch, dem Kaninchen in Mandelsauce und der Lammkeule in Honigsauce mit Mandeln und Pinienkernen, vor allem aber Mandeln für Süßigkeiten. Ob *Alfajores,* Mandelpudding oder Mandelflan, oder süße Versuchungen aus dem Kloster mit so poetischen Namen wie *Soplillos granadinos* (granadinischer Hauch), *Bienmesabe con almendras*, (Schmecktmirgut mit Mandeln) und *Ajalú*, ohne Mandeln geht nichts.

Honig, Mandeln oder Haselnüsse sind die wichtigsten Zutaten für Alfajores, auch *Alajú* genannt. Sie werden in Medina Sidonia heute noch nach einem maurischen Rezept zubereitet, das nur vom Vater zum Sohn weitergegeben wird.

Alfajores de Medina

Mandelrollen

Zubereitungszeit: 30 Min.
Backzeit: 20–30 Min.
Pro Stück ca.: 70 kcal

Zutaten für 25 Stück:
100 g geschälte Mandeln
120 g Weißbrot vom Vortag (Toast- oder Kastenweißbrot)
15 g Aniskörner
20 g Sesamkörner
3 Gewürznelken
250 g Honig
je 1/4 TL abgeriebene Zitronen- und Orangenschale
1/4 TL Zimtpulver
Fett fürs Backblech
feiner Zucker zum Bestreuen

Die Mandeln in einer trockenen Pfanne unter Wenden rösten, bis sie leicht bräunen. Das Brot entrinden und im Mixer fein zerbröseln. Herausnehmen. Mandeln, Anis- und Sesamkörner sowie Nelken im Mixer fein zerkleinern.

Den Honig in einem weiten Topf bei schwacher Hitze vorsichtig erwärmen. Nach und nach Brot, Mandeln, Zitronen- und Orangenschale dazugeben. Mit Zimt würzen. Dabei ständig rühren, bis sich die Masse vom Topfboden löst.

Den Backofen auf 160° vorheizen. Ein Backblech fetten. Die Masse in eine Schüssel füllen. Mit feuchten Händen daraus gut daumendicke Rollen von 6–7 cm Länge formen. Auf das Backblech legen und bei 160° (Umluft 140°) 20–30 Min. backen.

Die *Alfajores* herausnehmen und abkühlen lassen. In feinem Zucker wälzen. In Medina–Sidonia werden die *Alfajores* einzeln in farbiges Seidenpapier gehüllt aufbewahrt.

Da sich die *Alfajores* ähnlich wie Weihnachtsplätzchen gut in einer verschlossenen Dose halten, kann man auch gut das doppelte Rezept zubereiten. Nehmen Sie dann je 100 g gemahlene Mandeln und Haselnüsse, wie im ursprünglichen maurischen Rezept.

Suspiros de monja

Nonnenseufzer (im Bild rechts)

Zubereitungszeit: 1 Std.
Pro Stück ca.: 80 kcal

Zutaten für 50 Stück:
1 Bio-Zitrone
100 g Zucker
100 g Schweineschmalz
350 g Mehl
3 Eier
1/2 l Olivenöl zum Ausbacken
Mehl zum Arbeiten
Puderzucker zum Bestreuen

Die Zitrone heiß abwaschen und die Schale abreiben. 1/4 l Wasser mit Zucker, Zitronenschale und Schweineschmalz in einem Topf aufkochen lassen. Vom Herd nehmen.

Das Mehl hineinschütten und mit einem Kochlöffel kräftig rühren. Den Topf wieder auf den heißen Herd stellen und den Teig rühren, bis er sich zum Kloß formt und sich am Boden eine weißliche Schicht bildet. In einer Schüssel etwas abkühlen lassen, dann die Eier einzeln dazugeben und kräftig unterrühren.

Den Teig 10 Min. zugedeckt ruhen lassen, dann auf einer glatten, bemehlten Arbeitsfläche (oder zwischen Frischhaltefolie) etwa 2 1/2 cm dick ausrollen. Mit einem Messer in 3 cm große Quadrate schneiden.

Das Olivenöl in einer tiefen Pfanne erhitzen. Darin die Quadrate portionsweise im sehr heißen Öl ausbacken, bis sie schön braun sind. Auf Küchenpapier abtropfen lassen. Mit Puderzucker bestreut servieren.

Variante: Bolas de fraile (Mönchskugeln)

So heißt das Gebäck, wenn man es nach folgendem Rezept herstellt: 25 g frische Hefe und 1 TL Zucker in handwarmem Wasser (37°) auflösen. Etwa 350 g Mehl zugeben und kneten, bis der Teig nicht mehr an den Händen klebt. Zugedeckt an einem warmen Ort 1 Std. gehen lassen. Dann mit eingeölten Händen kleine Kugeln formen und diese in reichlich heißem Olivenöl ausbacken. Mit Zucker bestreut servieren.

Peras con menta

Birnen mit Minze (im Bild links)

Zubereitungszeit: 30 Min.
Kühlzeit: 2 Std.
Pro Portion ca.: 270 kcal

Zutaten für 4 Personen:
4 große, reife Birnen
1/8 l Pfefferminzlikör (oder Pfefferminzsirup)
1 Zimtstange
150 g Zucker
einige Minzeblätter und 1 EL geröstete Mandelsplitter zum Dekorieren

Die Birnen schälen und halbieren, die Kerngehäuse entfernen.

1/8 l Wasser mit Pfefferminzlikör, Zimtstange und Zucker aufkochen lassen. Die Birnen darin bei schwacher Hitze etwa 20 Min. ziehen lassen.

Die Birnen herausnehmen und in eine Schüssel legen. Den Sirup bei starker Hitze um die Hälfte einkochen lassen. Über die Birnen gießen. Im Kühlschrank 2 Std. kühlen.

Die Birnen in Schalen verteilen und mit Sirup beträufeln. Mit fein geschnittenen Minzeblättchen und Mandelsplittern garnieren.

Variante: Peras en granadina

Für Birnen in Granatapfelsirup 200 g Zucker in 1/4 l Wasser aufkochen und 10 Min. zugedeckt kochen lassen. 8 kleine feste Birnen schälen, dabei die Stiele dranlassen. Mit 1/8 l Grenadine (Granatapfelsirup) zum Zuckerwasser geben und zugedeckt bei mittlerer Hitze in 10–15 Min. weich kochen. Wie oben fertig stellen. Mit Granatapfelkernen dekorieren.
Auch 1 Klacks Crème fraîche schmeckt gut zu den Birnen.

Pétalos de rosas

Frittierte Rosenblätter (im Bild rechts)

Zubereitungszeit: 30 Min.
Pro Portion ca.: 185 kcal

Zutaten für 4 Personen:
etwa 40 ungespritzte Rosenblätter
25 g frische Hefe, 80 g Mehl
feines Salz, Zucker
Olivenöl zum Ausbacken
Orangenblütenwasser zum Beträufeln
(Apotheke, ersatzweise Orangensaft)

Rosenblätter im Kühlschrank aufbewahren. Hefe in 1 l kaltem Wasser auflösen. Mehl unterrühren. Mit je 1 Prise Salz und Zucker würzen und zu einem glatten und cremigen Teig rühren.

In einem tiefen Topf Olivenöl auf 160° erhitzen. Rosenblätter kurz in den Teig tauchen und im Öl 30 Sek. frittieren. Auf Küchenpapier abtropfen lassen. Auf Tellern anrichten und mit ein paar Tropfen Orangenblütenwasser beträufeln.

Albaricoques con azúcar de caña

Gebackene Aprikosen

Zubereitungszeit: 30 Min.
Pro Person ca.: 275 kcal

Zutaten für 4 Personen:
12–16 Aprikosen
4 EL brauner Rohrzucker
5 Zweige Zitronenthymian (ersatzweise Thymian)
200 ml Sahne

Aprikosen waschen und abtrocknen. Den Backofen auf 180° vorheizen. Alufolie in 4 Stücke schneiden, die groß genug für 3 Aprikosen sind. 3 Aprikosen auf die Folie legen. Mit Zucker bestreuen und je 1 Thymianzweig dazulegen. Folie gut verschließen.

Päckchen auf eine feuerfeste Platte legen und im Backofen (Mitte, Umluft 160°) 20 Min. backen.

Sahne steif schlagen. Aprikosen vorsichtig auf Teller legen. Den Saft darüber träufeln. Mit Schlagsahne und ein paar Blättchen Zitronenthymian dekorieren.

Variante:

Statt Aprikosen können Sie auch Pfirsiche nehmen. In diesem Fall die Früchte halbiert und entsteint einpacken.

Helado de aceite de oliva

Olivenöleis (im Bild links)

Zubereitungszeit: 20 Min.
Gefrierzeit: 2 Std.
Bei 10 Personen pro Portion ca.: 275 kcal

Zutaten für 8–10 Personen:
Schale von je 1/2 Bio-Orange
und -Zitrone
1/2 l Milch
150 g Zucker
6 Eigelb
250 g Sahne
100 ml natives Olivenöl (*virgen extra*)

Orangen- und Zitronenschale mit der Milch zum Kochen bringen. Vom Herd nehmen und etwas abkühlen lassen. Schalen entfernen.

Zucker und Eigelbe mit dem Handrührgerät schaumig rühren, bis der Zucker aufgelöst ist. Die Milch mit etwa 85° zufügen und gut verrühren. Abkühlen lassen.

Sahne steif schlagen. Olivenöl mit der abgekühlten Milch-Ei-Mischung gut mischen. Die Sahne unterheben. Alles in eine flache Schüssel füllen und im Tiefkühlgerät gut 2 Std. gefrieren lassen. Dabei öfter umrühren.

Besonders attraktiv sieht es aus, wenn Sie das Olivenöleis auf einem dünnen Schokoladenplättchen anrichten und mit 1 Tropfen Olivenöl dekorieren.

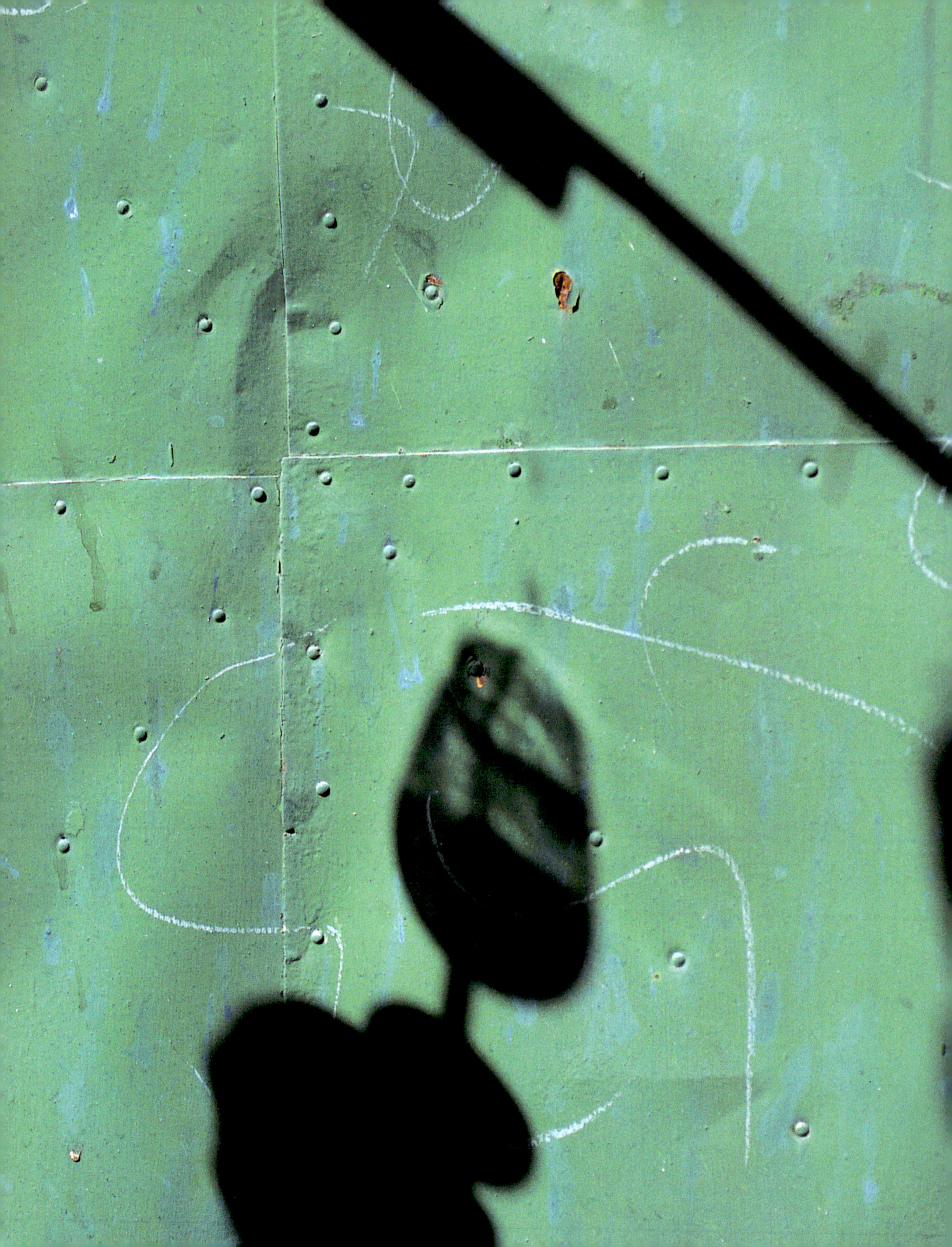

Sherry, Brandy & Cie.
Nicht nur für alte Ladies

William Shakespeare hielt ihn für den besten Wein der Welt. Auch James Bond verschmäht ihn nicht, und ältere englische Ladies sollen ihn in rauen Mengen trinken. Die Rede ist vom Sherry, dem einzigartigen Wein, der im Süden Andalusiens produziert wird.

Von Ceret zu Sherry – eine historische Reise

Seinen spanischen Namen, *Jerez*, hat er von der Stadt Jerez de la Frontera, von den Römern *Ceret* genannt. Die Mauren machten *Sherish* daraus, die Spanier *Jerez*. Die Engländer verballhornten das für sie unaussprechliche Wort zu Sherry.

Das Anbaugebiet, rund 18000 Hektar, liegt im Südwesten Andalusiens, an der Atlantikküste im Dreieck Jerez de la Frontera, Puerto de Santa María und Sanlúcar de Barrameda. Seine Einzigartigkeit verdankt der Sherry dem idealen Zusammenspiel von schneeweißen, kalkhaltigen Böden, *albariza* genannt, klimatischen Bedingungen und besonderem Ausbau. Sherry ist ein verstärkter spanischer Weißwein, der einem speziellen Reifeprozess unterzogen wurde. Dadurch entwickelt er ein nur diesem Wein eigentümliches Aroma, das an Mandeln und Hefe, bisweilen auch an Hasel- und Walnüsse erinnert.

Weltbekannt wurde der Sherry durch die englischen Handelshäuser im 18. und 19. Jahrhundert. Um 1730 begann das Phänomen des massiven Sherryexportes nach England. Es ist kein Zufall, dass es heute noch traditionelle Jerezaner Familien gibt, deren Name pure englische Herkunft zeigen: die Osborne, die Mackenzie, die Garvey, die Byass, die Williams und die Gordon sind die bekanntesten. Die Domecq hingegen kommen ursprünglich aus Frankreich.

Zu den ältesten Sherryfirmen gehört die Pedro Domecq S. A. Sie wurde 1730 von dem Iren Patrick Murphy in Sanlúcar de Barrameda gegründet. Wenig später kam der Franzose Jean Haurie dazu. Der Namensgeber Pedro Domecq übernahm die Firma 1822. Bis 1994 blieb die *Bodega* Pedro Domecq in Familienbesitz. Dann wurde sie an den britischen Multi Allied Lyons verkauft. *La Ina* ist die bekannteste Sherrymarke der Domecqs.

Die Bodega González Byass wurde 1835 in Jerez von Manuel González mit der Hilfe seines Onkels José Angel de la Peña gegründet. Die berühmte Sherrymarke *Tio Pepe* wurde ihm zu Ehren so genannt. González fusionierte 1851 mit dem Engländer Robert Blake Byass.

1772 erschien der Engländer Thomas Osborne Mann in Puerto de Santa María und gründete die Firma Osborne y Cia. Diese *bodega* ist eine der wenigen, die heute noch in Familienbesitz ist. Außer dem Sherry *Fino Quinta* produziert Osborne den Brandy *Soberano.* Seit fast 50 Jahren steht der gusseiserne schwarze *Toro Osborne* entlang den spanischen Straßen und ist heute eher nationales als Firmensymbol (s. Seite 184).

Mit 300 Pfund Sterling gründete der Schotte George Sandeman 1790 in London seinen Portwein- und Sherryhandel. In der damaligen Zeit wurden die Sherryweine noch in Fässern nach England gebracht und vom Kommerzianten in Flaschen abgefüllt. Im Jahr 1928 entwarf George Massiot Brown den *Sandeman Don*, eines der ersten Warenzeichen überhaupt. Die Marke *Sandeman* war entstanden.

Das typische langstielige Sherryglas mit kurzem, tulpenförmigem Kelch wird maximal zur Hälfte mit Sherry gefüllt.

Kinderschule und Reife

Das Hauptmerkmal aller Sherrys ist, dass sie aus trockenem Weißwein hergestellt werden, vor allem aus der Rebsorte Palomino. In der Region wird auch die süße Traubensorte Pedro Ximénez angebaut. Sie dient aber meist nur dazu, durch Verschnitt halb trockene und süße Sherrys zu erzeugen.

Mindestens vier Jahre vergehen, bis man den Sherry im Glas haben kann. Nach der Lese wird der Wein sofort gepresst und in hohe Edelstahltanks abgefüllt. Der zuckerhaltige Most entwickelt sich bereits nach sechs bis acht Stunden so stürmisch, dass man sagt »der Wein kocht«. Nach

Die Palominotraube ist die Sherrytraube par excellence: weiß, rundlich, mittelgroß und mit delikater Haut.

Jerez de la Frontera wird als Synonym für Sherry verstanden. Auf Schritt und Tritt begegnet man ihm, wie hier in der Bar dem Sherry La Ina, der in einer der ältesten *Bodegas* von Jerez gekeltert wird.

Im Sommer kann es in Jerez de la Frontera sehr heiß werden. Um die *Bodega* und die Fässer kühl zu halten, gießt Kellermeister Lazaro den *Bodega*boden. Der nasse, nicht lehmige Sand, erzeugt so Verdunstungskälte. Diese uralte Art der Klimatisierung hält den Boden gleichmäßig auf 20° kühl.

einigen Tagen hat er sich beruhigt. Die anschließende Gärung zieht sich bis Dezember hin. Nun lernt der Kellermeister, *capataz*, seinen jungen Wein zum ersten Mal kennen. Von jedem Fass zieht er durch das im Fassrücken befindliche Spundloch mit einem an einer ein Meter langen, biegsamen Gerte befestigten Becherchen, der *venencia*, ein Gläschen voll ab. Er hält es zunächst prüfend ans Licht, denn der Wein muss klar sein. Dann nimmt er einen Schluck und lässt diesen prüfend durch den Mund rollen. Um ihn anschließend auszuspucken. Sonst könnte er keine 200 Fässer pro Tag prüfen.

Bei der Vinifizierung des Sherry gibt es zwei grundverschiedene Verfahren: den oxidativen und den nichtoxidativen Ausbau. Für den *Fino* und den *Amontillado* nutzt man die Tatsache, dass in den Kellern rund um Jerez eine besondere Hefe, *flor* genannt, existiert. Sie verleiht den *Finos* und *Amontillados* nicht nur ihren besonderen Geschmack, sondern verhindert vor allem die Oxidation der Weine im Fass. Der Alkoholgehalt beim *Fino* übersteigt nie die 15 Vol.%. So bleibt der *flor* am Leben. Alle Sherrys werden ja durch die Zugabe von neutralem reinem Alkohol in ihrer Gradation erhöht.

Beim *Amontillado* steigt der Alkoholgehalt nach dem Aufspritten auf 17 %: Die Hefen sterben ab, und es setzt ein Oxidationsprozess ein, durch den dieser Sherry seine dunklere Farbe und sein nussiges Aroma erhält.

Tagelang ist nun unser Kellermeister mit den Weinproben beschäftigt. In den riesigen *bodegas* lagern nach einer durchschnittlichen Ernte bis zu 600000 Liter Wein in Eichenfässern, die knapp 600 Liter fassen. Die Fässer sind jeweils zu dreien oder vieren aufeinander gestapelt. Mit Kreide malt der *capataz* sein Urteil auf die Fässer. Zwei Monate liegen die geprüften Fässer, bis sich alle Unreinheiten und die Hefe am Fassboden abgesetzt haben.

Ein Jahr danach, etwa im August, beginnt das für den Sherry typische Solerasystem. Mit *solera* ist die unterste Reihe der Fässer eines hohen Fassstapels gemeint, die den ältesten und reifsten Wein des Systems enthält. Aus ihr wird die jeweils zur Abfüllung vorgesehene Weinmenge entnommen, maximal ein Drittel des Fassinhalts. Der entnommene Sherry wird geklärt, gefiltert, in Flaschen abgefüllt und verkauft.

Die Reihen über der *solera* bezeichnet man als *criadera*, Kinderstube. Die Menge, die man aus den untersten Fässern nach einer Reifezeit von mindestens drei Jahren entnimmt, wird vom Fass des darüber liegenden, nächst jüngeren Jahrganges aufgefüllt. Meist liegen drei oder vier *criaderas* übereinander. Die Fehlmengen der zweiten Reihe werden mit Wein aus der dritten gefüllt und diese mit Wein aus der vierten.

Es gibt *soleras*, die noch aus dem 19. Jahrhundert stammen. Wobei der Anteil des Weines von 1845 sicher minimal ist. Durch die Methode, junge Weine mit alten zu verschneiden, entsteht ein unvergleichliches Aroma. Die Weine reifen sicherer und harmonischer, weil sich Jung und Alt perfekt ergänzen.

Das erklärt auch die enormen Preisunterschiede beim Sherry: Einfacher Sherry hat wenig Kinderstube, denn er stammt aus einer kurzen *criadera*. Teurer Sherry wurde jahrelang gehegt und gepflegt, was Zeit und Geld kostet.

Fino, Amontillado oder Oloroso?

Obwohl der Sherry der bekannteste Wein der Welt mit *Denominación de Origen* (Herkunftskontrolle) ist, verwirrt die Vielfalt der Arten anfangs den Neuling unter den Sherryliebhabern. Der bekannteste Sherry ist der helle, trockene *Fino*, der meist recht jung getrunken wird. Er hat wenig Säure, ist elegant und durchdringend im Duft. Fino aus der Gegend von Sanlúcar de Barrameda heißt übrigens *Manzanilla* und ist salziger.

Der *Amontillado* ist dunkler, voller im Geschmack und stärker im Alkohol. Der *Oloroso* ist wiederum ein Sherry, bei dem es von Anfang an zu keinem nennenswerten Wachstum der Florhefen kam. Er ist weicher als der Fino, schwerer und körperreicher. Der Alkoholgehalt liegt bei 18 bis 20 %. Die Farbe ist dunkelgold bis braun.

Eine Rarität ist der *Palo Cortado*. Durch natürliches Absterben der Florhefe entsteht ein Wein, der geschmacklich zwischen *Amontillado* und *Oloroso* liegt. Diese ausgezeichnete Sherryart ist sehr selten.

Der *Cream Sherry* ist ursprünglich ein trockener, dunkler *Oloroso*, der mit süßem Pedro-Ximénez-Wein verschnitten wurde. Der *Cream* hat ein scharfes, aber subtiles Aroma und verfügt über vollen Körper.

So viele Sherryarten es gibt, so unterschiedlich sind auch ihre Farben: Die Palette reicht vom Strohgelb des Fino bis zum Mahagonibraun des Oloroso.

Während des Reifeprozesses des Sherrys wird regelmäßig der Schwund in den Weinfässern überprüft.

In den Bodegas La Gitana reift seit 1792 der Sherry in Barriques. La Gitana gehört zu den ältesten Sherry*bodegas* in Sanlúcar de Barrameda.

Renaissance des Sherry

In den 1980er Jahren sanken die Sherryindustrie und das Image des Sherrys auf einen Tiefpunkt. In Deutschland z. B. ging der Absatz um fast die Hälfte zurück, die Anbaufläche wurde auf 10000 Hektar reduziert. Unzählige *Bodegas* standen leer.

Eigentlich war das Problem hausgemacht. Die Erzeuger des Sherrys hatten viel zu lange auf Masse statt auf Klasse gesetzt. Billigware aus dem Supermarkt assoziierte der Konsument mit Sherry.

Mittlerweile haben fast alle *Bodegas* das Problem erkannt und arbeiten an der Verbesserung der Sherry- und Imagequalität. Der *Consejo Regulador,* der Verband der Sherryproduzenten, setzte auf innovative Ideen und Imagekorrektur. Seit kurzem gibt es die neue Kategorie der Premiumsherrys, die mindestens 20 Jahre lang reiften und unter der Bezeichnung V.O.S. bzw. V.O.R.S. auf den Markt kommen.

Einen Kunstgriff hat sich die renommierte *Bodega* Antonio Barbadillo S.A. in Sanlúcar de Barrameda einfallen lassen, um der Krise Herr zu werden. Die *Finos* werden nicht mehr als Sherrys vermarktet, sondern als *Manzanilla de Sanlúcar de Barrameda.* Die Rebsorte Palomino wird auf dem Etikett angegeben. Erstklassig sind auch der reife *Oloroso Seco »Cuco«* und der seltene *Palo cortado »Obispo Gascòn«.* Barbadillo setzt aber nicht nur auf Sherry. Unter dem Namen *»Castillo de San Diego«* keltert Barbadillo einen ausgezeichneten frischen, aromatischen Weißwein ausschließlich aus der Palominotraube. Er ist mit sechs Millionen Flaschen jährlich der meistverkaufte Weißwein Spaniens.

Die *Bodega* Barbadillo, ein Familienunternehmen in der sechsten Generation, sitzt im ehemaligen Bischofssitz Palacio de la Cilla mitten in Sanlúcar de Barrameda. Sie hat mit den zwölf Meter hohen Räumen wohl einen der schönsten *Solera*-Lagerräume des ganzen Sherrygebietes.

Sandemann setzte zunehmend auf die Premiumqualitäten in Gastronomie und Fachhandel, ohne den Supermarktkunden aus den Augen zu verlieren. Außergewöhnliche Qualität zu einem niedrigen Preis will Sandemann bieten.

Neu bei González-Byass sind die Jahrgangssherrys. Aus den jährlich produzierten Fässern werden einige ausgewählt, die getrennt als Jahrgangsweine reifen. Es sind sehr trockene, elegante Olorosos mit 22 Vol% Alkohol. Diese Jahrgangssherrys wurden 1994 erstmals auf den Markt gebracht. Der Anlass war das 150-jährige Jubiläum der ersten Verschiffung von *Tio Pepe* nach England. Der jüngste dieser Jahrgangssherrys stammt aus dem Jahr 1971. Es gab nur 897 Flaschen. Obwohl dieser weiche Sherry mit seinem Pflaumenaroma 250 Euro pro Flasche kostet, ist die Nachfrage groß.

Brandy, der starke Bruder des Sherry

Die berühmten spanischen Brandys sind das zweite Standbein vieler Sherry*bodegas*. Der Brandy ist keineswegs eine Nachahmung des französischen Cognacs. Der Cognac wird um so besser, je länger man ihn im Fass lagert. Der Brandy hingegen durchläuft genau wie der Sherry ein *Solera*system. Der frisch destillierte Brandwein wird von Jahr zu Jahr mit älteren Jahrgängen verschnitten, bis er die gewünschte Reife und den gewünschten Geschmack erreicht hat. Alkohol braucht man in der Sherryregion ohnehin, um die Weine, die Sherry werden sollen, aufzuspritten. Irgend jemand entdeckte schon vor längerer Zeit, dass der Weinalkohol, den man im Eichenfass lagerte, nach einer bestimmten Zeit ausgezeichnet schmeckte. Dann wurde solange experimentiert, bis der Jerez Brandy geboren war. Im 18. und 19. Jahrhundert waren vor allem die Holländer große Abnehmer des Brandy. Von ihnen soll auch der Name stammen, denn sie nannten das Destillat aus Spanien *brandewjin.* Daraus machten die Spanier Brandy. Brandy ist gesüßt. Nicht so stark wie Likör, aber deutlich stärker als jeder andere Branntwein. Jede große Sherryfirma hat auch Brandys im Angebot, von einfachen Sorten wie Soberano, Magno oder 103 bis zu den Edelbrandys Lepanto, Duque de Alba und 1866, die pro Flasche 100 und mehr Euro kosten.

Was aus der *solera*, der untersten Fassreihe, entnommen wird, füllt man von oben wieder nach.

Málaga und Almería

Glamour und Hirtentopf

Reiche und Räuber, Banderillas und Bandoleros, Luxusjachten und Eselskarren, Privatjet und Billigflieger – Málaga ist die Drehscheibe des spanischen Südens. Almería wurde von den Mauren Al-meriah – Spiegel des Meeres – genannt. Damals wie heute ist der Handels- und Fischereihafen einer der wichtigsten Andalusiens.

Málaga & Almería
Glamour und Hirtentopf

In der Innenstadt von Málaga laden moderne Geschäfte zum Shoppen ein.

Am schönsten ist Málaga, wenn man sich der Stadt vom Mittelmeer aus nähert. In der weit geschwungenen Bucht steigen die Ruinen der maurischen Palastanlage Alcazaba bis zum Kamm des Küstengebirges empor, wo der ebenfalls maurische Leuchtturm Gibralfaro das grandiose Panorama fortsetzt. Der Dritte im Bunde ist der 92 m hohe Turm der Kathedrale. Schon im 19. Jahrhundert wurde diese Silhouette gern in Bildern festgehalten. Zur Maurenzeit war Málaga für die Nasriden der wichtigste Hafen an der spanischen Südküste. Hier wurden die Güter aus Marokko umgeschlagen und dann zur Alhambra nach Granada transportiert.

Málaga: Badestrände und atemberaubendes Hinterland

Málaga ist die am dichtesten besiedelte Provinz in Andalusien. Im Sommer treffen Scharen sonnenhungriger Touristen auf dem Flughafen der Stadt ein, die an der famosen Costa del Sol Urlaub machen wollen. Der Küstenstreifen zwischen Estepona und Marbella bietet für jeden Geschmack etwas: Luxusherbergen in mondänen Orten wie Marbella und Port Banús für die Reichen, Betonburgen, als Luxushotels klassifiziert, für den Rest. Marbella ist der bekannteste Ferienort an der Costa del Sol. Als die Katholische Königin Isabela I. den Ort das erste Mal sah, soll sie ausgerufen haben »Qué mar bella!« Heute würde ihr wohl der Ausspruch »was für ein schönes Meer« nicht in den Sinn kommen. Dort, wo sich die Reichen treffen, sieht man das Meer kaum noch vor lauter Beton.

Zum Ausgleich besitzt die Provinz Málaga ein Hinterland, das man atemberaubend nennen kann. In Atem hielten im 19. Jahrhundert die *bandoleros* die wenigen Reisenden, die die einsame Serranía de Ronda und die Sierra Bermeja durchquerten. Ronda, der malerische Ort mit der berühmten Brücke mit den fast 100 hohen Pfeilern und der ältesten und schönsten Stierkampfarena Spaniens, war Stützpunkt der Straßenräuber und Banditen. Prosper Mérimée wählte Ronda als Schauplatz für seine Erzählung »Carmen«. Berühmte Literaten wie Rilke, Hemingway oder James Joyce lebten und arbeiteten zeitweise in Ronda. In den nahen Naturparks Sierra de las Nieves und Sierra de Grazalena findet man den größten Pinsapo-Wald Spaniens mit den einzigartigen sagenumwobenen tausendjährigen Tannen.

Würzige Käse und Sterneküche

Im Tal des Genal (Valle de Genal) wachsen riesige Kastanienbäume, deren Früchte für vielerlei Gerichte verwendet werden wie *Sopa de castañas, Conejo con castañas* oder *Flan de castañas*. Als die Mauren den Verzehr von Schweinefleisch in dieser Zone verboten, begannen die Bauern Ziegen und Schafe zu züchten. Das war nicht das Schlechteste, denn noch heute sind die wohlschmeckenden, würzigen Käse von Ronda und Antequera berühmt.

Das Meer schenkt reichlich Fisch und Krustentiere. *Pueblos blancos*, Dörfer mit strahlend weiß gekalkten, verwinkelten Häuschen, die über und über mit Blumen geschmückt sind, entzücken zwischen Malaga und Nerja, auch La Arxaquía genannt, den Besucher. Hier findet man die süßen Malagarosinen und den Malagawein. Am besten folgt man der Beschilderung »Ruta de pasa« und »Ruta de sol y vino«.

Marbella ist die Provinz in Andalusien, die in jüngster Zeit am meisten zu dem guten Ruf der andalusisch-maurischen Küche beigetragen hat. Die Hotelfachschulen der Provinz genießen einen außerordentlichen Ruf. Eine Reihe enthusiastischer junger Köche wie Dani García, José Carlos García und Benjamin Alloza sorgen nicht nur dafür, dass der begehrte Michelin-Stern nun auch immer öfter nach Andalusien kommt, sondern auch dafür, dass die Küche von Málaga eine Spitzenposition in Europa erreicht hat. Eine kreative Küche, die jedoch nie die traditionellen Wurzeln aus den Augen verliert.

In Puerto Banús, dem mondänen Sporthafen von Marbella, parken Luxuskarossen neben Luxusjachten.

Die mächtige doppelte Stadtmauer, die Ronda heute noch umgibt, stammt aus der Zeit der Mauren.

Vom Castillo de Gibralfaro, einer gewaltigen Festung aus dem 14. Jahrhundert, die majestätisch über Málaga thront, genießt man einen herrlichen Blick über die Stadt.

Der Palacio del Obispo, die barocke ehemalige Bischofs-Residenz von Málaga, beherbergt das Diözesanmuseum.

Der Paseo del Parque ist Málagas großzügige Flanierallee. Er entstand um die Jahrhundertwende als Teil eines gewaltigen Stadtplanungsprogramms.

Das Rathaus von Málaga wurde 1912 im damals typischen klassizistischen Stil erbaut. Die Hauptfassade ist reich verziert mit interessanten allegorischen Figuren.

Das milde Klima rund um Málaga ermöglicht zwei Ernten im Jahr und immer frisches Obst und Gemüse auf dem Markt.

Almería wurde erst in den vergangenen Jahren vom Tourismus entdeckt. Die oft zerstörte Stadt kann zwar mit Granada, Córdoba und Sevilla nicht mithalten, besitzt aber doch ihre Reize.

Almería – mehr als nur Meer

Al-Meriah, Spiegel des Meeres, nannten die Mauren die Hauptstadt der gleichnamigen Provinz in der südöstlichen Ecke Andalusiens. Schon damals war Almería eine der wichtigsten Hafenstädte an der andalusischen Küste. Der erste Kalif von Córdoba, Abd ar-Rahman III., gründete 955 die Hafen- und Handelsstadt. Bereits die Römer hatten dort ihr *Portus Magnus* und exportierten von hier aus Weizen, Olivenöl und Wein nach Rom. 1147 nahm der kastilische König Alfonso VII. Almería ein, verlor es aber zehn Jahre später wieder an die Mauren. 1489, drei Jahre vor dem Fall Granadas, übergab der letzte granadinische König Boabdil Almería wieder den Christen.

Im Jahr 1522 vernichtete ein schweres Erdbeben fast die ganze Stadt. Dass Almería bis ins 17. Jahrhundert von türkischen, korsischen oder berberischen Piratenschiffen bedroht war, zeigt die Kathedrale. Sie wurde nach dem Erdbeben als Wehrkirche wieder aufgebaut. Hier, in der Catedral Fortaleza, wie sie im Volksmund genannt wird, konnte das Volk Schutz vor den Piraten finden. Trotz der häufigen Zerstörungen der Stadt blieb das ältere Innenstadtviertel mit maurischem Gepräge gut erhalten. Im Barrio de la Chanca (der Name kommt von der maurischen Bezeichnung für Tunfischnetz, *chanca*) steigt man vom Fischerhafen zur Festung Alcazaba hinauf. Es geht durch Gässchen mit kubischen Häusern, die oft mittelmeerblau bemalt sind, über Terrassen und an Höhlenwohnungen vorbei, die an Guadix erinnern. Abd ar-Rahman III. ließ die mächtige Festung erbauen. Al-Mansor baute sie aus. Das Erdbeben verursachte schwere Schäden. Die Katholischen Könige ließen die Festung wieder aufbauen. Von hier oben aus regelte das Läuten einer Glocke, der *campana de la vela*, die Bewässerung der Felder der Umgebung.

Gemüsegarten Europas

In Ejida bei Almería wachsen unter einem Meer von Plastikplanen Gemüse aller Art: Auberginen, Gurken, Tomaten, Zucchini, Brockkoli, Bohnen, Paprikaschoten, Melonen, Kürbis, alles, was man für eine sommerliche Gemüsepfanne oder eine erfrischende *Porra antequerana* braucht, die hiesige Version der *Gazpacho*. Dass Gemüse auch reich machen kann, zeigt der prachtvolle Paseo de Nicolas Salmerón, die mit Palmen gesäumte Flanierallee Almerías am Meer. Beeindruckend sind an der Küste von Almería die Schwindel erregenden Klippen mit der herrlichen Aussicht. Unter Naturschutz steht das Cabo de Gata im östlichsten Teil der Provinz.

Nicht weit von der Provinzhauptstadt entfernt befindet sich in der Sierra de Alhamilla. Europas einzige echte Wüste, el Desierto de Tabernas. Sergio Leone nutzte sie als Drehort für seine Italo-Western, Teile des »Lawrence von Arabien« wurden ebenfalls hier gedreht. Eine großartige Landschaft, die im Licht der untergehenden Sonne in unzähligen Rotschattierungen prunkt. Jedoch keineswegs so wüst und trocken, wie man es sich vorstellt. Obwohl es im Jahr durchschnittlich nur 350 l/qm regnet, wachsen hier Oliven- und Mandelbäume, sogar einige wenige Weinfelder findet man. Die Bauern haben gelernt, mit dem wenigen Wasser auszukommen. Mit Recht wehren sie sich, dass ausgerechnet in dieser trockenen Zone Golfplätze für Touristen gebaut werden sollen. Für Naturfreunde ist die Sierra de Alhamilla ein Paradies. Neben duftenden Kräutern wie Majoran, Thymian oder Rosmarin und der wilden Olive kann man mit etwas Glück Königsadler oder Wanderfalken sehen und Spuren von Dachs, Wildschwein und Wiesel.

Fisch und Tapas

Almería ist einer der wichtigsten Fischerhäfen Andalusiens und eine der besten Gegenden für Tapas-Touren. Zahllose Kneipen bieten eine schier endlose Palette an Tapas wie *Patatas a lo pobre* (frittierte Kartoffelscheiben), *Habas con tocino* (Dicke Bohnen mit Speck und Knoblauch), *Chorizo* oder *Jamón de Trevélez*, die mit dem kräftigen Wein der Region oder einem kühlen Bier am besten schmecken. In den Stadtteilen Pescadería und El Alquián und am Cabo de Gata isst man besonders gern Fischtapas wie *Chupitos* (kleine frittierte Tintenfische), *Boquerones en vinagre* (Sardellen in Essigmarinade), *Gambas rojas a la plancha* (gegrillte rote Garnelen), *Jibia a la plancha* (gegrillter Tintenfisch). Almería kennt aber auch eine Vielzahl von Löffelgerichten, die man eher im Landesinnern vermuten würde. Suppen mit Kichererbsen und allerhand Gemüse, Lammragout mit Zimt, Honig und Kräutern gewürzt, Wildeintöpfe mit Pilzen, Fischsuppen nach Art von Almería wie *Caldo pimentón* (Paprikasuppe mit Fisch) oder *Sopa de moro* sowie Fisch und Meeresfrüchte in allen Variationen.

Die Alcazaba von Almería beherrscht mit ihren Mauern und Türmen die Stadt. Kalif Abderrahmann II. ließ die gewaltige Festung erbauen.

Almerías Hafen hat eine große Bedeutung als Handels- und Fischereihafen. Von hier aus werden insbesondere Obst und Gemüse nach ganz Europa verschifft.

Fischfang
ein Beruf für Frühaufsteher

Viele Hände sind notwendig, um den Fischkutter möglichst schnell zu entladen. Damit der Fisch auf dem Kutter frisch bleibt, wird er in Kühlräumen in Kisten auf Eis gelagert. Nach dem Einlaufen im Hafen wird der Fang in der Fischereibörse versteigert.

Wer Fische fangen will, muss früh aufstehen. Morgens um vier Uhr fahren die Fischkutter aus den Häfen von Almería, Málaga, Cádiz oder Huelva aufs Meer hinaus. Fünf- bis sechsmal am Tag werfen sie ihre großen Schleppnetze aus. Nach dem Einzug der Netze aufs Schiff wird der Fang gleich auf dem Kutter sortiert, in Kisten verpackt und im Laderaum gekühlt. Dann wird das Schiff geputzt und die Netze werden erneut ausgeworfen, ehe die Fischer wieder für eine Stunde Pause machen können.

Gegessen wird auch auf dem Schiff. Fisch natürlich. Koch ist der Fischer, der es am besten kann. Zum Frühstück gegen 11 Uhr gibt es gebratene fangfrische Fische. Mittags oft einen Eintopf aus Reis, Sepia und kleinen Fischen, mit Safran und Kräutern gewürzt. Ein guter Kapitän achtet darauf, dass seine Mannschaft während der Arbeit keinen Alkohol trinkt. Denn von der Fangquote hängt auch das Salär ab. Die eine Hälfte des Erlöses bekommt der Schiffseigner. Davon zahlt er die Kosten für das Schiff, den

Kühllastwagen verteilen den Fisch in ganz Spanien. Alles, was das Mittelmeer bietet, ist auf den farbenprächtigen andalusischen Fischmärkten und in den zahllosen Fischrestaurants an den Küsten zu finden. Hier die verführerische Auslage eines Restaurants.

Treibstoff sowie die Sozialversicherung der Fischer. Die andere Hälfte wird unter Kapitän und Mannschaft aufgeteilt.

Nach der Rückkehr in den Heimathafen findet am selben Abend (oder morgens ab sechs Uhr) in der Fischereibörse die Versteigerung statt. Der Privatmann muss auf der Zuschauertribüne bleiben. Versteigert wird nur en gros. Da heißt es Nerven behalten, denn versteigert wird rückwärts. Der Auktionator fängt mit dem Höchstpreis pro Kilogramm an, den der Reeder festgesetzt hat und rattert dann die Zahlen nach unten herunter. Passt der Preis dem Käufer, schreit er laut *»mío«*, und der Fisch gehört ihm. Heute ersetzt in großen Versteigerungshallen allerdings der Computer das interessante Schauspiel. Die Preise erscheinen auf einem Bildschirm. Der Käufer drückt nur noch den Knopf. Großhändler, Küchenchefs, Fischladenbesitzer und vor allem Zwischenhändler finden sich zu den Versteigerungen ein. Zwischenhändler sind auch dafür verantwortlich, dass zwischen dem Ersteigerungspreis und dem Endverkaufspreis ein deutlicher Unterschied liegt. Schon seit Jahren beklagen sich die Fischer, dass ihre Versteigerungserlöse kaum steigen, während der Fisch auf dem Markt für den Konsumenten immer teurer wird.

Tag und Nacht unterwegs

Pesca de bajura oder auch *pesca litoral* nennt man die Art, tagsüber Fische zu fangen. 90 % der spanischen Fischfangflotte besteht aus diesen Fischkuttern, die fast ausschließlich kleine Privatbetriebe sind. Ein eher männlicher Beruf, denn Frauen dürfen zwar Eigner von Fischkuttern sein, pflegen aber nicht die harte Arbeit des Fischers zu tun. Die Boote fahren früh aufs Meer, fischen in Küstennähe und kehren abends in den Heimathafen zurück. Sie fangen im Mittelmeer vor allem *boquerones* (Sardellen), Sepia, Rotbarben, Meerbarben, Seebarsche, Meeresfrüchte wie Gambas, *Galeras* und Krebse. Den Fischern im Golf von Cádiz gehen Steinbutt, Seezunge, Brasse, Dorade, *Pargo, Urta*, Schwertfisch, Seeteufel, Rotbarben und Heilbutt ins Netz. Unter den Meeresfrüchten sind besonders die famosen *gambas de Huelva* hervorzuheben, die *langostinos de Sanluúcar de Barrameda* (s. Seite 134) oder die enormen Krebse von San Fernando und die exquisiten, für die Gegend um Huelva typischen *coquinas* (Venusmuscheln).

Seeteufel, *Rape*, sieht nicht anziehend aus, ist aber ein beliebter Speisefisch, weil sein Fleisch beim Kochen schön weiß und fest bleibt.

Nachts unterwegs sind die Fischkutter, die *pesca de cerco* betreiben. Bei künstlichem Licht fangen sie mit rechteckigen Netzen Sardinen (*anchoas*), auch Tunfisch und dessen kleineren Bruder, den Bonito.
Viel länger unterwegs sind die Fischer, die auf *pesca de altura* oder *pesca oceánica* gehen. Weit vom Land entfernt, fischen sie oft vor der afrikanischen Küste, roten und weißen Tunfisch, Schwertfisch, Seehecht, Steinbutt, Kaisergranaten und Calamare. Mindestens drei Monate sind sie unterwegs. Meist fahren die Schiffe paarweise, d.h., eines der Schiffe ist der Transporter und kehrt alle 10 Tage in den Heimathafen zum Entladen zurück. Mittlerweile fischt das andere weiter. Diese Schiffe haben wenig mit dem tuckernden, romantischen Fischkutter zu tun, sondern sind schwimmende Fischfabriken, aufs modernste ausgestattet, mit Radar, um Fischschwärme aufspüren und Kühlzellen zum Aufbewahren des Fangs. Manche dieser Fischfangboote sind sogar für das Konservieren des Fisches und das Kochen der Gambas ausgerüstet.

Nicht alles ist Gold, was schuppig glänzt

Andalusien hat mehr als 900 Kilometer Küste. Almería und Málaga am Mittelmeer, Cádiz und Huelva am Atlantik sind die wichtigsten Fischereihäfen in Andalusien. Auch viele kleine Küstenorte entlang des Mittelmeeres und des Atlantik haben noch eine eigene Fangflotte. Spanien verfügt mit 11579 Booten über 18 % der in der EU registrierten Fischkutter. Fast 3000 davon sind in Andalusien registriert. 18000 direkte und 90000 indirekte Arbeitsplätze schafft der Fischfang in Andalusien. Doch heute kämpft die Fischerei mit Problemen. Fast 90 % der Fischkutter sind älter als 20 Jahre. Es gibt nach Meinung von Brüssel in Spanien zu viele Fischkutter. Eine Reduzierung würde das Ende eines jahrhunderte alten Berufstandes und Armut für viele Familien bedeuten.
Die Fischereierträge gehen zurück, weil die Fischgründe überfischt sind. Schon heute müssen rund 30 % des in Spanien verkauften Fischs importiert werden, obwohl die heimische Flotte rund 1,3 Millionen Tonnen Fisch im Jahr fängt. Die andalusischen Fischer fangen etwa 64000 Tonnen Fisch, 10700 Tonnen Muscheln und 3600 Tonnen Krustentiere. Zunehmend findet man vor den Küsten des Mittelmeeres auch *piscifactorias*, schwimmende Fischzuchtkäfige, in denen so begehrte Fische wie *lubina* (Seebarsch) und *dorada* (Goldbrasse) gezüchtet werden. Ihr Preis im Fischgeschäft ist deutlich niedriger, ihre Qualität leider auch. In Käfigen, die im Meer versenkt sind, werden besonders in den Provinzen Huelva und Cádiz auch Krustentiere wie *langostinos*, Langusten, *bogavantes* (Hummer), *camarónes* (Garnelen) und verschiedene Krebsarten kultiviert.

Fangfrisch auf den Tisch?

Es ist kein Wunder, dass Fisch eine wichtige Rolle in der andalusischen Küche spielt. Pro Kopf konsumiert der Spanier 45 kg Fisch im Jahr. Mit steigender Tendenz. Die Nordspanier und die Andalusier verzehren am meisten Fisch und Meeresfrüchte. Durch den Tourismus steigt der Verzehr an den Küstengebieten im Sommer explosionsartig an. Vielfach werden dann importierte Fische und Krustentiere angeboten. Denn wie Obst und Gemüse haben auch Fische und Meeresfrüchte ihre Saison. Die passt nicht immer ganz mit den Anforderungen des andalu-

Piscifactorias, die schwimmenden Fischzuchtkäfige, sind an den andalusischen Küsten mehr und mehr zu sehen. Mit der Fischzucht hofft man, das Problem der zu Ende gehenden Fischbestände lösen zu können. Unter ökologischen und geschmacklichen Aspektenbetrachtet, sind die Ergebnisse noch nicht befriedigend.

Die frisch geernteten Muscheln werden ordentlich in 5-Kilo-Netze verpackt und auf die schnelle Reise in die Fischläden geschickt.

Die langen, kuriosen Strumpfbandfische sind schmackhaft, haben aber viele Gräten. Man verwendet sie am besten für eine passierte Fischsuppe.

Meeresfrüchte, wie hier *cigalas* und *cangetes*, werden direkt vom Hafen auf den Tisch gebracht, auf der *plancha* gegrillt, in Olivenöl gebraten oder als Zugabe in einem leckeren Reisgericht.

In jeder andalusischen *pescadería* wird der Fisch auf Wunsch des Kunden ausgenommen (*limpiar*) und geschuppt (*escamar*).

sischen Marktes in der Hochsaison zusammen. Doch wer könnte schon dem Duft frisch gegrillter Gambas, einer würzigen Fischsuppe oder dem feinen Geschmack einer Dorade in Salzkruste widerstehen?

Das Ketchup der Römer

Seit Urzeiten verstehen es die Menschen, Fisch mit Salz haltbar zu machen. Meister darin waren bereits die Römer, die von der andalusischen Mittelmeerküste aus einen florierenden Handel mit eingesalzenen Fischen und vor allem der Fischsauce *garum* betrieben. Schon die Griechen exportierten sie seit dem 5. Jahrhundert v. Chr. als *garon* aus Gadir (Cádiz). Perfektioniert haben es dann die Römer. *Garum* wurde dort hergestellt, wo die Römer auch ihre Fische einsalzten. Sie nutzten die Fischabfälle, um ihr *garum* zu produzieren. Petronius zitiert in seinem Werk »Satiricón« ein Rezept zur Garumherstellung nach Gargilio Marcial: In eine große Amphore gibt man aromatische Kräuter wie Anis, Fenchel, Minze, Basilikum, Thymian und Oregano. Darüber kommt eine Schicht Fischabfälle und kleinerer Fische. Das Ganze wird mit einer dicken Schicht Meersalz abgedeckt. Sieben Tage bleibt es unberührt in der Sonne stehen. Weitere 20 Tage reift das *garum* unter häufigem Rühren in der Sonne. Der klare Saft, der nach dieser Prozedur abgesiebt wird, ist das *garum*. Der dicke Rest der übrigbleibt, das weniger geschätzte *allec*, ist von geringerer Qualität. Wie so eine *Garum*fabrik aussah, sieht man sehr eindrucksvoll im Freiluftmuseum in den Ruinen von Baelo Claudia in der Nähe der wunderschönen Bucht von Bolonia bei Tarifa. Fünf Fabriken gab es zur Blütezeit im 2. Jahrhundert n. Ch. in dieser Industriestadt.
Garum war ein so teures Produkt, dass Plinius sagen konnte, weder Parfüm noch Likör erreichten seinen Preis oder Ruf. Unter den Römern hatte *garum* sogar eine Art Herkunftsbezeichnung. Das *garum gaditanum* aus der Provinz Cádiz soll zu den aromatischsten und teuersten gehört haben. Noch heute sagt man in Cádiz, *»más caro que el garum«*, das ist teurer als *garum* zu einem unerschwinglichen Produkt. *Garum* verwendeten die Römer nahezu für alle Speisen, ungefähr so, wie heutzutage Ketchup benutzt wird. Oder die asiatische Fischsauce. Wegen des starken Geruchs musste ein römischer Koch schon sehr viel Fingerspitzengefühl haben, um das *garum* richtig zu dosieren.

Bis ins 16. Jahrhundert kannte man in Europa diese Fischsauce unter dem Namen *allex*. Auch manche andalusische Restaurants, die neue mediterrane Küche anbieten, würzen ihre Speisen mit etwas, was sie *garum* nennen. Meist handelt es sich jedoch um eine Paste aus schwarzen Oliven mit Anchovis und Kapern, von den Andalusiern *olivada* und den Südfranzosen *Tapenade* genannt.

Exotisch erscheinen uns die Mittelmeerfische, wie hier der Rote Drachenkopf. Sein spanischer Name ist *cabracho*. Er hat feines weißes Fleisch und ist bei Feinschmeckern sehr beliebt.

Gazpacho de aguacates

Gazpacho aus Avocados

Zubereitungszeit: 35 Min.
Kühlzeit: mindestens 1 Std.
Pro Person ca.: 615 kcal

Zutaten für 4 Personen:
3 reife Avocados
3–4 EL Zitronensaft
100 g Sahne
1 weiße Zwiebel
4 EL Olivenöl
4 EL Brandy (nach Belieben)
1/2 l kalte Fleischbrühe
Salz und frisch gemahlener weißer Pfeffer
1 Zweig Koriandergrün

Die Avocados halbieren und die Kerne entfernen. Das Fruchtfleisch mit einem Löffel herausholen und mit Zitronensaft pürieren. Die Sahne dazugeben, nochmal kurz durchmixen. Im Kühlschrank aufbewahren.

Die Zwiebel schälen und sehr fein hacken. Olivenöl in einer Pfanne erhitzen, die Zwiebel darin glasig dünsten. Mit Brandy ablöschen, 1 Tasse Fleischbrühe dazugeben und bei mittlerer Hitze 15 Min. schmoren. Vom Herd nehmen und etwas abkühlen lassen.

Die Avocadocreme mit der restlichen Fleischbrühe und der Zwiebel noch einmal mixen. Mit Salz und Pfeffer abschmecken. Im Kühlschrank mindestens 1 Std. kühlen. Vor dem Servieren den Koriander waschen, fein hacken und auf die Creme streuen.

Sopa del cuarto de hora

Viertelstundensuppe aus Muscheln, Garnelen und Reis (im Bild)

Zubereitungszeit: 35 Min.
Pro Person ca.: 390 kcal

Zutaten für 4 Personen:
2 Eier
300 g Venusmuscheln (*Almejas*)
250 Garnelen (*Gambas*)
250 g Heilbuttfilet
1 Tomate
50 g luftgetrockneter Schinken (*Jamón Serrano*)
1 kleine Zwiebel
4 EL Olivenöl
80 g Reis
100 g Erbsen (frisch gepalt oder tiefgekühlt)
Salz und frisch gemahlener weißer Pfeffer
1 Briefchen Safranpulver (0,125 g)
2 Stängel Petersilie

Die Eier hart kochen und kalt abschrecken.

Die Muscheln unter fließendem Wasser waschen. In einem flachen Topf in wenig Wasser kochen, bis sich alle geöffnet haben. Geschlossene wegwerfen. Den Sud durchsieben und aufheben. Die Muscheln auslösen.

Die Garnelen schälen. Den Heilbutt in Würfel schneiden.

Die Tomate waschen und auf einer feinen Gemüsereibe reiben. Den Schinken in kleine Würfel schneiden. Die Zwiebel schälen und fein hacken. In einem Topf das Öl erhitzen und die Zwiebel darin glasig braten. Die Schinkenwürfel zugedeckt 3 Min. mitbraten. Nun die geriebene Tomate dazugeben, gut umrühren und weitere 3 Min. schmoren.

Muschelsud, Muscheln, Garnelen, Reis, Erbsen und Safran dazugeben. Gut umrühren. Mit 1 l Wasser auffüllen, salzen und pfeffern. Die Suppe zugedeckt bei schwacher Hitze 15 Min. kochen. Dann die Fischwürfel dazugeben und 5 Min. ziehen lassen. Vor dem Servieren die Eier schälen, die Petersilie waschen. Beides fein hacken und auf die Suppe streuen.

Sopa de Semana Santa

Fastensuppe mit Fisch, Kartoffeln und Paprika (im Bild)

Zubereitungszeit: 1 Std.
Pro Person ca.: 515 kcal

Zutaten für 4 Personen:
1 kg gemischte Fische (Sardinen, Seehecht, etc.)
6 EL Olivenöl
1 Zwiebel, 2 Tomaten
1 getrocknete rote Paprikaschote
400 g Kartoffeln
1 Briefchen Safranpulver, Salz, 1/4 TL Kümmel
1 TL Paprikapulver, rosenscharf
frisch gemahlener weißer Pfeffer
2 grüne Paprikaschoten
150 g Fadennudeln

Die Fische waschen und gegebenenfalls putzen. 2 EL Olivenöl erhitzen und die Fische darin rundum in 5 Min. goldbraun braten.

Die Zwiebel schälen. Die Tomaten waschen und entkernen. Die getrocknete Paprikaschote entkernen. Alles fein hacken. 2 EL Olivenöl in einem Topf erhitzen, alles darin bei schwacher Hitze 10 Min. anschmoren. Vom Herd nehmen.

Die Kartoffeln schälen und in Stücke schneiden. Zu dem Zwiebelgemisch geben. Etwa 1 l Wasser auffüllen. Mit Safran, Salz, Kümmel, Paprika und Pfeffer würzen. 20 Min. kochen.

Inzwischen Paprikaschoten waschen, putzen und vierteln. 2 EL Öl erhitzen und die Paprika darin 10 Min. braten, dann herausnehmen.

Die Fadennudeln in die Suppe geben und nach Packungsangabe garen. Fische und Paprikaschoten in Stücke schneiden und in die Suppe geben. Noch 5 Min. erhitzen.

TIPP

Diese Fastensuppe wird in Almería am Karsamstag gekocht. Früher nahm man dafür den Bratfisch, der vom Karfreitag übrig war.

Sopa de hinojo

Fenchelsuppe mit Dicken Bohnen

Zubereitungszeit: 45 Min.
Pro Person ca.: 320 kcal

Zutaten für 4 Personen:
400 g Fenchelknollen
250 g Kartoffeln
2 Knoblauchzehen
4 EL Olivenöl
200 g enthülste Dicke Bohnen
1 TL Paprikapulver, rosenscharf
Salz und frisch gemahlener weißer Pfeffer
3–4 EL Zitronensaft

Fenchelknollen putzen und in Streifen schneiden. Das Fenchelgrün aufheben. Kartoffeln schälen und in Stücke schneiden. Knoblauch schälen und längs vierteln.

1 l Wasser zum Kochen bringen. Das Olivenöl in einem Topf erhitzen. Knoblauch darin kurz anbraten. Bohnen unter Rühren 3 Min. mitschmoren. Mit Paprika bestäuben und sofort das kochende Wasser dazugießen. Kartoffeln dazugeben. 10 Min. kochen. Dann den Fenchel dazugeben, weitere 15 Min. zugedeckt bei schwacher Hitze kochen. Wenn die Kartoffeln und der Fenchel weich sind, die Suppe mit Salz und Pfeffer würzen. Zitronensaft dazugeben. Mit gehacktem Fenchelgrün bestreut servieren.

Diese deftige Kartoffelsuppe mit getrocknetem rotem Paprika und Sardellen ist in der ganzen Provinz Málaga zu finden. Gelegentlich kommt vor dem Servieren noch etwas Saft von Bitterorangen dazu.

Porra antequerana *– seinen Namen hat das Gericht von der alten schönen Stadt Antequera im Norden der Provinz Málaga. Obwohl es in dieser Stadt kreiiert wurde, isst man diesen erfrischenden Salat mittlerweile in ganz Andalusien. Manchmal werden die Zutaten so fein gehackt, dass der Salat mehr einer dicken Gazpacho oder Salmorejo ähnelt.*

Porra antequerana

Tomatensalat mit Schinken

Zubereitungszeit: 30 Min.
Pro Person ca.: 455 kcal

Zutaten für 4 Personen:
3 Eier
750 g Tomaten
350 g grüne Paprikaschoten
2 Knoblauchzehen
4 Scheiben Weißbrot
6 EL Olivenöl
150 g luftgetrockneter Schinken (*Jamón Serrano*)
Salz und frisch gemahlener schwarzer Pfeffer
2 El Sherryessig

Die Eier hart kochen, kalt abschrecken, schälen und die Eigelbe auslösen. Die Eiweiße anderweitig verwenden. Die Tomaten kreuzweise einschneiden, in kochendes Wasser tauchen, häuten, vierteln und entkernen. Die Paprikaschoten putzen und längs in 3 cm breite Streifen schneiden. Den Knoblauch schälen und in dünne Scheiben schneiden.

Das Brot würfeln und in 2 EL Olivenöl goldbraun rösten. Den Schinken in kleine Würfel schneiden.

Gemüse und Brot gut mischen, leicht salzen und pfeffern. Aus 4 EL Olivenöl und Sherryessig eine Sauce rühren und über das Gemüse geben. Vorsichtig mischen.

Salat in einer Schüssel anrichten. Schinkenwürfel dazugeben. Harte Eigelbe zerbröseln, darüber streuen.

Caldo pimentón con boquerones

Paprika-Kartoffel-Suppe mit Sardellen

Zubereitungszeit: 45 Min.
Pro Person ca.: 360 kcal

Zutaten für 4 Personen:
500 g Sardellen (*boquerones*)
1 kg Kartoffeln
2 getrocknete rote Paprikaschoten
1 große reife Tomate
Salz
4 Knoblauchzehen
3 Zweige glatte Petersilie
8–10 Kümmelsamen
1 Briefchen Safranfäden (0,125 g)
4 EL Olivenöl
Salz und frisch gemahlener bunter Pfeffer

Von den Sardellen die Köpfe abschneiden, dabei die Eingeweide mit einem Ruck zum Fischbauch hin entfernen. Fische vorsichtig waschen und auf Küchenpapier legen.

Die Kartoffeln schälen und in 2 cm dicke Scheiben schneiden. Paprikaschoten öffnen, die Samen und die Stiele entfernen. Die Schoten in Streifen schneiden. Die Tomaten waschen, vierteln und entkernen.

1 l Salzwasser erhitzen, Kartoffeln und Paprika darin bei mittlerer Hitze 15–20 Min. kochen. Die Tomate dazugeben und 5 Min. mitkochen.

Inzwischen den Knoblauch schälen. Die Petersilie waschen und grob hacken. Zusammen mit Kümmel, etwas Salz und Safranfäden im Mörser fein zerstoßen oder pürieren. Dann mit dem Olivenöl verrühren.

Sardellen und Paste zur Suppe geben. Mit Salz und Pfeffer abschmecken. Bei schwacher Hitze etwa 5 Min. ziehen lassen. Mit kühlem Weißwein und knusprigem Weißbrot servieren.

Variante:
Die Paprikasuppe schmeckt auch mit Koriander- oder Basilikumblättchen bestreut gut.

Tomates horneados

Ofentomaten mit Frischkäse (im Bild hinten)

Zubereitungszeit: 20 Min.
Garzeit: 20–30 Min.
Pro Person ca.: 295 kcal

Zutaten für 4 Personen:
8 mittelgroße Tomaten
2 Knoblauchzehen
1 frische Chilischote
1 Bund Koriandergrün
1/2 Bund glatte Petersilie
200 g Ziegenfrischkäse (ersatzweise Feta in Öl)
Salz und frisch gemahlener schwarzer Pfeffer
4 EL Semmelbrösel
4–5 EL Olivenöl

Die Tomaten waschen und oben einen kleinen Deckel abschneiden. Tomaten vorsichtig aushöhlen und umgekehrt auf Küchenpapier stellen. Den Backofen auf 180° vorheizen.

Den Knoblauch schälen. Die Chilischote aufschneiden, Kerne und Stielansatz entfernen. Koriander und Petersilie waschen. Alles fein hacken und in eine Schüssel geben. Den Käse klein würfeln. Alles mischen, mit Salz und Pfeffer würzen.

Tomaten mit der Käse-Kräuter-Farce füllen. Mit Semmelbröseln bestreuen und mit Olivenöl beträufeln. In eine geölte feuerfeste Form setzen. Im Backofen (Mitte, Umluft 160°) 20-30 Min. backen, bis eine braune Kruste entsteht.

TIPPS

Wenn Sie Feta verwenden, die Farce nur sparsam oder gar nicht salzen. Vorsicht beim Umgang mit Chilischoten! Die Hände nach der Verarbeitung der Schote gründlich waschen.

Cardos con almejas y gambas

Karden mit Muscheln und Garnelen (im Bild vorne)

Zubereitungszeit: 1 Std. 10 Min.
Pro Person ca.: 215 kcal

Zutaten für 4 Personen:
4 EL Zitronensaft
1 kg Karden (s. TIPP)
50 ml Milch
2 Knoblauchzehen, 1 Zwiebel
150 g Garnelen (*Gambas*)
150 g Venusmuscheln (*Almejas*)
4 EL Olivenöl
1/8 l trockener Weißwein (Montilla-Moriles)
1 EL Sherryessig, 1 TL Paprikapulver, edelsüß
1/4 l Fischbrühe
Salz und frisch gemahlener Pfeffer

Den Zitronensaft in 1 l Wasser geben. Die Karden gut waschen. Alle stacheligen und harten Teile wegschneiden. Karden in 5 cm lange Stücke schneiden und sofort ins Zitronenwasser legen, damit sie nicht schwarz werden.

2 l Wasser mit der Milch zum Kochen bringen, Karden darin 45 Min. kochen. Abschütten und abtropfen lassen.

In der Zwischenzeit Knoblauch und Zwiebel schälen und fein hacken. Garnelen schälen. Muscheln gut unter fließendem Wasser waschen. Olivenöl in einer Pfanne erhitzen. Zwiebel und Knoblauch darin 4–5 Min. goldbraun anbraten. Wein und Essig dazugeben. Mit Paprika würzen. 5 Min. einkochen. Muscheln und Garnelen dazugeben und zugedeckt bei schwacher Hitze 5–10 Min. kochen, bis sich die Muscheln öffnen.

Karden und Fischfond zugeben. Mit Salz und Pfeffer abschmecken. Zugedeckt 10 Min. kochen. Geschlossene Muscheln wegwerfen, das Gericht sehr heiß servieren.

TIPP

Karden können durch Staudensellerie ersetzt werden. Die Kochzeit verringert sich dann um 15 Min.

Frutas y verduras
Das Land der blühenden Gärten

Andalusien ist nach Valencia das zweitgrößte Anbaugebiet Spaniens für Zitrusfrüchte. Ab Ende September sind die ersten Mandarinen und Orangen reif. Die Früchte färben sich erst so schön orangegold, wenn der Temperaturunterschied zwischen Tag und Nacht mindestens 15° beträgt.

Andalusien ist der Obstgarten Spaniens. Dank des günstigen Klimas gibt es mehrere Ernten im Jahr. Ein Drittel des gesamten spanischen Obst- und Gemüseexports entfällt auf Andalusien. Im Garten Spaniens reifen alle Arten von Früchten und Gemüse: viele davon brachten die Mauren mit. Sie verbesserten die Anbautechniken, veredelten Pflanzen, aber vor allem war es ihr geniales Bewässerungssystem, das Andalusien zum Blühen brachte. Noch heute wird in vielen Regionen Andalusiens nach der alten Technik der Mauren Obst und Gemüse kultiviert und bewässert. Im Laufe der Zeit kamen neue Pflanzen hinzu, die die traditionellen zum Teil ersetzten. Wegen des steigenden Anbaus von Pfirsichen, Nektarinen, Pflaumen und Zitrusfrüchten, wird die deliziöse Damaszener-Aprikose heute wesentlich seltener angebaut. Neben Zitronen, die praktisch das ganze Jahr über geerntet werden können, produziert Andalusien große Mengen Orangen und konkurriert hier inzwischen mit Valencia. Auch die Orangen sind

Rund um Huelva befindet sich das größte Erdbeeranbaugebiet Europas. Alljährlich muss der Erdbeersektor von Huelva Millionen Dollars nach Kalifornien bezahlen, denn die *Fresa de Huelva* hat amerikanisches Copyright. Wie die Erdbeeren werden Auberginen, Paprika und Tomaten im andalusischen Gemüsegarten von der Sonne verwöhnt. Mehr als 3000 Sonnenstunden genießen sie im Jahr.

ein Geschenk der Mauren. Sie pflanzten Bitterorangenbäume, die sie als Zierpflanzen benutzten und deren Saft eine wichtige Rolle in der Küche spielt. Ohne ihn würde die *Sopa de perro* nicht halb so gut schmecken. Dank der andalusischen Orangen steht Spanien beim Orangenexport an erster Stelle.

Die Hauptproduktionszonen sind das Tal des Guadalquivir zwischen Córdoba und Sevilla und das Tal von Andarax am Fuß der Sierra de Nevada. Im März, wenn die Orangenbäume blühen, liegt ein betäubender Duft nach Orangenblüten über den Tälern. Die früh reifende Navel ist vor der Navelina und der Washington die meist angebaute Orange.

Der Granatapfelbaum, das Wahrzeichen von al-Andalus

Der Granatapfelbaum, der fast gleichzeitig mit leuchtend orangeroten Blüten und seinen interessanten Früchten prunkt, ist aus den andalusischen Gärten nicht wegzudenken.

Nur kurze Zeit, im September und im Oktober, kommen frische Feigen auf den Markt.

In dem idealen Klima gedeihen auch Pfirsiche und Melonen, die von China über Persien und Griechenland nach Andalusien kamen. Die berühmtesten und schmackhaftesten Melonen wachsen in der Provinz Granada. Bedeutend ist Andalusien als Erdbeerproduzent. Halb Europa wird mit andalusischen Erdbeeren beliefert. Das wichtigste Anbaugebiet befindet sich im äußersten Westen Andalusiens, in Huelva. Leider wurde in den vergangenen Jahren die Größe der Erdbeeren wichtiger als der Geschmack. Die wohlschmeckenden, aber kleineren europäischen Sorten wurden nach und nach durch die riesigen, jedoch ziemlich faden kalifornischen Sorten ersetzt.

Berühmt sind die Kirschen von La Yedra in der Provinz Jaén. In Cazorla wird alljährlich am 14. und 15. Mai der Dorfheilige San Isico Obispo von seiner *Ermita* durch den Ort getragen. In der Hand hält er einen Zweig mit den ersten Kirschen der Saison. In der Sierra de Cazorla, einem waldreichen Naturpark und Jagdgebiet, wachsen auch Pflaumen, alle Arten von Birnen und Esskastanien.

Costa Tropical

Fast noch ein exotischer Geheimtipp ist die Costa Tropical, ein rund 103 km langes Stückchen Küste zwischen Almuñecar und La Rábita, mit Dutzenden von herrlichen Stränden und kleinen Buchten mit kristallklarem Wasser. Hohe Berge schützen gegen die kalten Nordwinde.

Die Costa Tropical ist eigentlich der Strand der Provinz Granada. 320 Tage Sonnenschein und eine durchschnittliche Jahrestemperatur von 20° verspricht jeder Reiseführer – zu Recht. Wer im Frühjahr Ferien an der Costa Tropical macht, hat mit etwas Glück doppelten Spaß: Morgens Skifahren in der Sierra Nevada und nachmittags im blauen Mittelmeer bei Salobreña oder Motril baden.

Das ganzjährig außergewöhnlich günstige Klima erlaubt, dass hier seit etwa 200 Jahren subtropische Früchte kultiviert werden. Hier gedeihen exotische Köstlichkeiten wie Cherimoya, Mango, Avocado, Guayaba, Papaya, Zitrusfrüchte, Nisperos, verwöhnt von der Sonne und bewässert vom Schmelzwasser der Sierra Nevada, das vor allem der Río Guadalafeo bringt. In ganz Europa gibt es nichts Vergleichbares.

19 Dörfer machen das tropische Europa aus. Circa 1000 v. Ch. gründeten die Phönizier unter dem Namen *Sexi* den Ort Almuñecar. Hier stehen friedlich vereint eine ehemalige römische *Garum*fabrik, fünf Bögen eines römischen Viadukts und ein maurisches Kastell. Im Sommer wird in Almuñecar ein legendäres Jazzfestival veranstaltet. Salobreña könnte sich der Besucher als riesigen Berg aus Zuckerwürfeln vorstellen. Die kleinen, weiß gekalkten, kubischen Häuschen drängen sich auf einem Hügel am Meer, gekrönt von einem maurischen Kastell. Von hier aus hat man einen wunderbaren Blick über die weiße Sierra Nevada, das blaue Mittelmeer und eine fruchtbare, grüne Landschaft. Die Assoziation zu Zuckerwürfeln hat ihren Grund. Bis vor kurzem wurde in Salobreña noch Zuckerrohr angebaut, eine uralte Tradition, die von den Mauren begonnen wurde. Sie pflanzten das Zuckerrohr an, benutzten es zunächst als Süßigkeit und später als *miel de caña*, Zuckerrohrhonig, zum Süßen ihrer Speisen. Als einzige Zuckerfabrik ist die Fábrica Nuestra Señora del Rosario noch in Betrieb. Die Tage der Rumfabrik Ron Bermúdez, die einzige in Europa, die Rum aus Zuckerrohr herstellt, und die der historischen Zuckerfabrik Azucarera San Francisco sind gezählt. Die billigere kubanische Konkurrenz und die ungebremste Bautätigkeit machen einer fast 1000 Jahre alten landwirtschaftlichen Kultur ein Ende. In Kürze werden die schönen alten Gebäude abgerissen, weil sie 450 Wohnungen weichen müssen.

Ruta de las Azucareras

Motril ist nach Granada die größte Stadt in der Provinz. Die Kirche Nuestra Señora de la Cabeza wurde auf dem antiken Sommerpalast der Königin Aischa gebaut, der Mutter des unglücklichen Boabdil, des letzten Nasriden-Königs in Granada. Damit nicht die ganze Tradition der Zuckerfabriken in Vergessenheit gerät, hat das Rathaus von Motril die Zuckerstraße, »Ruta de la Azucareras« und ein Zuckermuseum eingerichtet. Sie beginnt in Salobreña in der »Fábrica Nuestra Señora del Rosario«. Es geht weiter landeinwärts entlang des Kanals von Salobreña nach La Melochera, wo heute Alkohol hergestellt wird. In Motril kann man die wunderschön restaurierte Fábrica de Almudena anschauen, ein großartiges Architekturbeispiel der Zuckerkultur und die Rumdestillerie Fábrica de San Luis, in der sämtliche alten Destillierinstallationen erhalten sind.

Aromatisch, saftig und samtig sind die andalusischen Aprikosen. Trotz Modernisierung führt bei der Ernte an der Handarbeit nichts vorbei. Die sehr empfindlichen Aprikosen müssen nach wie vor von Hand gepflückt werden.

Frutos secos nennen die Andalusier Nüsse, Mandeln, Sonnenblumen- und Pinienkerne und Trockenobst. Geröstete Mandeln, *almendras tostadas*, und gesalzene Sonnenblumenkerne, *pipas*, sind sehr beliebt zum Knabbern zwischendurch oder als Tapa.

Dem Geschmack der Zeit entsprechend werden Paprikaschoten in allen Farben kultiviert.

Geschützt und bei immer optimaler Temperatur unter den Plastikplanen wachsen rund um Almería allerlei Gemüse wie hier die Tomaten.

Bei Hitze sieht die Landschaft um El Ejido aus wie ein waberndes Meer. Die *invernaderos de plástico* sind in letzter Zeit aus ökologischen Gründen stark ins Zwielicht geraten.

Feigen, Nuss- und Mandelkern

Sehr bedeutend ist in Andalusien auch die Produktion von *frutos secos*: Mandeln, Feigen, Walnüssen und der bekannten Malagarosinen. Auf der wunderschönen »Ruta de la Pasa«, die von Moclinejo bei Málaga durch sechs verträumte, mit Blumen geschmückte weiße Dörfer führt, kann man vor Ort sehen, dass die Malagarosinen D.O. auch heute noch nach traditioneller Art hergestellt werden: Auf großen Matten trocknen sie in der andalusischen Sonne. Interessant ist das kleine Rosinenmuseum »Museo de la pasa« in Almáchar. Die ideale Zeit für die Rosinenstraße ist der September. Am ersten Samstag im September findet in Almáchar auch die *Fiesta de ajo-blanco* statt. Besucher dürfen die köstliche kalte Mandelsuppe gratis probieren.

In Huelva, in der Sierra de Granada und der Serranía de Ronda wachsen ausgezeichnete Esskastanien, die zum Teil getrocknet und gemahlen als Mehl für Süßspeisen verwendet werden. Nicht zu vergessen der ausgezeichnete Orangen- und Mandelblüten-, Rosmarin- oder Tausendblütenhonig, der vor allem in den Provinzen Granada und Jaén produziert wird.

Der Gemüsegarten Europas

Es gibt kaum eine Region in Andalusien, in der kein Gemüse angebaut wird. Auf dem fruchtbaren Ackerboden des Guadalquivir bei Córdoba wachsen Getreide und Hülsenfrüchte, Frühbohnen und Artischocken. Besonders geschätzt ist der Spargel von Córdoba. In Granada und Jaén werden Brokkoli, Rot- und Weißkohl, Blumenkohl, Dicke Bohnen, Kartoffeln und Möhren angebaut. Im Flusstal des Guadalquivir bei Sevilla kultivieren die Andalusier Reis; an der Costa Tropical bei Salobreña und Motril findet man noch Zuckerrohr. Selbst im kleinsten andalusischen Dorf bietet der Wochenmarkt Obst und Gemüse in Hülle und Fülle.

Agrikultur unter Plastikfolien

An eine Fata Morgana glaubt man, wenn man von Almería in Richtung Málaga fährt. Das was rund um El Ejido auf den ersten Blick wie in der Hitze wabernde Seen aussieht, sind nichts anderes als *invernaderos*, Plastikfolien über riesigen Gemüsefeldern. Der Gemüsegarten Europas wird diese Gegend auch genannt. Das Klima und die Kultur unter Folien ermöglichen Ernten rund ums Jahr. Tomaten, Auberginen, Gurken, Bohnen, Brokkoli, Artischocken, Paprikaschoten, grüne Bohnen, Peperoni, Melonen, Zucchini, Kürbisse, Kohl in allen Farben, hier wächst alles und das mehrmals im Jahr. Unter einer Plastikfolie von 70 x 15 Kilometern findet die größte Gemüseproduktion der Welt statt. Die jährliche Ernte, rund drei Milliarden Tonnen, würde die Autobahn von Madrid bis nach Barcelona bedecken, die Gewächshäuser aneinander gereiht von Almería bis nach Berlin reichen. Die Plastikkultur konzentriert sich auf sieben Dörfer: El Ejido, Adra, Roquetas de Mar, Vicar, Níjar, Berja und La Mojonera. Das Gemeindegebiet von La Mojonera ist zu 60 % von Plastik bedeckt. Von 192000 Menschen im aktiven Arbeitsleben sind 115000 in der Agrikultur und der dazugehörigen Industrie tätig. Mehr als 50 % der Einwohner der Provinz Almería leben von den Gewächshäusern. Der Großteil der Ernte, fast 80 %, wird nach Deutschland und Frankreich exportiert.

Garten Eden mit Fehlern

Was vor Jahren noch als reine Goldgrube erschien, gerät mehr und mehr ins Zwielicht. Das Wirtschaftswunder war nur möglich auf Kosten unbezahlbarer Umweltschäden. In den 1990er-Jahren setzte in Almería ein Umdenken ein. Langsam noch, aber doch bemerkbar. Von 54 ökologischen Betrieben in Andalusien lagen 2003 bereits 36 in der Provinz Almería. Justo Sánchez, bis vor neun Jahren noch einer der Plastikanbauer von Almería, verkaufte aus Gesundheitsgründen alles und baut heute im Valle de Andarax ökologischen Wein an. »Es war barbarisch, was wir mit chemischen Produkten machten. Das Schlimmste war jedoch, dass es uns keiner sagte. Trink das nicht, hieß es und wir spritzten drei- bis viermal am Tag in den invernaderos, während gleichzeitig die Familie das Gemüse erntete. Früher oder später werden wir dafür bezahlen.«

Wenn wir uns nicht zusammentun, sagen die Bauern, dann haben wir keine Zukunft mehr. Sie sind bestrebt, dass ihre Gemüse wieder Qualitätsprodukte werden. »Wir wollen nicht unbedingt alle ökologische Bauern werden, aber zumindest wollen wir unsere Produkte so anbauen, dass wir mit der Umwelt respektvoll umgehen«, erklärt Juan Colomina, Geschäftsführer der Coexpahl, ein Zusammenschluss von 80 agrarischen Kooperativen.

Pimientos secos, getrocknete Paprikaschoten sind für die andalusische Küche unverzichtbar.

Der Granatapfel mit seinen vielen Kernen ist das Wahrzeichen der Mauren sowie der Stadt Granada.

Ensalada de escarola con almendras

Endiviensalat mit Mandeln und Granatapfel

Zubereitungszeit: 30 Min.
Pro Person ca.: 220 kcal

Zutaten für 4 Personen:
1 Endiviensalat
1 reifer Granatapfel
50 g Mandelblättchen
4 EL Olivenöl
Meersalz
2 Knoblauchzehen
2 EL guter Weinessig (schön wäre Pedro-Ximénez-Essig, ersatzweise Aceto Balsamico)

Den Endiviensalat grob zerschneiden, waschen und trockenschleudern. Auf einer großen Platte verteilen.

Den Granatapfel halbieren, die Kerne auslösen und über dem Endiviensalat verteilen.

Die Mandelblättchen in 1 El Olivenöl in einer Pfanne goldbraun rösten, dabei mit etwas Meersalz bestreuen.

Den Knoblauch schälen, in feine Scheiben schneiden und bei sehr schwacher Hitze in 3 EL Olivenöl goldbraun rösten. Vorsicht, denn Knoblauch verbrennt leicht. Mit Essig ablöschen und über den Salat geben.

Die warmen Mandelblättchen über dem Salat verteilen. Sofort servieren. Dazu schmeckt ein kräftiger Rotwein.

Variante:

Statt Endiviensalat können Sie auch Chicorée oder Eichblattsalat nehmen. In diesem Fall den Salat nur waschen und trockenschleudern, aber nicht zerschneiden.

Verduras a la sartén

Maurische Gemüsepfanne (im Bild)

Zubereitungszeit: 1 Std.
Pro Person ca.: 365 kcal

Zutaten für 4 Personen:
150 g Zucchini
1 Aubergine (ca. 200 g)
150 g gelber Kürbis
350 g Portulak (oder Spinat)
250 g Mangold
2 EL Rosinen (Málagarosinen, falls vorhanden)
Salz
4 Knoblauchzehen
1/2 kleine Zwiebel
1/2 TL Kümmel
je 1 TL Koriander- und Fenchelkörner
6–8 EL Olivenöl
je 4 Zweige Minze und Koriandergrün
2 EL Semmelbrösel
frisch gemahlener bunter Pfeffer
4 Eier

Zucchini und Aubergine waschen und putzen. Den Kürbis schälen und putzen, in 2 cm große Würfel schneiden. Portulak und Mangold putzen, waschen, trockenschleudern und in 1 cm breite Streifen schneiden. Mit den Rosinen in 1 l kochendes Salzwasser geben und 15 Min. bei mittlerer Hitze kochen. In ein Sieb schütten und abtropfen lassen.

Inzwischen Knoblauch und Zwiebel schälen und fein hacken. Kümmel, Koriander und Fenchel im Mörser etwas zerstoßen. Olivenöl in einem Topf erhitzen und alles darin 3–5 Min. anschmoren. Vom Herd nehmen.

Koriander und Minze waschen und in feine Streifen schneiden.

Das Gemüse in den Topf geben. Semmelbrösel unterrühren, salzen und pfeffern. Die Eier einzeln in einen Suppenlöffel aufschlagen und vorsichtig in das Gemüse setzen. Zugedeckt bei schwacher Hitze 10 Min. kochen, bis die Eier gestockt sind. Mit Minze und Koriander bestreut servieren.

Fischtapas

Boquerones marinados – Marinierte Sardellen (im Bild vorne links)

400 g in Essig eingelegt Sardellen (*boquerones*; Fertigprodukt) aus der Marinade nehmen und abtropfen lassen. In eine Schüssel legen, leicht salzen und pfeffern. 2–3 Knoblauchzehen schälen. 1 Bund Petersilie waschen, abtrocknen und die Blättchen abzupfen. Petersilie und Knoblauch fein hacken. Mit den Boquerones mischen. 6 EL Olivenöl darüber träufeln. Die Sardellen zugedeckt im Kühlschrank 1 Std. ziehen lassen.

Gambas al ajillo – Garnelen in Knoblauch (im Bild hinten rechts)

400 g rohe Garnelen in der Schale, wenn nötig, auftauen lassen und schälen. 5 Knoblauchzehen schälen und halbieren. 1/8 l Olivenöl in einer Pfanne erhitzen. Garnelen, Knoblauch und 2 rote getrocknete Chilischoten darin bei starker Hitze 5 Min. braten. Garnelen sofort servieren. Dazu schmeckt frisches Baguette.

Croquetas con pescado – Kartoffelkroketten mit Fisch (im Bild Mitte)

300 g mehlig kochende Kartoffeln kochen, schälen und zerstampfen. 400 g Fischfilet abspülen und fein hacken. 100 g luftgetrockneten Schinken (*Jamón Serrano*) fein schneiden. 1 Bund Petersilie waschen, trockentupfen und die Blättchen fein hacken. Kartoffeln mit Fisch, Schinken, Petersilie, Salz, Pfeffer, 1 Eigelb, Muskatnuss und 1–2 EL Brandy (nach Geschmack) mischen, so viel Mehl dazugeben, dass der Teig recht fest ist. Den Teig mit feuchten Händen zu länglichen Kroketten formen. 1 Ei verquirlen. Die Kroketten erst in Ei, dann in Semmelbröseln wälzen. In sehr heißem Olivenöl portionsweise in ca. 5 Min. goldbraun frittieren. Auf Küchenpapier entfetten. Warm mit ein paar Tropfen Zitronensaft beträufelt servieren.

Pincho de anchoas con queso – Toast mit Anchovis und Käse (im Bild hinten links)

1/2 rote und 1/2 grüne Paprikaschote waschen, putzen und in feine Streifen schneiden. 1–2 EL Olivenöl erhitzen, die Paprika darin bei mittlerer Hitze in 5–10 Min. weich braten. Auf Küchenpapier abtropfen lassen. 1 Tomate waschen und in feine Scheiben schneiden. 4 Scheiben Toastbrot toasten, die Tomatenscheiben darauf verteilen. 4 Scheiben Manchego (milder Schafkäse) darüber legen, darauf die Paprikastreifen. Zum Schluss Anchovisfilets kreuzweise darüber legen. Mit Pfeffer würzen.

Sardinas con mango – Sardinen mit Mangostreifen

Den Backofen auf 120° vorheizen. Pro Person 2 ganze Sardinen auf ein Backblech legen. Mit grobem Meersalz bestreuen. Im Backofen 6–8 Min. backen. Herausnehmen und das Salz etwas entfernen. Die Köpfe abschneiden und die Sardinenfilets aus den Häuten lösen. Auf einen Teller legen. 1 Mango schälen und mit dem Gurkenhobel in feinen Scheiben vom Kern schneiden. Auf den Sardinenfilets verteilen. Aus 2 EL gutem Weißweinessig, frisch gemahlenem weißem Pfeffer und 3 EL Olivenöl eine Vinaigrette rühren. Über den Fisch träufeln. Die Tapa mit ein paar frischen Minzeblättchen dekorieren.

Anchoas con datiles – Sardellen mit Datteln

12 Datteln ca. 2 Std. in 2–3 EL Olivenöl einlegen. Herausnehmen und schälen. Datteln halbieren und auf einem Teller verteilen. 50 g in ÖL eingelegte Anchovis abtropfen lassen. Die Filets halbieren und je 1/2 Filet auf 1 Dattelhälfte legen. 1 EL Granatäpfelkerne darüber verteilen. Aus 1 EL Balsamicoessig und 2 EL Einweichöl von den Datteln eine Vinaigrette rühren und über die Anchovis träufeln. Mit frischen Oreganoblättchen bestreut servieren.

Typisch andalusisch ist die Kombination von Fisch und süßen Orangen. Sollten die Orangen ausnahmsweise recht sauer sein, bestreuen Sie sie nicht mit Zucker, sondern mit etwas Salz.

Wolfsbarsch *ist ein Fisch mit zartem, wohlschmeckendem Fleisch. Sein spanischer Name ist Lubina, er wird auch oft unter seinem französischen Namen »Loup de Mer« gehandelt. Durch das Marinieren mit Orangen- und Zitronensaft wie in unserem Rezept wird das Fleisch fester. Lubina wird gern im Ofen gebacken oder auch für Fisch in Salzkruste verwendet.*

Lubinas con naranjas

Wolfsbarsch mit Orangen

Zubereitungszeit: 10 Min.
Marinierzeit: 40 Min.
Backzeit: 30 Min.
Pro Person ca.: 445 kcal

Zutaten für 4 Personen:
4 kleine Wolfsbarsche à 400 g
Salz und frisch gemahlener weißer Pfeffer
2 Zitronen
6 Orangen, davon 3 Bio-Früchte
4 Zweige glatte Petersilie
1/8 l Olivenöl
20 g Pinienkerne

Die Fische ausnehmen, waschen und abtrocknen. Innen und außen salzen und pfeffern. In eine tiefe Schüssel legen.

Die Zitronen und 3 Orangen auspressen. Die Petersilie waschen und fein hacken. Beides in einer Schüssel mit dem Olivenöl mischen. Über die Fische gießen und zugedeckt im Kühlschrank 40 Min. marinieren.

Backofen auf 180° vorheizen. Eine feuerfeste Form mit Olivenöl einpinseln. Fische darauf legen. Die Bio-Orangen heiß waschen, in Scheiben schneiden und auf die Lubinas legen. Die Fische im Backofen (Mitte, Umluft 160°) 20 Min. backen. Ab und zu mit Marinade begießen.

Fische aus dem Backofen nehmen. Mit Pinienkernen bestreuen und noch einmal 10 Min. backen.

TIPP

Servieren Sie die *Lubinas* mit Kartoffelbrei. Besonders fein wird der, wenn Sie 1 Hand voll Mandelblättchen in etwas Butter goldbraun rösten und darüber streuen.

Variante:
Lubina en papillote con tomates marinados
Für Wolfsbarsch mit marinierten Tomaten 300 g reife Tomaten schälen und fein hacken. 2 Zweige Basilikum sehr fein schneiden. Beides mit 1 fein gehackten Schalotte und 1/2 durchgepressten Knoblauchzehe, 1 TL Sherryessig und 4 EL Olivenöl mischen. Zugedeckt im Kühlschrank 48 Std. marinieren. 4 Scheiben Wolfsbarsch (3 cm dick) auf je 1 Stück Alufolie legen, leicht salzen und mit je 1/2 Orangen- und Zitronenscheibe, 1/2 Lorbeerblatt und 1 Basilikumblatt belegen, die Folie gut verschließen. Das Päckchen in den vorgeheizten Backofen schieben und bei 200° (Umluft 180°) 15–20 Min. backen. Die Fische mit den marinierten Tomaten servieren.

Ensalada de naranjas y caballa

Orangensalat mit Makrelenfilets

Zubereitungszeit: 20 Min.
Pro Person ca.: 230 kcal

Zutaten für 4 Personen:
4 große Orangen
200 g in Öl eingelegte Makrelenfilets
1 kleine weiße Zwiebel (oder junge Zwiebeln mit Grün)
1 Knoblauchzehe, Salz
1 EL Sherryessig
1 TL Kreuzkümmel
3 EL Olivenöl

Orangen sorgfältig schälen, dabei auch den weißen Bast entfernen. In feine Scheiben schneiden. Die Scheiben vierteln und auf einer großen Platte anrichten.

Die Makrelenfilets gut abtropfen lassen. Zwiebel und Knoblauch schälen und fein hacken. Über die Orangen streuen. Makrelen darauf verteilen.

Aus Salz, Sherryessig, Kreuzkümmel und Olivenöl eine Sauce rühren. Über den Salat träufeln.

Die Leute aus Almería *sagen, es gebe nichts Besseres an kühlen Tagen als einen Teller mit Spiegelei oder Fleisch oder Fisch und dazu Patatas a lo pobre. Ursprünglich ein Arme-Leute-Gericht, erfreut es sich heute als Tapa, Hauptgericht oder Beilage wieder großer Beliebheit. Man findet die saftigen Kartoffeln mit dem leichten Paprikageschmack vor allem im gebirgigen Landesinneren von Andalusien.*

Pescado blanco en ajillo

Fischpfanne mit Knoblauch (im Bild vorne)

Zubereitungszeit: 35 Min.
Pro Person ca.: 425 kcal

Zutaten für 4 Personen:
1 kg gemischte kleinere Fische (Sardinen, Sardellen, Meerbarben etc.)
Zitronensaft, 8 EL Olivenöl
Salz und frisch gemahlener schwarzer Pfeffer
4 Knoblauchzehen, 1/2 Bund glatte Petersilie
4 EL Weißweinessig

Backofen auf 160° vorheizen. Die Fische, falls nötig, ausnehmen, innen und außen waschen. Mit Küchenpapier abtrocknen. An der Seite kleine Einschnitte machen. Fische in eine feuerfeste Form legen, mit Zitronensaft und 4 EL Olivenöl beträufeln, salzen und pfeffern. Im Backofen (Mitte, Umluft 140°) 30 Min. backen.

Inzwischen den Knoblauch schälen. Die Petersilie waschen, beides fein hacken. 4 EL Olivenöl erhitzen, beides darin 3 Min. anschwitzen. Den Essig dazugeben und 5 Min. bei schwacher Hitze schmoren.

Wenn der Fisch gar ist, die Sauce darüber gießen. Dazu passen *Patatas a lo pobre* oder ein kräftiges Landbrot und ein kühles Bier sehr gut.

TIPP

Das ist ein traditionelles Fischergericht, das in jedem Ort der Küste von Almería zu finden ist. Die Fischersfrauen verwendeten ursprünglich dafür alle kleinen Fische, die sich schlecht verkaufen ließen.

Patatas a lo pobre

Bratkartoffeln mit Paprikaschoten (im Bild hinten)

Zubereitungszeit: 40 Min.
Pro Person ca.: 340 kcal

Zutaten für 4 Personen:
1 kg Kartoffeln
je 1 grüne und rote Paprikaschote
1 Zwiebel
2 Tomaten
1/4 l Olivenöl
1 TL Kümmel (nach Geschmack)
Salz
2 Knoblauchzehen
1/2 Bund glatte Petersilie
2 EL Rotweinessig

Die Kartoffeln schälen und in feine Scheiben schneiden. Die Paprikaschoten waschen, putzen, in feine Streifen schneiden. Die Zwiebel schälen, halbieren und in feine Scheiben schneiden. Die Tomaten kurz brühen, häuten, entkernen und klein schneiden.

Reichlich Olivenöl erhitzen und die Kartoffeln darin bei schwacher Hitze 10 Min. braten.

Zwiebel, Tomaten und Paprika 10–15 Min. braten. Während der letzten 5 Min. die Temperatur erhöhen, damit die Kartoffeln bräunen. Nach Geschmack mit Kümmel und Salz würzen.

Inzwischen den Knoblauch schälen. Die Petersilie waschen, beides fein hacken. Alles mit Rotweinessig vermischen.

Die Kartoffeln vom Herd nehmen, das meiste Öl abgießen. Tomatenmischung dazugeben und gut verrühren. Noch 3–5 Min. braten

Lubina a la sal

Wolfsbarsch in Salzkruste

Zubereitungszeit: 10 Min.
Garzeit: 30–40 Min.
Bei 4 Personen pro Person ca.: 120 kcal

Zutaten für 3–4 Personen:
2 ganze Wolfsbarsche (ca. 1,2 kg, s. TIPP)
2 kg grobes Meersalz
10 Zweige Meerfenchel (ersatzweise Fenchelgrün oder Blütendolche vom Dill)
frisch gemahlener weißer Pfeffer

Den Backofen auf 180° vorheizen. Die Fische innen und außen abspülen. Mit Küchenpapier abtrocknen.

Eine feuerfeste Form mit einer 2 cm dicken Schicht grobem Meersalz bedecken. Darüber die Hälfte des Meerfenchels verteilen.

Die Fische mit der Bauchseite nach rechts auf das Salz legen. Den restlichen Meerfenchel auf den Fische verteilen. Pfeffern und mit dem restlichen Salz vollständig bedecken. Das Salz leicht, aber gründlich anklopfen.

Vorsichtig mit etwa 1/8 l Wasser beträufeln. In den Backofen (Mitte, Umluft 150°)schieben und 25–35 Min. backen. Der Fisch ist gar, wenn die Salzkruste leicht zu bräunen beginnt.

Die Fische aus dem Ofen nehmen. Salzkruste am Tisch mit dem Hammer aufschlagen. Die Filets auslösen und den Fisch servieren. Dazu passt *Alioli* (s. Seite 42) oder eine Vinaigrette aus Sherryessig, Olivenöl, fein gehackten Schalotten, Cornichons, Eigelben und Senf gut.

TIPP

Lassen Sie den Fisch vom Händler ausnehmen, aber nicht schuppen und die Kiemen nicht entfernen. Das ist wichtig, damit der Fisch beim Garen nicht zu salzig wird.

Rape a la marinera

Seeteufel mit Muscheln, Garnelen und Paprika (im Bild)

Zubereitungszeit: 50 Min.
Pro Person ca.: 355 kcal

Zutaten für 4 Personen:
150 g Venusmuscheln (*Almejas*)
2 rote Paprikaschoten
150 g weiße Zwiebeln
2 Knoblauchzehen
4 EL Olivenöl
4 EL passierte Tomaten (ersatzweise
1 EL Tomatenmark, in Wasser aufgelöst)
100 g tiefgekühlte Erbsen
150 g Garnelenschwänze (*Langostinos*)
1 Briefchen Safran (0,125 g), Muskatnuss
1 Schnapsglas Brandy (nach Belieben)
1/8 l Weißwein (ersatzweise Fischfond und etwas Zitronensaft)
800 g Seeteufelfilets
Salz und frisch gemahlener schwarzer Pfeffer

Muscheln unter fließendem Wasser gründlich waschen. In einen flachen Topf legen und ganz wenig Wasser dazugeben. Zugedeckt bei starker Hitze kochen, bis sich alle Muscheln geöffnet haben. Muscheln aus der Schale lösen. Die geschlossenen wegwerfen. Den Muschelsaft aufheben.

Die Paprikaschoten waschen, putzen und in feine Streifen schneiden. Zwiebeln und Knoblauch schälen und fein hacken. Olivenöl erhitzen und Paprika darin bei schwacher Hitze 5 Min. braten. Knoblauch und Zwiebeln 3 Min. mitbraten. Dann die Tomaten dazugeben, salzen und pfeffern. Weitere 5 Min. bei mittlerer Hitze schmoren.

Erbsen, Garnelen, Safran, Muskat, Brandy, Wein, Muscheln und Muschelsaft dazugeben. Den Seeteufel mit der Haut nach unten darauf legen und alles zugedeckt bei schwacher Hitze 10–15 Min. schmoren.

Variante:

Mit Minze oder Koriander bestreut bekommt der *Rape* eine besondere Note.

Makrele ist ein Allerweltsfisch, weil er sich für fast alle Zubereitungsarten eignet. Wegen seines etwas fetten, aber schmackhaften Fleisches brät man ihn gern im Backofen oder auf dem Grill.

Meerbarben mit Rosmarin – *das duftet und schmeckt nach Mittelmeer und Sonne. Durch den Cava bekommt das Gericht einen feinen, würzigen Geschmack. Der rote Fisch mit dem rosaweißen Bauch ist wegen seines kräftigen Geschmacks sehr geschätzt. Zu den gebratenen Fischen können Sie eine Vinaigrette reichen aus 2 EL Olivenöl, 2 EL mildem Wein- oder Sherryessig. Salz, Pfeffer und ein wenig Rosmarin.*

Salmonetes al romero

Meerbarbe mit Rosmarin

Zubereitungszeit: 30 Min.
Pro Person ca.: 330 kcal

Zutaten für 4 Personen:
8–10 küchenfertige Meerbarben (ca. 1 kg)
Salz und frisch gemahlener weißer Pfeffer
3 EL Mehl
4 EL Olivenöl
3 Zweige Rosmarin
1 große Zwiebel
1 Glas trockener Weißwein oder Cava

Die Rückengräten der Meerbarben entfernen (s. TIPP). Backofen auf 180° vorheizen.

Die Fische salzen und pfeffern. Von beiden Seiten in Mehl wälzen. Dabei mit der Hand etwas drücken, damit die Filets sich öffnen.

Das Olivenöl in einer Pfanne erhitzen. Die Meerbarben darin von jeder Seite 1–2 Min. braten. Die Fische in eine feuerfeste Form legen, mit den Rosmarinzweigen belegen. Einige Rosmarinnadeln zurückbehalten und fein hacken.

Die Zwiebel schälen und sehr fein hacken. In dem Öl in der Pfanne 3 Min. anschwitzen. Mit Wein ablöschen und bei starker Hitze 1 Min. kochen lassen. Die Zwiebel samt Öl über die Meerbarben gießen. Im Backofen (Mitte, Umluft 160°) 5–10 Min. backen. Mit gehacktem, frischem Rosmarin bestreut servieren. Dazu passen Folienkartoffeln und ein trockener Weißwein aus der Palominotraube oder ein Riesling.

TIPP

Zum Entfernen der Rückengräte die Meerbarben am Bauch ganz aufschneiden. Mit einem scharfen Messer vorsichtig entlang der Rückengräte schneiden. Die Filets etwas auseinander drücken. Die Gräte am Kopfende packen und zum Schwanz hin vorsichtig herausziehen. Bleiben ein paar Gräten im Fisch, diese mit einer Pinzette entfernen.

Caballas al horno

Makrelen aus dem Ofen

Zubereitungszeit: 25 Min.
Garzeit: 30 Min.
Pro Person ca.: 430 kcal

Zutaten für 4 Personen:
6–8 g mittelgroße Makrelen (ca. 1 kg)
Salz und frisch gemahlener schwarzer Pfeffer
2 Tomaten
2 Knoblauchzehen
1 kleine Zwiebel
4 EL Olivenöl
1 Lorbeerblatt
1/2 TL Zucker

Die Makrelen, falls nötig, ausnehmen und unter fließendem Wasser gut waschen. Mit Küchenpapier abtrocknen. Salzen und pfeffern.

Die Tomaten kreuzweise einschneiden, in kochendes Wasser tauchen, häuten und entkernen. Fein hacken.

Den Backofen auf 180° vorheizen. Für das *sofrito* Knoblauch und Zwiebel schälen und fein hacken. Olivenöl in einer Pfanne erhitzen. Zwiebel und Knoblauch darin 3 Min. anschwitzen. Tomaten und Lorbeerblatt zugeben. Mit Zucker, Salz und Pfeffer würzen. Bei starker Hitze 10 Min. einkochen lassen.

Den Boden einer feuerfesten Form mit *sofrito* bedecken. Die Makrelen darauf legen, mit dem restlichen *sofrito* bedecken. Im Ofen bei 170° (Mitte, Umluft 160°) 30 Min. braten. Die Andalusier trinken einen kräftigen Rotwein dazu. Die Sauce wird mit Weißbrot aufgetunkt.

Varianten:

Statt Makrelen schmecken auch Sardinen gut.
Ein besonderes Aroma bekommt das Gericht, wenn Sie im *sofrito* 1 Hand voll klein geschnittene schwarze Oliven und ein paar Rosmarinnadeln mitschmoren.

Vaca mechada

Würzig gespicktes Rindfleisch

Zubereitungszeit: 30 Min.
Garzeit: 1/2 Std.
Pro Person ca.: 740 kcal

Zutaten für 4 Personen:
150 g fetter Speck
1 kg mageres Rindfleisch zum Braten
(aus der Oberschale)
4 Knoblauchzehen, 3 Zweige glatte Petersilie
ein paar Gewürznelken
2 Möhren
50 g luftgetrockneter Schinken (*Jamón Serrano*)
1 große Zwiebel, 3 Zweige Minze
2 Tomaten, 1 Stange Sellerie
4 EL Olivenöl
1–2 Rinderknochen (ca. 500 g)
1 l Fleischbrühe
1/8 l süßer Malagawein
50 g getrocknete Steinpilze
Salz und frisch gemahlener schwarzer Pfeffer

Den Speck in feine Streifen schneiden. Das Rindfleisch damit spicken. 2 Knoblauchzehen schälen und in dünne Stifte schneiden. Petersilie waschen, die Blätter abzupfen. Mit einem spitzen Messer kleine Einschnitte ins Fleisch machen. Petersilienblättchen, Knoblauchstifte und Nelken in die Einschnitte stecken.

Die Möhren schälen und in Scheiben schneiden. Den Schinken klein würfeln. Die Zwiebel schälen und fein hacken. Minze- und restliche Petersilieblätter in Streifen schneiden. Die Tomaten waschen, halbieren und entkernen. Den Sellerie putzen und in kleine Stücke schneiden.

Das Olivenöl in einem Topf erhitzen. Darin das Rindfleisch rundum goldbraun anbraten. dann herausnehmen.

Im selben Öl Knochen, Schinken, Zwiebel, Knoblauch und Möhren 5 Min. anbraten. Mit Fleischbrühe und Wein ablöschen. Fleisch, alle anderen Zutaten und die Pilze dazugeben. Bei schwacher Hitze zugedeckt 1 1/2 Std. kochen lassen.

Das Fleisch herausnehmen und warm stellen. Die Suppe pürieren und bei starker Hitze 5–10 Min. einkochen lassen. Mit Salz und Pfeffer abschmecken. Fleisch in Scheiben schneiden. Mit Sauce übergießen und servieren.

Cordero con huevos

Lammauflauf mit Eiern (im Bild)

Zubereitungszeit: 30 Min.
Garzeiten: 1 1/4 Std.
Pro Person ca.: 770 kcal

Zutaten für 6 Personen:
1 kg Lammfleisch ohne Knochen (aus der Keule)
150 g Zwiebeln
4 Knoblauchzehen
1/4 l Olivenöl
1 TL Korianderkörner
1 TL Zimtpulver
1/2 TL Lavendelblüten
1 Briefchen Safranpulver (0,125 g)
Salz
250 g Frischkäse (ersatzweise Quark)
3 Eier
3 Eigelb
1/2 TL frisch gemahlener bunter Pfeffer

Das Lammfleisch in mundgerechte Würfel schneiden, dabei eventuell von Fett und Sehnen befreien. Zwiebeln und Knoblauch schälen und halbieren. Das Fleisch mit 1/8 l Olivenöl in einen Topf geben, Koriander, Zimt, Lavendel, die Hälfte des Safrans, Zwiebeln, Knoblauch und Salz dazugeben und alles bei schwacher Hitze zugedeckt 1 Std. schmoren.

In der Zwischenzeit den Frischkäse mit den Eiern, den Eigelben, 1/8 l Olivenöl, restlichem Safran und Pfeffer gut verrühren. Den Backofen auf 200° vorheizen.

Den Käse unter das Lammfleisch mischen und alles in eine Auflaufform füllen. Im Backofen (Mitte, Umluft 180°) 20–30 Min. backen, bis die Oberfläche goldbraun wird.

TIPP

Das Rezept stammt aus einem anonymen Manuskript aus dem 13. Jahrhundert über die andalusisch-maghrebinische Küche in der Almohadenzeit und wurde von A. Huici Miranda übersetzt.

Solomillo malagueño

Schweinefilet mit Rosinen

Zubereitungszeit: 50 Min.
Garzeit: 35 Min.
Pro Person ca.: 610 kcal

Zutaten für 4 Personen:
100 g Rosinen (schön wären Málagarosinen)
1/4 l süßer Malagawein
2–3 Schweinefilets (ca. 750 g)
Salz und frisch gemahlener weißer Pfeffer
4 EL Olivenöl
1 Zimtstange
1/8 l Fleischbrühe
100 g gemahlene Mandeln

Den Backofen auf 175° vorheizen. Die Rosinen in 1/8 l Wein einweichen.

Die Filets mit Salz und Pfeffer einreiben. Das Olivenöl in einem flachen Topf erhitzen. Darin die Filets von allen Seiten ca. 10 Min. goldbraun anbraten. Mit 1/8 l Wein ablöschen, den Zimt dazugeben und zugedeckt in den Backofen (Mitte, Umluft 160°) stellen. 30 Min. backen.

Das Fleisch aus der Sauce nehmen und warm stellen. Rosinen mit dem Wein und Fleischbrühe zur Sauce geben, aufkochen und bei starker Hitze 5 Min. kochen lassen, um die Flüssigkeit zu reduzieren. Die Mandeln dazugeben. Mit Salz und Pfeffer abschmecken. Dazu schmecken Bandnudeln oder Reis.

Varianten:
Wer den süßen Malagawein nicht mag, kann auch trockenen Malagawein oder Sherry nehmen.
Die Sauce kann mit Sahne oder Créme fraîche verfeinert werden.

Solomillo estilo mudéjar

Gefülltes Schweinefilet (im Bild)

Zubereitungszeit: 50 Min.
Garzeit: 30–40 Min.
Pro Person ca.: 555 kcal

Zutaten für 4 Personen:
300 g frische Datteln
15 Walnusskerne
2–3 Schweinefilets (ca. 750 g)
100 ml Olivenöl
Salz und frisch gemahlener schwarzer Pfeffer
400 g reife Tomaten
1 Möhre
1 große Zwiebel
1 Selleriestange
1/4 l trockener Weißwein (ersatzweise Fleischbrühe mit Orangensaft)
1/4 l Fleischbrühe
je 2 Zweige Thymian und Rosmarin

Die Datteln entkernen und klein schneiden. Schale, die sich dabei löst, wegwerfen. Die Walnüsse hacken. Die Schweinefilets der Länge nach auf-, aber nicht durchschneiden. 200 g Datteln und die Walnüsse in die Filets füllen. Die Filets zusammenklappen, mit Küchengarn gut zusammenbinden.

Eine feuerfeste Form mit Olivenöl einstreichen. Die Filets hineinlegen, mit Salz und Pfeffer würzen und mit Olivenöl bepinseln. Den Backofen auf 180° vorheizen.

Die Tomaten waschen, halbieren und entkernen. Möhre, Zwiebel und Sellerie schälen bzw. putzen, fein hacken. Mit den restlichen Datteln über die Filets verteilen. Thymian und Rosmarin abstreifen, darüber streuen. Wein und 1/4 l Brühe dazugeben. Im Backofen bei 160° (Mitte, Umluft 140°) 30 Min. backen. Dabei die Filets ab und zu umdrehen. Eventuell Brühe nachfüllen.

Die Filets herausnehmen, in Scheiben schneiden und auf eine vorgewärmte Platte legen. Sauce mit dem Pürierstab durchmixen und über das Fleisch gießen.

Variante:
Das Gericht schmeckt auch mit Hirsch- oder Rehfilet. Die Anbratzeit reduziert sich dann auf 5 Min., die Backzeit auf 25–30 Min.

Malagaweine
Die Weine des Zaren

In der Sierra de Málaga, den Bergen im Hinterland der Stadt Málaga, werden Muskateller-, Pedro-Ximénez- und auch Tempranilloreben angebaut. Der daraus gekelterte Weiß-, Rosado- und Rotwein *Vino de Sierra de Málaga D.O.* hat weniger als 15 % Alkohol.

Die Geschichte der Weine von Málaga, die so grandiosen Erfolg am Hofe der russischen Zarin Katharina der Großen hatten, ist schon Legende. Don Gálvez, spanischer Botschafter am Hofe der großen Katharina, schenkte ihr ein paar Kisten Malagawein. Die schmeckten der Zarin so gut, dass sie die Weinimporte aus Málaga von jeglicher Steuer befreite, damit der Wein ungehindert nach Russland gelangen konnten. Doch eines Tages entdeckte Katharina, dass die Weine, die man ihr geschickt hatte, von minderer Qualität waren. Das erboste sie so sehr, dass sofort hohe Zölle auf die Malagaweine erhoben wurden und Andalusien einen der wichtigsten Abnehmer verlor. Dem Vernehmen nach soll die Zarin den Malagawein trotzdem noch getrunken haben. Als das russische Imperium fiel, gingen die arbeitslosen Hofköche nach Paris, um dort in großen Häusern und Restaurants zu arbeiten. Dem Malagawein hielten sie auch dort die Treue.

Die Trauben für den Malagawein werden vor dem Keltern ein paar Tage in großen Holzkisten angetrocknet, damit der Zuckergehalt in den Trauben ansteigt.

Wein vom Rhein

Heute wird der Malagawein auf einer Fläche von 1031 Hektar angebaut. Die Griechen sollen den Weinbau in Málaga um 600 v.Chr. eingeführt haben. Unter den Mauren war der Weinanbau zunächst unter schweren Strafen – bis zur Todesstrafe für Betrunkene – verboten. Später wurden die Weinbauern statt mit Strafen mit hohen Steuern belegt und durften weiter anbauen. Als die Katholischen Könige Isabela und Fernando 1487 Málaga eroberten, gab es so viele Weinbauern, dass die hohen Herrschaften umgehend eine *hermandad de viñeros* gründeten, eine Art Genossenschaft der Weinbauern, die für die Promotion des guten Tropfens sorgen sollte. Heute hat der Málagawein die Herkunftskontrolle *Denominación der Origen,* entweder *D.O. Málaga* oder *D.O. Sierras de Málaga.*

Die Weine werden überwiegend aus den Trauben Pedro Ximénez und Muskateller hergestellt. Die Rebsorte Pedro Ximénez soll ein Deutscher namens

In fast jedem Dorf der Axarquía werden Trauben angebaut, aus denen man die besonders fruchtigen und süßen Muskatellerrosinen macht.

Ein bezauberndes Farbenspiel entsteht, wenn die Trauben auf den blumenbeetförmigen *paseros* in der Sonne trocknen. Zum Schutz gegen Regen kann man eine Plane über den *pasero* ziehen.

Ein üppiges Essen mit Freunden und Familie, dazu ein guter Wein oder Sherry – das ist eine der liebsten Beschäftigungen der Andalusier fürs Wochenende.

Peter Siemens im 17. Jahrhundert vom Rhein nach Andalusien gebracht haben. Weine mit der D.O. Málaga haben einen hohen Alkoholgehalt, der zwischen 15 Vol.% und 22 Vol.% liegt. Die Trauben, die gekeltert werden, sind überreif oder werden sogar vor dem Pressen einige Tage getrocknet. Sozusagen eine Trockenbeerauslese nach Art von Málaga. Je nach Qualitätsstufe reift der *Málaga noble*, *añejo* oder *trasañejo* zwischen 2 und mehr als 5 Jahren in Fässern. Steht auf der Flasche nur *Malaga*, so verbrachte der Wein 6 Monate bis 2 Jahre im Fass. Die Geschmackspalette reicht von süß bis trocken, die Farbe von gelb bis fast schwarz. *Málaga pálido* ist ein junger, spritziger Malagawein. Ein ganz besonderer Tropfen ist der *Lagrimae Christi*. Nur der Most, der durch das natürliche Gewicht der Trauben abläuft, ohne jede mechanische Einwirkung, wird dafür verwendet. Er reift mindestens 2 Jahre.

Sehr feine Weine sind die *D.O. Sierras de Málaga*. Rot-, Weiß- oder Rosadoweine aus dem Gebiet rund um Málaga in der Axarquía, bis an die Grenze zur Provinz Cádiz und fast bis nach Ronda. Neben der Pedro Ximénez und der Muskatellertraube werden dort vor allem Sauvignon Blanc, Chardonnay, Merlot, Cabernet Sauvignon und Tempranillo angebaut.

Montilla Moriles – im Schatten des Sherry

Es ist bekannt, dass in Córdoba unter den Omaijaden alle sozialen Klassen trotz des Verbotes im Koran Wein tranken. Kalif al-Hakam II. ließ im Jahr 964 die Weinreben ausreißen, um den zahlreichen Betrunkenen Einhalt zu gebieten, die durch Córdoba taumelten. Genützt hat es nicht viel. Noch heute wird in der Provinz Córdoba vornehmlich zwischen den beiden Städtchen Montilla und Moriles Wein angebaut, umgeben von Weizenfeldern und Olivenhainen. Die andalusische Triologie *pan, aceite y vino,* Brot, Olivenöl und Wein, ist nirgendwo in Andalusien so präsent wie hier. Der bekannteste Wein ist der *D.O. Montilla Moriles*, ein Weißwein, der von 2900 Sonnenstunden im Jahr verwöhnt wird. Die bevorzugte Traube ist auch hier die Pedro Ximénez, gefolgt von der Muskateller- und Lairéntraube. Seit einiger Zeit experimentieren junge Weinbauern mit Rotwein wie Merlot und Syrah und den Weißweinsorten Chardonnay oder Macabeo. Noch dürfen sie diese Weine nicht mit der Herkunftskontrolle D.O. verkaufen. Der Montilla Morilles D.O., wie der Sherry nach der Methode *Solera* hergestellt, wird mit dem Sherry oft verwechselt, obwohl die Unterschiede klar sind: Sherry ist ein öliger Wein, manchmal leicht salzig, von sehr trockenem Geschmack. Montilla Moriles D.O. weist hingegen kontinentale Aromen auf, nach Thymian, Rosmarin und Kräutern, im Gaumen schmeckt er nach Haselnuss, der Sherry dagegen nach Mandeln. Montilla Moriles D.O. ist als junger Wein sehr fruchtig, gereift ein vollmundiger, körperreicher Weißwein mit wenig Säure.

Jedem sein eigener Wein

Jede Region in Andalusien rühmt sich, ihren eigenen, typischen Wein zu haben. In den Alpujarras südlich von Granada wird ein Wein gekeltert, der eine lange Geschichte hat und dessen Ruf von Tag zu Tag besser wird. In Laujar de Andarax, Lucainena de las Torres oder Padules in der Provinz Almería zeigen die neuen Weinkreationen, die dem Geschmack des Konsumenten des 21. Jahrhunderts entsprechen, dass eine Zukunft besteht. Die aristokratischen Weine von Ronda, die Prinz Alfonso von Hohenlohe auf seinem Cortijo de la Monjas kreierte, Rotweine aus importierten ausländischen Reben, die sich hervorragend anpassten und wegen ihrer Qualität nun auch von den Malagueños geschätzt werden. Selbst der fast vergessene Aljarafe sevillano, ein Weißwein, der einst berühmter war als der von Jerez, wird wieder zum Leben erweckt. Die *Bodegas* Góngora in Villanueva del Ariscal, 1682 gegründet, in der siebten Generation in Familienbesitz und bekannt für ihre exzellenten Weißweine, wurde vor kurzem zum Kulturgut nationalen Interesses erklärt.

Andalusien ist eine Region der Weine. Viele werden nach wie vor in kleinen Familienbetrieben ausgebaut, oft noch in altertümlicher Technik. Man muss sie probieren und ist oft überrascht von dem guten, hausgemachten Tropfen, den man in manchem kleinen andalusischen Dorf eingeschenkt bekommt. Aber Vorsicht, der *vino de tierra*, der andalusische Landwein, geht in die Füße. Am besten, man bleibt sitzen, lässt das Auto stehen, trinkt noch ein Glas und lässt sich dazu eine der zahllosen Tapas servieren.

Von feiner Süße und aromatisch sind die Malagaweine aus der Pedro-Ximénez-Traube.

Pollo con frutos secos

Geschmortes Huhn mit Trockenfrüchten

(im Bild)

Einweichzeit: 30 Min.
Zubereitungszeit: 35 Min.
Garzeit: 40 Min.
Pro Person ca.: 940 kcal

Zutaten für 4 Personen:
200 g getrocknete Aprikosen
50 g Rosinen (schön wären Malagarosinen)
1/4 l Weißwein (ersatzweise weißer Traubensaft)
1 Knoblauchzehe
5 EL Olivenöl
1 Brathähnchen (ca. 1 kg)
Salz und frisch gemahlener bunter Pfeffer
2 Avocados
2 Orangen
2 Zweige Koriandergrün

Aprikosen und Rosinen 30 Min. im Wein einweichen. Den Knoblauch schälen und fein hacken. 1 EL Olivenöl erhitzen, den Knoblauch darin goldbraun anbraten. Den Backofen auf 180° vorheizen.

Das Hähnchen in 4 Stücke teilen, abspülen und abtrocknen. Mit Salz, Pfeffer und dem gebratenen Knoblauch einreiben. Die Stücke nebeneinander in eine feuerfeste Form legen. Die Haut mit dem restlichen Olivenöl einpinseln und das Hähnchen in den Backofen (Mitte, Umluft 180°) schieben. Braten, bis sich die Haut bräunt. Den Backofen auf 180° (Umluft 160°) herunterschalten.

Rosinen, Aprikosen und Wein dazugeben. Wieder in den Ofen schieben und 40 Min. braten. Ab und zu mit der Sauce begießen.

In der Zwischenzeit Avocados und Orangen schälen und in Schnitze teilen. Koriander waschen, trockentupfen und die Blättchen in Stücke zupfen.

Wenn das Huhn gar ist, herausnehmen und auf eine Platte legen. Warm halten. Sauce in einen Topf füllen. Orangen- und Avocadostücke dazugeben und 5 Min. bei mittlerer Hitze kochen. Die Sauce über das Huhn gießen, mit Koriander bestreut servieren. Dazu passen Wildreis und Weißwein.

Cordonices a la uva

Wachteln mit Trauben

Zubereitungszeit: 20 Min.
Garzeit: 30–40 Min.
Pro Person ca.: 660 kcal

Zutaten für 4 Personen:
8 küchenfertige Wachteln
1 Zweig Thymian
Salz und frisch gemahlener weißer Pfeffer
300 g Weintrauben (am besten Malagatrauben)
1 EL Butter
1/8 l Weißwein
6 EL Malagawein
250 g Sahne

Die Wachteln abspülen und mit Küchenpapier abtrocknen. Ein paar Zweiglein Thymian in den Bauch stecken. Die Wachteln innen und außen salzen und pfeffern, mit Küchengarn zusammenbinden. Die Weintrauben halbieren und entkernen.

Die Butter in einer Pfanne erhitzen. Die Wachteln darin von allen Seiten in 7 Min. goldbraun anbraten. Herausnehmen und nebeneinander in eine feuerfeste Form legen. Backofen auf 200° vorheizen.

Weißwein und Málagawein in die Pfanne gießen. Bei starker Hitze unter Rühren um die Hälfte einkochen lassen, dabei mit dem Löffel den Bratensatz abkratzen. Sahne dazugeben und unter Rühren einkochen lassen. Salzen und pfeffern.

Weintrauben zu den Wachteln legen, die Sauce darüber gießen. In den Backofen (Mitte) schieben und bei 180° (Umluft 160°) 30-40 Min. backen. Dazu passen Kartoffelbrei mit gerösteten Mandeln bestreut und ein Fino.

Variante:

Interessant ist auch diese Version: Ersetzen Sie die Trauben durch 2 Cherimoyas. Früchte schälen und entkernen, zusammen mit 1 EL Erbsen (wegen der Farbe) im Mixer pürieren. Das Püree für die letzten 15 Min. zur Sauce geben.

Sorbete de melón y mango

Melonen-Mango-Sorbet (im Bild vorne)

Zubereitungszeit: 20 Min.
Gefrierzeit: 3 Std.
Pro Person ca.: 110 kcal

Zutaten für 4 Personen:
250 g Melone (Honig- oder Cantaloupemelone)
250 g Mango
2 EL Zitronensaft
50 ml Cava (spanischer Sekt)
50 ml Mineralwasser mit Kohlensäure
1/2 Stange Zimt
1 Stück unbehandelte Zitronenschale
1 ganz frisches Eiweiß (Größe S)
50 g feiner Zucker

Die Melone schälen und die Kerne entfernen. Die Mango schälen und das Fruchtfleisch vom Stein schneiden. Beides im Mixer pürieren und kalt stellen.

Zitronensaft mit Sekt und Mineralwasser mischen. Zimtstange und Zitronenschale dazugeben. In einen Topf füllen und 5 Min. kochen. Zimt und Zitronenschale entfernen. Den Saft abkühlen lassen. Dann zum Melonenpüree geben, gut mischen und im Eisfach 2 Std. gefrieren lassen. Dabei immer wieder kräftig umrühren.

Das Eiweiß steif schlagen, dabei nach und nach den Zucker dazugeben. Gut mit dem Melonenpüree mischen und noch einmal 1 Std. ins Gefrierfach stellen.

Mit Melonenstreifen dekoriert servieren.

Flan de castañas al Brandy

Kastanienflan mit Brandy (im Bild hinten)

Zubereitungszeit: 1 Std.
Garzeiten: 50 Min.
Kühlzeit: 2 Std.
Pro Person ca.: 305 kcal

Zutaten für 4 ofenfeste Formen à 200 ml:
40 g Zucker für den Karamell
200 g gegarte Esskastanien (vakuumverpackt)
1/2 Vanillestange
400 ml Milch
50 g Zucker
2 Eier (Größe L)
2 TL Brandy

Zucker für den Karamell in einem kleinen Topf bei starker Hitze unter ständigem Rühren schmelzen und karamellisieren lassen. Wenn der Zucker flüssig und braun ist, sehr vorsichtig 2–3 EL Wasser zugeben (Vorsicht, das spritzt, und der Karamell ist sehr heiß). Verrühren und in die Förmchen füllen.

Die Kastanien mit einem scharfen Messer an der spitzen Seite kreuzweise einschneiden. In eine flache Pfanne legen und bei starker Hitze unter häufigem Rütteln der Pfanne ca. 15 Min. braten. Herausnehmen und etwas abkühlen lassen.

Kastanien gleich schälen, die braune Haut entfernen. Die Vanillestange längs halbieren, das Mark herauskratzen. Die Milch mit dem Mark und dem Zucker verrühren. Die Kastanien darin etwa 20 Min. bei schwacher Hitze kochen lassen. Etwas abkühlen lassen und mit den Eiern und dem Brandy pürieren. Inziwschen den Backofen auf 180° vorheizen.

Die Masse in die Förmchen füllen und diese in die Fettpfanne stellen. Bis zur halben Höhe der Förmchen mit sehr heißem Wasser auffüllen. Im Backofen (Umluft 160°) 30–35 Min. im Wasserbad garen. Nach dem Abkühlen 2 Std. im Kühlschrank kühl stellen.

Vor dem Servieren auf einen Teller stürzen. Mit Schlagsahne und Sauerkirschen garniert servieren.

Kakis sind reich an Mineralien wie Phosphor, Kalzium und Eisen. Unreif sind sie etwas adstringierend, vollreif aber süß und aromatisch.

Crema de caqui con Oloroso

Kakicreme mit süßem Sherry

(im Bild)

Zubereitungszeit: 20 Min.
Kühlzeit: 2 Std.
Bei 6 Personen pro Person ca.: 210 kcal

Zutaten für 4–6 Personen:
4 reife Kakifrüchte
3 EL Oloroso
2 EL Bitterorangen- oder Zitronensaft
3 EL Puderzucker
1/4 l Sahne

Die Kakis kurz waschen, die Stielansätze entfernen. Früchte grob zerschneiden, dabei eventuell Kerne entfernen und die Früchte mit Schale im Mixer pürieren. Oloroso, Bitterorangensaft und Puderzucker unter die Creme rühren.

Die Sahne steif schlagen und gleichmäßig unter die Creme heben. Die Creme in eine Schale füllen und im Kühlschrank 2 Std. kühlen. Zum Servieren in Portionsschälchen füllen und mit einigen frischen Minzeblättern dekorieren.

TIPP

Für die Khakicreme sollten Sie einen süßen Oloroso nehmen.

Flan de naranja

Orangenflan

Zubereitungszeit. 30 Min..
Garzeit: 50–60 Min.
Kühlzeit: 4 Std. + Abkühlzeit
Pro Person ca.: 105 kcal

Zutaten für 8 Souffleförmchen à 125 ml:
225 g Zucker
2 EL Speisestärke
1/2 l frisch gepresster Orangensaft
4 Eier
2 Eigelb
1 Orange zum Garnieren

75 g Zucker in einem kleinen Topf bei starker Hitze unter stetigem Rühren schmelzen und karamellisieren lassen. Das dauert 5–7 Min. Wenn der Zucker flüssig und braun ist, sehr vorsichtig 4–6 El Wasser dazugeben (Vorsicht, das spritzt, und der Karamell ist sehr heiß!). Verrühren und den Karamell in eine große oder 8 kleine Formen füllen und abkühlen lassen.

Die Speisestärke in 2 EL Orangensaft verrühren. Den übrigen Saft und 150 g Zucker in einen Topf geben, die Speisestärke mit dem Schneebesen einrühren, den Saft bei starker Hitze unter dauerndem Rühren eindicken lassen. Vom Herd nehmen und 5 Min. abkühlen lassen.

Die Eier und die Eigelbe mit einer Gabel verquirlen, nicht schaumig rühren. In den Saft rühren und bei schwacher Hitze unter Rühren in 5 Min. eindicken lassen.

Die Masse in die Form füllen. Auf dem Herd ein Wasserbad vorbereiten, das bis zu zwei Drittel der Höhe der Form reicht, und den Flan offen bei mittlerer Hitze 50–60 Min. stocken lassen. Den Flan ankühlen lassen und 4 Std. in den Kühlschrank stellen.

Den Orangenflan vor dem Servieren auf eine Platte stürzen. Mit Orangenscheiben garniert servieren.

Speisen und Spezialitäten *Hier werden einige andalusische Spezialitäten und Speisen kurz erklärt, die bei uns nicht so häufig zu finden sind. Vieles davon (Olivenöl, feine Essige, Wurst und Süßigkeiten) sind auch schöne Urlaubsmitbringsel um damit zu Hause andalusisch zu kochen.*

Oliven

Oliven, Olivenöl und Essig
Aceitunas, aceite de oliva y vinagre

Aceitunas Oliven → Seite 18

Aceite de oliva Olivenöl → Seite 18
Nach dem EU-Reglement wird Olivenöl in neun Klassen eingeteilt. Wirklich gutes Olivenöl fällt nur unter die ersten beiden Gruppen: *Aceite de Oliva virgen extra* (natives Olivenöl extra) mit einem Säuregehalt von maximal 0,8° und einem absolut untadeligen Geschmack sowie *Aceite de Oliva virgen* (natives Olivenöl) mit einem Säuregehalt von weniger als 2° und einem untadeligen Geschmack.

Vinagre Essig
Die Römer brachten die Kunst, Essig herzustellen, aus dem Orient nach Europa und nannten ihn *vinum agrum*. Daraus machten die Spanier das Wort *vinagre*. Die andalusischen Essige reifen wie Sherry 6–36 Monate im Fass.
Vinagre de Jerez D.O. Sherryessig
Von dem dunkel mahagonifarbenen Sherryessig, der nach Karamell duftet, reichen wenige Tropfen, um Speisen zu aromatisieren. Für Salatsaucen nimmt man 1 EL Essig und 4 EL Öl.
Vinagre dulce de Pedro Ximénez D.O.
Pedro-Ximénez-Essig
Ein ausgezeichneter Essig, der nach Rosinen schmeckt, mit einem perfekten Gleichgewicht zwischen Zucker und Säure. Er ist dem Balsamico-Essig ähnlich und ebenbürtig.
Vinagre del Condado de Huelva D.O.
Der feine süß-saure Weinessig aus der Provinz Huelva ist im Kommen. Der Geschmack erinnert leicht an Feigen, Vanille und Mandeln.

Wein, Sherry und Brandy
Vino, Jerez y Brandy

Brandy Branntwein → Seite 160

Cava Spanischer Schaumwein
wird nach der »méthode champenoise« hergestellt. Seit 1994 muss auf den Flaschen »méthode traditionelle« stehen, zu diesem Anlass wurde auch der Name Cava »erfunden«.

Oloroso
Sherry, der dunkler und kräftiger ist als Fino und Amontillado; bernstein- bis mahagonifarben, mit starkem Aroma, (daher sein Name), 18–20° Alkohol, viel Körper, einem Aroma nach Walnuss, Dörrpflaumen und Lakritze, im Mund trocken mit leicht süßen Spitzen. Man trinkt ihn zu Wild und rotem Fleisch oder auch einfach so.

Pedro-Ximénez → Seite 161
Süßwein aus der gleichnamigen Traube.

Sherry D.O. → Seite 160

Vino Tinto Rotwein
Im Norden von Sevilla, in der Provinz Málaga und südöstlich von Granada wird Rotwein angebaut, u. a. aus der Tempranillo-, Merlot- und Syrahtraube.

Vinos Montilla-Moriles D.O.
Weißwein aus Montilla, nach der *Solera*-Methode (→ Seite 163) hergestellt.

Vinos del Condado de Huelva D.O.
Fruchtige, trockene Weißweine (*Condado pálido*) aus Huelva aus der Zalematraube. Der Condado Viejo, wie der Sherry nach der *Solera*-Methode ausgebaut, zählt zu den besten Olorosos von Andalusien.

Vinos de Málaga D.O. y Sierra de Málaga D.O.
Malagawein → Seite 210

Fisch und Meeresfrüchte
Pescados y Mariscos

Andalusien hat 900 Kilometer Küste an zwei Meeren; kein Wunder, dass die Vielfalt der Fische und Meeresfrüchte nahezu unendlich ist.

Almejas Venusmuscheln
Eine am Mittelmeer weit verbreitete kleine, sehr schmackhafte Muschel, die ganzjährig zu haben ist. Sie wird als Tapa, in Suppen oder Reisgerichten oder in Saucen gegessen. *Almejas* sollte man in Salzwasser legen (1 Hand voll Salz pro 2 kg *almejas*) und 2–3 Std. im Kühlschrank aufheben, damit sie den Sand aus den Schalen lassen. Dann vorsichtig aus dem Wasser nehmen und kalt abspülen. Vor dem Kochen geöffnete *almejas* wirft man ebenso weg wie nach dem Kochen geschlossene.

Anchoas Anchovis
Gesalzene, in Öl eingelegte Sardellen.

Atún almadraba Tunfisch → Seite 140
Der Tunfisch, der in der Meerenge von Gibraltar gefangen wird, ist von ausgezeichnetem Geschmack.

Bacalao Stockfisch → Seite 40f.

Boquerones Sardellen
Sie werden filetiert und roh in Essig, Olivenöl, Salz und Petersilie eingelegt oder frittiert. Man isst sie auch gerne als Tapa.

Caballas Makrelen → Seite 204

Doradas Goldbrassen oder Doraden
Die Fische aus der Familie der Meerbrassen sind im Mittelmeer beheimatet. Ihr weißes Fleisch hat wenige Gräten und ist sehr schmackhaft. Man backt sie gerne im Ofen, eine Spezialität ist Dorade in Salzkruste. Da die Fische relativ flach sind, garen sie schnell.

Gambas Garnelen
Es gibt sie rot, rosa oder weiß. Sie werden oft als *Gambas a la plancha* serviert, gegrillt auf der *plancha*, einer spezielle Metallplatte.

Mojama → Seite 140

Langostinos Riesengarnelen → Seite 134

Rape Seeteufel
Er wird auch Lotte genannt. Man isst nur das feste, wohlschmeckende Fleisch aus dem Schwanzstück. Der Kopf gehört in Spanien in jede Fischsuppe.

Sardinas Sardinen
Die zwischen Juli und Oktober gefangenen Sardinen sind die besten. Obwohl beim Braten ein penetranter Geruch entsteht, sind Sardinen, mit etwas Knoblauch und Thymian gefüllt, in Olivenöl gebraten, eine Delikatesse.

Fischbrühe
Sie ist für viele Fischgerichte wichtig. Man bereitet sie entweder aus Brühwürfeln bzw. Paste zu, die es beim Fischhändler oder in gut sortierten Supermärkten gibt, oder nimmt Fischfond aus dem Glas, der entsprechend verdünnt wird. Am besten schmeckt sie natürlich selbst zubereitet:
500 g Fischköpfe, Fischgräten etc. (beim Fischhändler nach Fischabfällen oder Fisch für Suppe fragen) in 1 l Wasser mit zerkleinertem Suppengemüse (Möhren, Petersilienwurzel, Sellerie, Lauch, Zwiebel, Knoblauch etc.), 2 Thymianstängeln, 1 Lorbeerblatt, 2 Gewürznelken, 4 Pimentkörnern, 10 Pfefferkörnern sowie 1/4 TL Fenchelsamen 20 Min. kochen. Die Brühe dann durchsieben und verwenden.

Doraden

Gemüse
Verduras

Ajo Knoblauch
Andalusischer Knoblauch ist milder als deutscher. Und als weiße oder rosa überhauchte Knolle zu haben. Schön fest muss er sein und darf keine braunen oder hohlen Stellen haben.
Wer Knoblauch nicht essen mag, aber auf den Geschmack nicht verzichten will, sollte folgenden Trick anwenden: Ein breites Messer auf die ungeschälte Knoblauchzehe legen, mit dem Handballen kurz draufschlagen und die Zehe etwas zerquetschen. Dann mitkochen oder -schmoren und vor dem Servieren entfernen.

Seeteufel

Ajo tierno Frischer Knoblauch
Er sieht aus wie winzige Lauchstangen und duftet intensiv nach Knoblauch. Er wird oft in einer *Tortilla* mitgebraten oder frisch zu Salaten verwendet.

Alcauciles Wilde Artischocken
Man findet sie im Frühjahr auf dem Land.

Alcachofas Artischocken
Sie wachsen in den kühleren Monaten von Januar bis Mai und sind wesentlich kleiner als ihre französischen Namensvettern, dafür aber aromatischer.

Berenjenas Auberginen
Es gibt sie weiß gesprenkelt und einfarbig, rund oder länglich. Andalusische Auberginen sind relativ süß.

Cardos Karden
Verwandte der Artischocken. Karden sind fleischige, stachlige, leicht bittere Stängel, die als Gemüse, in Eintöpfen oder mariniert als Tapa gegessen werden.

Pimientos secos, getrocknete Paprikaschoten

Collejas Wilder Spinat → Espinaca

Espárragos Spargel
Verwendet wird hauptsächlich der würzigere grüne Spargel. Im Frühjahr findet man ihn auch wild wachsend.

Espinaca y acelgas Spinat und Mangold
Auf Wochenmärkten und in Supermärkten werden Mangold und Spinat im Bund, *manojo*, angeboten. Selber sammeln muss man hingegen *collejas*, eine Art wilden Spinat, der im Frühjahr wächst und wie Spinat zubereitet wird, aber würziger ist. Mangold wird wie Spinat zubereitet.

Hinojo Fenchel
Wilder Fenchel wächst außer im Sommer fast überall in Andalusien. Er ist würzig und aromatisch.

Ñoras
Ñoras sind runde dunkelrote getrocknete Paprikaschoten. Sie werden gekocht und anschließend mit anderen Zutaten im Mörser zerstampft. Die Paste wird dann dem Gericht beigefügt. Man kann *ñoras* durch fertige Paprikapaste ersetzen.

Picada → Seite 30

Pimientos secos, guindillas y tomates secos Getrocknete Paprikaschoten, Chilischoten und Tomaten
Im Sommer leuchtet es auf den Terrassen und an den Fenstern der *pueblos blancos* in Andalusien rot. Die Andalusierin trocknet ihre länglichen, roten Paprikaschoten, Tomaten und die *ñoras* am liebsten selber. Die (getrockneten) milden Paprikasorten *choricero* oder *romesco* werden fein gehackt mitgekocht oder einweicht. Wenn sie genug Wasser aufgesogen haben, schabt man das Fruchtfleisch ab und gibt es zu dem Gericht. *Guindillas*, scharfe rote Pfefferschoten bzw. Chilischoten, werden ganz mitgekocht und vor dem Servieren entfernt. Getrocknete Tomaten geben Eintöpfen Farbe und einen rauchigen Geschmack.

Sofrito → Seite 30

Setas Pilze
Die andalusischen Wälder sind sehr reich an schmackhaften Pilzen. Die berühmte Trüffel, im übrigen Europa kaum noch zu finden, wächst, ob schwarz (*trufa negra*) oder weiß (*trufa blanca*), in den Bergen von Huelva, unter Stein- und Korkeichen und Kastanienbäumen. Den bekanntesten andalusischen Speisepilz *gurumelo* gibt es in Huelva, Cádiz und Sevilla.
Die Pilze werden gebraten oder gegrillt oder zusammen mit Wildfleisch und -geflügel geschmort.

Tomates Tomaten
Im Sommer findet man unzählige Tomatensorten auf dem Markt. Hier die wichtigsten:
Tomates canarios sind kleine runde Tomaten mit wenig Fruchtfleisch.
Tomates de pera sind birnenförmige, feste Tomaten, fleischig, süß und schmackhaft.
Tomates raf Man erkennt sie am Kontrast ihrer Farben: dunkelgrün und rot. *Tomates raf* sind sehr wohlschmeckend, süß und fleischig.
Tomates verdes Sie werden auch m*anzano* (Apfel) genannt, wegen ihrer Größe. Sie sind genau richtig, wenn sie anfangen rot zu werden. Vor allem für Salat geeignet.

Obst, Trockenfrüchte und Nüsse
Frutos, frutos secos y nueces

Aguacate Avocado
Sie wachsen an der Costa Tropical (→ Seite 190).

Albaricoques Aprikosen
Aprikosen werden frisch und getrocknet, dann heißen sie *orejones*, verwendet. Oft findet man sie als Zugabe in Schmorgerichten.

Almendras Mandeln → Seite 154
Die *marcona,* eine dicke, runde Mandel, wird am häufigsten angeboten. Ohne Mandeln sind die Süßspeisen aus den Klöstern undenkbar.
In vielen Rezepten werden die Mandeln geschält verwendet. Man bekommt diese nicht immer und nicht überall zu kaufen (in Supermärkten bei den Trockenfrüchten oder in der Backabteilung sowie im Reformhaus). Mandeln sind aber auch fix selber geschält: Ein paar Minuten in heißes Wasser legen und dann aus den Schalen drücken.

Brevas Juni-Feigen
Der *higueras bíferus* trägt zweimal im Jahr Früchte. Die Juni-Feigen, *brevas,* sind aromatischer. → Higos

Caqui Kaki
Süße, der Tomate ähnelnde Frucht des Kakibaumes. Den durch Tannin hervorgerufen pelzigen Geschmack verliert die Frucht, wenn sie vollreif ist. Kakis reifen gut nach.

Castañas Esskastanien oder Maronen
Maronen bekommt man frisch, tiefgefroren, in Vakuumpackungen oder Dosen sowie als Püree und Mehl und im Winter gegart vom Straßenstand. Frische Kastanien kreuzweise einschneiden und in der Pfanne ein paar Minuten unter Rühren rösten. Oder im Backofen oder in Wasser garen. Dann lassen sich Schale und Haut ganz leicht entfernen. Getrocknete Kastanien 1 Std. in heißem Wasser einweichen und je nach Rezept pürieren oder ganz mitkochen. Kastanien aus Konserven sind sofort verwendbar, man lässt sie nur abtropfen.

Chirimoya Cherimoya
Auch Zucker- oder Rahmapfel genannt. Eine herzförmige, apfelgroße Frucht mit einer ledrig weichen, dünnen Schale mit einer Art Schuppenmuster. Im Inneren befinden viele schwarze Kerne, so groß wie Kaffeebohnen. Man halbiert die Frucht und löffelt das nach Vanille schmeckende, weiche Fruchtfleisch aus. Die Kerne herausnehmen.

Datiles Datteln
Die saftigen, zuckerhaltigen Früchte der Dattelpalme (*Phoenix dactylifera*) können frisch, getrocknet oder auch gepresst als Dattelbrot gegessen werden.

Granadas Granatäpfel
Der Granatapfel war wegen seiner vielen Kerne, 613 sollen es sein, das Symbol der Mauren für Fruchtbarkeit. Die Früchte werden von September bis Dezember geerntet.

Higos Feigen
Zum zweitenmal trägt der Feigenbaum von August bis September Früchte, die *higos.* (Die ersten Früchte sind die Juni-Feigen → Brevas.) Sie schmecken besonders gut zu Schinken.

Naranjas Orangen
Gibt es von Ende September bis Mai, je nach Sorte.

Naranjas amargas Bitterorangen
Auch Sevillaorange oder Pomeranze genannt. Der Saft wird häufig für Fischgerichte verwendet. Ersetzen kann man ihn durch Saft von Blutorangen.

Pasas de Málaga Malagarosinen
Dicke Rosinen aus der Muskatellertraube (*uva muscatell*), die besonders süß und aromatisch schmecken. Wenn Sie keine bekommen, nehmen Sie saftige, kernlose Rosinen.

Piñones Pinienkerne
Samen der südeuropäischen Pinie. Die spanischen Pinienkerne sind stark ölhaltig und schmecken leicht rauchig nach Harz.

Wurstwaren und Schinken
Embutidos y Jamones

Ob *Jamón Serrano* oder *Jamón Ibérico, Chorizo, Longaniza, Morcilla* oder *Lomo embuchado* – die köstlichen andalusischen Schinken und Wurstwaren sind immer luftgetrocknet und sollten an einem kühlen Ort aufbewahrt werden, aber nicht im Kühlschrank.
Auf den Seiten 62ff. und 122ff. finden Sie ausführliche Informationen zu den verschiedenen Wurst- und Schinkenspezialitäten.

Avocados

Cherimoya

Fleisch und Geflügel
Carnes y aves

Cerdo Schweinefleisch
Schweinefleisch wird in der andalusischen Küche viel in Eintöpfen verwendet. Kurz gebraten werden höchstens das Filet (*solomillo*) oder die Lende (*lomo*).

Cordero y Cabrito Lamm und Zicklein
Auch heute noch sieht man häufig den Schäfer mit Lämmern und Ziegen über die Felder ziehen. Daher ist ihr Fleisch zart und würzig.

Conejo Kaninchen
Es wird nur frisch angeboten. Mit der Kaninchenleber kann man Saucen binden. Dazu die Leber ganz kurz anbraten, im Mörser zerstampfen und kurz vor Ende der Kochzeit unters Gericht rühren.

Pollo Huhn
Hühner werden fast ausschließlich frisch verkauft. Ein Suppenhuhn wird *gallina* genannt, ein Freilandhuhn *pollo de campo*. Es hat eine kräftig gelborange Farbe.

Marktstand mit breitem Angebot spanischer Käsesorten.

Perdiz y faisán Rebhuhn und Fasan
Beides findet man als Schmorgericht oder eingelegt (*en escabeche*) in andalusischen Kochtöpfen. Das bekannteste Gericht ist *Perdiz con chocolate*, Rebhuhn mit Schokolade übergossen.

Ternera Rindfleisch
Wird sehr selten verwendet, außer für geschmorten Ochsenschwanz (*rabo de toro*) und andere Eintopfgerichte.

Käse
Queso

Andalusische Käse sind überwiegend aus Ziegen- oder Schafmilch oder einer Mischung hergestellt. Es sind feste Käse mit starkem Aroma und Geschmack. Meist werden schnittfeste Frischkäse, halbreife oder gelagerte Käse angeboten. Die reifen Käse findet man auch in Olivenöl eingelegt.

Quesos ácidos de cabra
Typischer Ziegenkäse aus der Sierra de Zuheros in der Provinz Córdoba, von kleinem Format. Er ist unregelmäßig geformt, mit Kräutern oder Gewürzen bedeckt oder in Olivenöl mariniert.

Queso de Cazorla
Ein zylindrischer, flacher Käse aus pasteurisierter Schafmilch, mit aromatischen Kräutern bedeckt. Er ist sehr cremig, leicht süß und aromatisch mit einem feinen Geschmack nach Kräutern.

Queso de Grazalema
Dieser flache zylindrische Käse wird speziell am Ende des Winters oder mitten im Sommer aus Ziegenmilch oder Ziegen- und Schafmilch gemischt hergestellt. Die Rinde ist hellorange. Der Käse wird halbreif oder gereift (mindestens 1 1/2 Monate) angeboten.

Queso de las Alpujarras
Ein leicht salziger, pikanter Ziegenkäse, schmelzend im Gaumen mit Aromen nach Kräutern und frischem Heu. Er wird frisch oder gereift angeboten. Die Rinde ist gebürstet oder geölt und hellgelb.

Queso de Pedroches
Die Käse aus Pedroches (Provinz Córdoba) sind halbreif oder gereift aus der Rohmilch der Merinoschafe hergestellt. Die Rinde glänzt hellgelb, ölig.

Queso Manchego D.O. Manchegokäse
Ein zylindrischer Käse aus der Milch der Manchegaschafe. Der Käse wiegt 1–3 kg, hat einen Fettanteil von 45 % und reift mindestens 60 Tage. Junger Manchego ist mild, reifer sehr pikant-scharf.

Queso Rondeño
Die ganze Zone um die Serranía de Ronda (Provinz Málaga) ist bekannt für ihre Ziegenzucht. Der *Queso Rondeño* wird teilweise noch handgemacht. Es wird als Frischkäse, gereift oder in Olivenöl konserviert angeboten.

Adressen in Andalusien *Hier finden Sie Restaurants, Winzer, Ölmühlen, Boutiquen, Klöster, die wir auf unserer kulinarischen Reise durch Andalusien entdeckten oder die uns Freunde empfohlen haben. Eine kleine persönliche Auswahl. Wenn Sie nach Andalusien telefonieren wollen: Die Vorwahl ist 0034.*

Almería

Restaurants

Almazara Museo Los Albardinales
Restaurant und Museum zugleich in einer alten, restaurierten Ölmühle. Spezialität des Hauses sind Wildgerichte aller Art. Man kann auch das hauseigene ökologische Olivenöl probieren und kaufen.
Crta. Nacional N-349, km 474, 04200 Tabernas
Tel.: 950 61 17 07

Quesería Galatea
Ein Restaurant mit ausgezeichneten hausgemachten Käsen, guten Schinken und Pasteten. Man kann die Produkte auch mitnehmen.
Altamira 5, Tel.: 950 25 94 09

Morales
Restaurant im Naturschutzgebiet Cabo de Gata. Andalusische Küche und tagesfrischer Fisch je nach Markt, vor allem Heilbutt, Seezunge und Roter Schnapper (*Pargo*).
Almadrava de Monteleva (Salinas), Tel.: 950 37 01 03

La Tahá
Traditionelle Küche, z.B. Kaninchen mit *Gurumelos*, Zickel mit Knoblauch und Fencheltopf *Canjáyar*.
Vivar Téllez 1, 04450 Canjáyar, Tel.: 950 51 08 00

Einkaufen

La Almazara de Canjáyar
Fruchtiges natives Olivenöl aus den Sorten Lechín, Cuquillo, Manzanilla und Picual. Das *Aceite* Gourmet schmeckt nach Mandeln und grünem Apfel.
Paraje Cruz Blanca s/n, 04450 Canjáyar
Tel.: 950 60 83 03

Manuel Checa Corral
Exquisiter Bergschinken aus Serón (*Jamón Serrano de Serón*).
Avda.de Leanto 2, 33469 Serón, Tel.: 950 42 63 29

La Flor a Nata
Hausgemachte Marmeladen, Backwaren und Süßigkeiten.
Marina 11, 04005 Almería, Tel.: 950 23 09 45

Cádiz

Restaurants

El Convento
Arcos de la Frontera gilt als eine der schönsten Städte Andalusiens. Das Restaurant im alten restaurierten Palacio de Valdespino ist eines der schönsten dort. Im Innenhof (*Patio*) zwischen Marmorsäulen aus dem 17. Jahrhundert können Augen und Magen gleichzeitig genießen.
Hotel-Restaurante El Convento, C/Marqués de Torresoto 7, 11630 Arcos de la Frontera
Tel.: 956 70 32 22

Casa Bigote
Eines der angesehensten Fischrestaurants in Sanlúcar, im Fischerviertel Bajo de Guia mit herrlichem Ausblick auf das Naturschutzgebiet Cota de Doñana. Ein Muss sind hier die *Langostinos* von Sanlúcar.
Bajo de Guia, 10, 11540 Sanlúcar de Barrameda,
Tel.: 956 36 26 96

Bar Juanito
Gilt als eine der besten Tapasbars in Andalusien. Berühmt für Artischocken, Tapas mit Stierfleisch und frittierte *Boquerones*. Die endlos lange Tapas-Theke lässt die Augen groß werden und macht den Mund wässrig.
C/Pescadería Vieja 8-10, 11400 Jerez de la Frontera
Tel.: 956 33 48 38

Ventorillo del Chato
Hier sollen die Tapas erfunden worden sein.
Vía Augusta Julia s/n, Crta.
Cádiz San Fernando km 2, 11001 Cádiz
Tel.: 956 25 00 25

Marisquería Manguita
Ein einfaches, typisches Fischerlokal. Fisch und Meeresfrüchte frisch vom Kutter, denn der Besitzer ist Fischer.
Huerta El Retortillo s/n,
11130 Chiclana de la Frontera, Tel.: 956 40 14 40

Casa Juanito
Spezialist in Tunfischgerichten und *Atún de Almadraba*, hausgemachte Sardellen, *Ortiguillas revueltas* (gebratene Seeanemone).
C/Sagasta 7, 11393 Zahara de los Atunes
Tel.: 956 43 92 11

Einkaufen
Monasterio del Corpus Cristi
Dieses Kloster bietet eine ausgezeichnete Auswahl an Süßigkeiten und Gebäck an. Bekannt sind *Pastas con almendras y piñones, de nueces, de moscatel y pasas de avelallanas, Pestiños, Cabello de angel.*
Plazuela de la Botíca, 2, 11620 Arcos de la Frontera
Tel. 956 70 04 70
Confitería Nuestra Señora de la Paz
Bekannteste Patisserie der Stadt mit klassischen Süßigkeiten der Region wie *Alfajores* etc.
C/San Juan, 14, 11170 Medina Sidonia
Tel.: 956 41 01 61
Bodegas Sánchez Romate
Exzellenter Essig aus der süßen Pedro-Ximénez-Traube und feine Sherryessige.
Leales, 28, 11400 Jerez de la Frontera
Tel.: 956 18 22 12
Bodega Àlvaro Domec
Außer exzellenten Sherrys stellt diese Kellerei den nach Meinung von Experten besten Sherryessig der Welt her, den Vinagre de Jerez Reserva 1730. Besichtigungen Montag-Freitag 10-14 Uhr und nach Voranmeldung.
C/Madre de Dios s/n, 11400 Jerez de la Frontera
Tel.: 956 33 96 34
Bodega Barbadillo
Von Montag bis Samstag von 12 bis 13 Uhr kann man die Bodega Barbadillo und das Manzanilla-Museum besichtigen. Manzanillas gibt es auch zu kaufen, u.a. den seltenen Palo Cortado Obispo und einen ausgezeichneten trockenen Oloroso seco Cuco Gascón sowie einen Weißwein aus der Sherrytraube Palomino.
C/Luis de Eguilaz n°11,
11540 Sanlúcar de Barrameda, Tel: 956 38 55 00
Bodegas Pedro Romero
Eine *Bodega* aus dem 18. Jahrhundert, wo man Manzanillas und alle Versionen von Sherrys probieren und kaufen kann sowie allerfeinste Sherryessige, darunter einen, der 50 Jahre alt ist.
C/Trasbolsa 84, 11540 Sanlúcar de Barrameda
Tel.: 956 36 07 36

Mojama

Cooperativa del Campo de la Miel
Verschiedene Honigsorten, Zuckerrohrmelasse, Walnüsse in Honig oder Zuckerrohrmelasse.
Edif. Málaga, 1, 11400 Jerez de la Frontera
Tel.: 956 23 75 28
El Rey de Oros
Ausgezeichnete Tunfischkonserven (*Mojama*, Huevas, Ventresca ...).
AV, José Antonio 25, 11160 Barbate
Tel.: 956 43 00 01
La Barbateña
Eigene Herstellung von Tunfischkonserven (*Mojama*), Anchovis und ausgezeichneten Fischkonserven.
Av. Generalísimo 10, 11160 Barbate,
Tel.: 956 43 09 85

Córdoba

Restaurants
Casa Pepe de la Judería
In einem wunderschönen *Patio* verwöhnt Küchenchef Miguel Cabeza den Gast mit Köstlichkeiten wie Kirschen*gazpacho* mit Minze, Hirschmedaillons in Pedro-Ximénez-Essig, Rinderfilet in Trüffelsauce, Ziegenkäsesalat mit Honigessig und gerösteten Pinienkernen, Orangensuppe und Ananaseis mit Granatapfel.
C/Romero 1, 14003 Córdoba, Tel.: 957 200 744
El Caballo Rojo
In der Judería liegt das bekannteste Restaurant Córdobas. Seit vielen Jahren verwöhnt Küchenchef José García Marín seine Gäste mit andalusisch-mozarabischer Küche: *Crema de salmorejo*, Artischocken mit jungen Bohnen, Nüssen und Rosinen, Lamm in Honigsauce. An der Bar können Sie fast alle Speisen des Restaurants als Tapas genießen.
Cardenal Herreo, 28, 14003 Córdoba,
Tel: 957 475 375

Einkaufen
Nuñez de Prado C.B.
Seit 1795 in Familienbesitz; man erhält kalt gepresstes Olivenöl *Flor de Aceite*, eines der besten Olivenöle Andalusiens.
Avda. de Cervantes, 13, 14850 Baena
Tel.: 957 67 01 41
Alcubilla2000 S.L.
Ökologisches Olivenöl Luque D.O. Baena, aus der Sorte Pajarera, Picuda, Picual. Mildfruchtig.
Carretera Nacional 432, km 315,8
14840 Castro del Río, Tel.: 957 37 40 05

Bodegas Alvear
Die *Bodega* stammt aus dem Jahr 1750 und gehört zu den wenigen in Spanien, die auf eine ununterbrochene Produktion seit der Gründung stolz sein können. Aus der Pedro-Ximénez-Traube zaubert Chef-Önologe Bernardo Lucena feine D.O. Montilla-Moriles-Weine, Finos, Olorosos und Amontillados.
Av. María Auxiliadora 1, 14550 Montilla
Tel.: 957 65 01 00

Granada

Tapas
Tapas-Lokale gibt es unzählige in der Stadt. Vor allem zwischen der Gran Vía de Colón und der Calle Elvira, Richtung Plaza Nueva bzw. Plaza Isbela la Católica.

Restaurants
Mirador de Morayma
Ein bezauberndes Restaurant in einem arabischen Garten mitten im Albayzin, mit Blick auf die Alhambra. Zu empfehlen sind *Remojón*, Lammtopf mit wildem Fenchel, *Ajoblanco*, Reis mit Kaninchen, Safran und Mandeln, hausgemachter Schafkäse und Süßigkeiten aus dem nahe gelegenen Kloster sowie ökologische Weine aus eigenem Anbau.
Dienstags ist Flamenco-Show.
C/Pianista Carillo, 2, 18010 Granada (Albayzin)
Tel.: 958 22 82 90
Hammam Restaurante und **Restaurante La Colina de Almanzora**
An Leib und Seele kann man sich in diesem arabischen Bad (Hammam) verwöhnen lassen, dem ein Restaurant (La Colina de Almanzora) mit arabisch-spanischer Küche und eine *Tetería* (arabische Teestube) mit zahllosen Teesorten angeschlossen sind. Im Hammam, das im arabischen Stil eingerichtet ist, sind Baden, Massage und Aromatherapie im Preis eingeschlossen.
Calle Santa Ana 16, 18010 Granada
Tel.: 958 22 99 78; fürs Hammam Tel.: 958 22 95 16
La Piscina
Ein Tapaslokal, dessen Spezialität vor allem frische Meeresfrüchte- und Fischtapas sind.
C/Nuestra Señora del Mar s/n, 18600 Motril
Tel.: 958 60 10 12
Casa Julio
Ein gemütliches Gartenlokal mit typisch alpujarrenischer Küche: *Migas*, Zicklein mit Mandeln (*Choto almendrado*), maurische Fleischklößchen (*Albóndigas arabes*).
Casa Julio, Plaza Mayor s/n, 18411 Pampaneira (Alpujarras), Tel.: 958 76 33 22

Einkaufen
Caviar Riofrío
Seit 50 Jahren widmet sich die Familie Domezain der Stör-Zucht und der Produktion von Kaviar. Caviar Riofrío Beluga ist der einzige ökologische Kaviar der Welt. Außer Kaviar kann man Forellen und Stör frisch, geräuchert und als leckere Pastete kaufen.
Piscifactoria de Sierra Nevada S.L., Camino de la Piscifactoria 2, 18313 Riofrío, Tel.: 958 32 26 21
La Alacena de Andalucía
Ein Laden für Feinschmecker mit andalusischen Produkten (native Olivenöle, feine Sherryessige, Wildpasteten, Süßigkeiten aus den Alpujarras).
San Jerónimo 3, 18010 Granada, Tel.: 958 20 68 90
Cooperativa Nuestra Señora de los Remedios
Das native Olivenöl Sierra Arana D.O. Montes de Granada bekam 2002/2003 die Goldmedaille für fruchtiges Olivenöl.
Explanada de la Estación, s/n, 18550 Iznalloz
Tel.: 958 38 41 79
Conchita
Süßspeisen und Gebäck. Die *Roscos* und *Pestiños* haben einen besonders guten Ruf.
C/Mariana Pineda, 12; 18670 Vélez de Benaudalla
Tel.: 958 65 84 34
Bodega la Moralea
Ein kurioser Laden, wo man Schinken, Käse, Honig und Wein aus den Alpujarras probieren und kaufen kann, aber auch Olivenöl und alles, was damit zu tun hat wie Seifen, Cremes und Shampoo.
C/Verónica s/n, 18411 Pampaneira (Alpujarras)
Tel.: 958 76 32 25

Olivenöl

Huelva

Restaurants
Bodega Restaurante Jagubo
Gute regionale Küche mit dem *Cerdo ibérico* als Hauptdarsteller.
Crta. De San Juan del Puerto s/n, 21290 Jabugo
Tel.: 959 12 15 96
Venta La Piedra
Hier kocht die Chefin, Josefa Castilla. Das Restaurant mit schöner Terrasse liegt mitten im Naturpark Doñana. Spezialitäten sind u.a. Kichererbsen mit Tintenfisch, Wildkaninchen und Zimtmousse.
Crta. Almonte-El Rocío km 4,5, 21730 Almonte
Tel.: 959 450 253

La Plazuela
Ein rustikales Restaurant mit kreativer Küche und tagesfrischem Fisch und Meeresfrüchten. Der Weinkeller fasst 14000 Flaschen. Man kann ihn besichtigen und Weine probieren.
C/La Fuente 40, 21110 Aljaraque, Tel.: 959 31 88 31
La Capellanía
Das ländliche Restaurant ist berühmt für seine Gerichte vom iberischen Schwein. Hier soll es das beste Schweinefilet der Region geben.
Crta. de Sevilla-Lisboa s/n, 21292 Fuenteheridos
Tel.: 959 12 50 34

Jamón Serrano

Einkaufen
Hermanos Velázquez
Luftgetrockneter Schinken und Wurstwaren mit dem größten Prestige der Region. Kein Telefon.
Plaza de Ordóñez Valdés 1, 21240 Aroche
Monte Robledo
Einer der wenigen Läden, wo man noch den hausgemachten Käse der Region kaufen kann.
C/Concordia, 18, 21200 Aracena, Tel.: 959 12 89 94

Jaén

Restaurants
Casa Herminia
Dieses feine Restaurant liegt mitten im Herzen der Sierra Magina in einem kleinen Dorf. Der junge Küchenchef Alberto Fernández hat sich ganz der Jaéner Küche verschrieben und serviert regionale Spezialitäten wie *Andrajos*, *Sopa cocida*, *Bacalao con tomate*, *Torrijas*.
C/ Moya, 12, 23550 Cabra de Santo Cristo
Tel.: 953 397 506
La Sarga Plaza del Mercado
Das Restaurant liegt direkt am Naturpark der Sierra de Cazorla. Küchenchef José Lorente offeriert eine große Auswahl ausgezeichneter Gerichte von Hirsch, Hase, Reh und Wachteln in köstlichen Saucen. Besonders zu empfehlen ist das *Bacalao*-Filet mit Pinienkernen in Pedro-Ximénez-Sauce. Anlässlich der jährlichen gastronomischen Woche vom 15. bis 30. Dezember bietet La Sarga dem Gourmet ein 14-gängiges Degustationsmenü an.
s/n, 23470 Cazorla, Tel.: 953 72 15 07
Vandelvira
Küchenchef Fernando Alguacil bietet im Kreuzgang eines wunderbar restaurierten Renaissanceklosters traditionelle, evolutionäre Küche der Spitzenklasse an. Eine deliziöse Rebhuhnpastete in Olivenölsaft, kalte Mandel-Knoblauchsuppe mit Pinienkernen und Äpfeln, Schweinsfüßchen gefüllt mit Wachteln und Spinat in Möhrensauce, *Bacalao a la Baezana* (mit Tomaten, Zwiebeln, Olivenöl und Pinienkernen), Feigen aus Jimena in Mandelcreme, Bratapfel in Quittenspeck mit Zimt aromatisiert. Degoustationsmenü.
C/San Francisco 14, 23440 Baeza, Tel.: 953 74 81 72

Einkaufen
Potosi10 S.A. Aceites Fuenroble
Ein fruchtig-aromatisches natives Olivenöl extra, aus der Sorte Picual D.O. Sierra de Segura von Bäumen, die im Naturschutzgebiet Sierra de Segura wachsen.
Crta. De Hernos s/n, 23370 Orcera, Tel.: 953 48 20 41
Aceites Viana
Olivenöl al-Manzar D.O. Sierra Mágina von 100-jährigen Bäumen, nur 10000 Flaschen à 1/2 l im Jahr.
Crta. Garcíez-Bedmar, s/n, 23539 Garcíez
Tel.: 953 359 121
Roldán Maza
Liköre und Schnäpse aus Brombeeren, Sauerkirschen, Steineicheln, Pfefferminze, Zitrone, Anis etc.
C/Andalucía 1, 23320 Torreperogil, Tel.: 953 77 60 23

Málaga

Restaurants
Tragabuches
Das Restaurant gilt als eines der besten in der Provinz. Originelle innovative Versionen traditioneller Küche. *Ajoblanco* mit Garnelenravioli, Heringsrogen, Iberischer Speck mit *Migas*.
C/José Aparicio 1, 29400 Ronda, Tel.: 952 19 02 91
Mesón La Molienda
Ein rustikales Restaurant mit traditioneller Küche, darunter viele Gerichte mit Kastanien: Salatherzen mit Kastanien und Apfel, Gemüse-Kastanien-Creme, Lamm in Mandelsauce mit Pinienkernen, Rosinen, Spinat, Wild in Zimtsauce, Kaninchen mit Kastanien.
C/Moraleda 59, 29491 Benalauría (Serranía de Ronda), Tel.: 952 15 25 48
El Tintero II
Das Lokal direkt am Strand für Meeresfrüchte und Fisch. Die Kellner rennen mit Tellern heraus und wer zuerst kommt, mahlt zuerst. Abgerechnet wird nach Anzahl und Größe der Teller.
Playa del Dedo, 29017 El Palo, Tel.: 952 20 44 64
Restaurante Calima
Unter Leitung von Dani García, einem der besten Nachwuchsköche Spaniens, können Sie hier einerseits traditionelle Küche und andererseits Danis fan-

tasievolle, schmackhafte Kreationen mediterraner Küche genießen. Besonders empfehlenswert sind die frittierten Fische und Meeresfrüchte sowie kalte Suppen.
Hotel Don Pepe, C/José Melià s/n, 29600 Marbella
Tel.: 952 76 42 52

La Menorah
José Luis Mariscal, ein andalusischer Sepharde, hat ein Restaurant mit jüdisch-andalusischer Küche eröffnet. Küchenchef Francisco López sammelt seit Jahren klassische Fischrezepte aus Málaga und Cádiz und vor allem sephardische Rezepte.
Urb. Arena Beach, Crta. Nacional 340 km 151,2
La Gaspara, 29680 Estepona, Tel.: 952 792 734

Einkaufen

La Molienda Verde de Benalauria
Esskastanien sind die Protagonisten im Valle de Genal im Hinterland von Málaga. In diesem ökologischen Betrieb kann man alles kaufen, was mit Kastanien zu tun hat: Kastanienmousse mit Schokolade, Kastanien in Brandy, Marron Glacé, Kastanien in Sirup mit Walnüssen, Kastanienmarmelade und einige andere feine Sachen wie Tomatenmarmelade, Feigen-Dattelmarmelade etc.
Paraje Era Cabezas, s/n, 29491 Benalauría
Tel.: 951 16 80 18

Lácteas Angulo
Ziegenkäse Queso de Ronda und andere typische Ziegen- und Schafkäse der Serranía de Ronda.
C/General 8, 29400 Ronda, Tel.: 952 18 70 18

Convento de las Calzadas
Von den Nonnen hergestellte Süßigkeiten wie *Bienmesabe* und ausgezeichnete Torten.
Plaza de las Calzadas s/n, 29200 Antequera

Almendrera del Sur
Mandeln, *Turrón*, Orangen- und Mandelblütenhonig, Rosmarinhonig etc., Johannisbrot und in Honig eingelegte Süßigkeiten.
C/de la Almendrera s/n, 29570 Cártama
Tel.: 952 42 00 20

Antigua Casa de Guardia S.L.
Seit fast 100 Jahren kann man hier Wein probieren und kaufen. Dazu gibt es schmackhafte Tapas. Weine D.O. Málaga und D.O. Sierras de Málaga.
Alameda Principal 18, 29015 Málaga
Tel.: 952 21 46 80

Sociedad Cooperativa. San Isidro de Sayalonga
Kaltgepresstes Olivenöl, feine Malagarosinen, naturreiner regionaler Wein zu ausgezeichneten Preisen.
Crta. de Cómpeta 26, 29752 Sayalonga
Tel.: 952 535 015

Aceites Axarquía
Natives Olivenöl extra aus der seltenen Olivensorte Verdia, aromatisch-fruchtig und leicht süß.
Explanda de la Estación 3, 29700 Vélez-Málaga
Tel.: 952 50 04 98

Sonstiges

Rosinenmuseum Museo de la pasa, Plaza del Santo Cristo, s/n, 29330 Almachar

Sevilla

Tapasbars
Unzählige Bars bieten Tapas an, v. a. in den Stadtvierteln Triana, Los Remedios und La Macarena.

Restaurants

La Alquería
Das Restaurant im Hotel Finca Benazuza, in einem ehemaligen arabischen Gutshof aus dem 10. Jahrhundert eingerichtet, gehört zu den schönsten Hotel-Restaurants in Andalusien. Küchenchef Rafael Morales lernte bei Meisterkoch Ferrán Adrià. Auf der Karte stehen Köstlichkeiten wie Hummer*gazpacho* mit Basilikum parfümiert, Orangensuppe mit Mangoldravioli und Ingwerpudding, Tunfischfilet mit Johannisbeeren und Eukalyptus, Birnentörtchen mit Rosmarin.
Finca Benazuza, C/ Virgen de las Nieves s/n
41800 Sanlucar la Mayor (Sevilla), Tel: 955 70 33 44

Taberna de Alabardero
Küchenchef Juan Marcos García kocht entsprechend den Jahreszeiten innovative sevillanische Küche, ohne die Tradition aus den Augen zu verlieren. Spezialität ist Wild mit Paprikachutney in Steineichellikör, Rebhuhn mit Datteln und Pflaumen geschmort.
C/Zagaoza 20, 41001 Sevilla, Tel.: 954 50 27 21

Küchenchef Juan Marcos García

Einkaufen

La Alacena de Andalucía
Andalusisches natives Olivenöl extra, Sherryessige, Wildpasteten, Süßes aus den Alpujarras.
C/San Jerónimo 3, 41001 Sevilla, Tel.: 958 20 68 90

B&C Vinos y Viandas Club Gourmet Sevilla
Andalusische Weine und Gourmetprodukte, Weinproben und Verkosterlehrgänge, pittoreskes Lokal mit Weinkeller (*Bodega*). Donnerstags von 21 bis 24 Uhr *Tertulia* über Wein.
Plaza de Santiago n°1, 41950 Castelleja de la Cuesta
Tel.: 954 16 90 09

Menüvorschläge

Selbst in einer einfachen Taberna besteht das Tagesmenü aus drei Gängen: ein Reisgericht, eine dicke Suppe oder ein Salat als Vorspeise, Fisch oder Fleisch als Hauptgericht und frisches Obst oder Flan als Dessert. Zu allen Gängen wird Weißbrot gegessen, andere Beilagen kennen die Andalusier nicht. Zum Abschluss trinkt man einen starken, schwarzen Kaffee (café solo) und einen Brandy oder Anisschnaps. Zum Essen gibt es Wein, Sherry, Bier und Wasser. Die Menüs sind, wenn nicht anders vermerkt, für 4 Personen gedacht.

Pastela moruna

Einfache Menüs

Ajoblanco (Rezept Seite 24) mit Pinienkernen
Perdices con chocolate (Rezept Seite 50)
Sorbete de chirimoya (Rezept Seite 60)

Caldillo de perro (Rezept Seite 133)
Caldereta rociera (Rezept Seite 150)
Obst der Jahreszeit

Gazpacho de aguacates (Rezept Seite 180)
Ciervo a al montanería (Rezept Seite 47)
Suspiros de monja (Rezept Seite 156)

Tortilla de quisquillas (Rezept Seite 136)
Faisán en escabeche (Rezept Seite 47)
Sorbete de rosas (Rezept Seite 111)

Crema de calabaza (Rezept Seite 78)
Jibia en salsa (Rezept Seite 139)
Crema de khaki con Oloroso (Rezept Seite 218)

Pastela moruna (Rezept Seite 27)
Pollo con aceitunas (Rezept Seite 88)
Pastel cordobés (Rezept Seite 112)

Olla de trigo (Rezept Seite 32)
Rape a la marinera (Rezept Seite 203)
Peras con menta (Rezept Seite 156)

Puchero de verano (Rezept Seite 88)
Moraga de sardinas (Rezept Seite 44)
Obst der Jahreszeit

Sommermenüs

Ajoblanco (Rezept Seite 24)
Vaca mechada (Rezept Seite 206), dazu Weißbrot
Sorbete de melón y mango (Rezept Seite 217)

Remojón (Rezepte Seite 24)
Moraga de sardinas (Rezept Seite 44)
Higos villamiel (Rezept Seite 112)

Tomates horneados (Rezept Seite 186)
Riñones en Jerez (Rezept Seite 103), als Beilage Baguette und Acelgas con pasas y piñones (Rezept Seite 36)
Frische Früchte

Piriñaca (Rezept Seite 76)
Salmonetes al romero (Rezept Seite 205)
Flan de queso de cabra (Rezept Seite 108)

Deftige Wintermenüs

Caldo pimentón con boquerones (Rezept Seite 185)
Codiciado (Rezept Seite 101)
Torrijas (Rezept Seite 108)

Berenjenas mozárabes (Rezept Seite 136)
Conejo con almendras (Rezept Seite 48)
Arroz con leche (Rezept Seite 111)

Habas con jamón a la granadina (Rezept Seite 35)
Olla San Antón (Rezept Seite 32)
Crema de khaki con Oloroso (Rezept Seite 218)

Menüs mit Fisch

Sopa de mejillones (Rezept Seite 128)
Carpaccio de atún rojo (Rezept Seite 145), dazu Weißbrot
Lubina a la sal (Rezept Seite 203), dazu Salzkartoffeln und Alioli (Rezept Seite 42)
Helado de aceite de oliva (Rezept Seite 159)

Arroz con almejas (Rezept Seite 128)
Andrajos de Jaén (Rezept Seite 43)
Torta real de Motril (Rezept Seite 60)

Festliche Menüs

Crema de calabaza (Rezept Seite 78)
Ensalada de queso de cabra (Rezept Seite 84)
Cabrito a la miel y azafrán (Rezept Seite 96),
dazu Rosmarinkartoffeln (Rezept Seite 153)
Acelgas con pasas y piñones (Rezept Seite 36)
Flan de naranja (Rezept Seite 218)

Sopa de azafrán (Rezept Seite 78)
Alcauciles mojados (Rezept Seite 35)
Magret de pato con higos (Rezept Seite 103)
Espárragos verdes con salsa de azafrán (Rezept Seite 28)
Albaricoques con azúcar de caña (Rezept Seite 159)

Crema de castañas y jamón ibérico (Rezept Seite 87)
Cordonices a la uva (Rezept Seite 214)
Dorada al Jerez (Rezept Seite 139), dazu Orangenreis (Rezept Seite 98)
Pudín de almendras (Rezept Seite 59)

Großes Festmenü

Bei einem großen Festmenü, z. B. am Weihnachstag oder an Silvester werden als Vorspeisen immer Meeresfrüchte serviert, Garnelen, Almejas, Mejillones, Langostinos etc. Dazu reichlich Weißbrot, Salat, marinierte Oliven, Käsescheiben und Jamón Serrano. Vor dem ersten Hauptgang kommt eine Suppe, dann der Fisch, danach ein Sorbet und der Fleischgang. Den Abschluss bildet ein süßes oder fruchtiges Dessert. Das Menü ist für 6–8 Personen gerechnet.

Atún en escabeche (Rezept Seite 145, halbe Menge)
Jibia en salsa (Rezept Seite 139, halbe Menge)
Boquerones marinados (Rezept Seite 197, halbe Menge)
Datiles con beicon (Rezept Seite 74)
Gambas al ajillo (Rezept Seite 197)
Tortilla de quisquillas (Rezept Seite 136, halbe Menge)
Porra antequerana (Rezept Seite 185, halbe Menge)
Habas con jamón a la granadina (Rezet Seite 35)
Cardos con almejas y gambas (Rezept Seite 186)
Crema de castañas y jamón (Rezept Seite 87)
Rape a la marinera (Rezept Seite 203)
Sorbete de melón y mango (Rezept Seite 217)
Cordero a la naranja y menta (Rezept Seite 56)
Crema de canela con merengue (Rezepte Seite 59)
Café sólo und Brandy, Whiskey oder Anisschnaps

Ideen für ein Picknick im Freien

Von dem Picknick werden 6–8 Personen satt. Vergessen Sie nicht, Baguette (3–4 Stangen) und etwas Chorizo, Jamón Serrano, Käse und Obst der Jahreszeit zu kaufen.
Aceitunas negras marinades (Rezept Seite 74)
Queso fresco con orégano (Rezept Seite 74)
Ensalada de berenjenas y calabaza (Rezept Seite 84)
Pastela moruna (Rezept Seite 27)
Faisán en escabeche (Rezepte Seite 47)

Ideen für ein andalusisches Fischbüfett:

Ein Büfett für 8–10 Personen. Kaufen Sie noch frisches Obst für den Nachtisch. Rechnen Sie mit 3–4 Stangen Baguette.

Salmorejo (Rezept Seite 77)
Bacalao con tomate (Rezept Seite 41)
Mojama con aceite y almendras (Rezept Seite 142, Variante)
Ensalada de naranja y caballa (Rezept Seite 199)
Remojón (Rezept Seite 24)
Pinchos de anchoas con queso (Rezept Seite 197, doppelte Menge)
Atún en escabeche (Rezept Seite 145)
Boquerones marinados (Rezept Seite 197)
Aceitunas negras marinadas (Rezept Seite 74, doppelte Menge)
Almindonado de Jaen (Rezept Seite 44)

Bacalao con tomate

Ideen für ein andalusisches Sommerbüfett

Dieses Sommerbüfett macht 10–-12 Personen satt. Servieren Sie dazu noch mehrere Sorten eingelegte Oliven und Jamón Serrano (80–100 g pro Person), frische Früchte und 3–4 Stangen Baguette.

Gazpacho andaluz (Rezept Seite 76)
Ajoblanco (Rezept Seite 24)
Piriñaca (Rezept Seite 76)
Datiles con beicon (Rezept Seite 74)
Pastela moruna (Rezept Seite 27)
Ensalada de naranjas y caballa (Rezept Seite 199)
Vaca mechada (Rezept Seite 206)
Queso fresco con orégano (Rezept Seite 74)
Flan de queso de cabra (Rezept Seite 108)
Früchte der Jahreszeit

Rape a la marinera

Rezeptverzeichnis *von Entradas bis Postres: Für die Planung weiterer andalusischer Menüs hier noch einmal die Gerichte des Buches in Menüfolge.*

Register

Damit Sie Rezepte mit Zutaten wie Bohnen und Honig schneller finden können, stehen diese Zutaten zusätzlich auch über den entsprechenden Rezepten – ebenfalls alphabetisch geordnet und ***halbfett*** *gedruckt.*

M

N

O

P

Q/R

S

T

Bezugsadressen *Unter diesen Adressen finden Sie vor Ort oder per Internet eine große Bandbreite spanischer Produkte.*

!muy bien!
Kurhaus Ladengalerie
Louisenstraße 58–60
61348 Bad Homburg
Tel.: 06172/921821, Fax: 06172/921822
www.muy-bien.net

El Rocio
Steinweg Nr. 14, 38100 Braunschweig
Tel.: 0531/2196261, Fax: 0531-2196261
www.elrocio.de

Casa Barril
Belsenstraße 25, 40545 Düsseldorf
Tel.: 0211-175781

Bodega andaluza
Himmelfahrtsgasse 21, 09599 Freiberg
Tel.: 03771/30820
www.bodega-andaluza.com

Calpesa GmbH
Schützenstr. 91, 22761 Hamburg
Tel.: 040/856027, Fax: 040/8508883
Los Amigos 2
Plaza de Rosalia 3 (im Ahrberg-Viertel) 30449 Hannover
Tel.: 0511-21978419

Der Weinfleck
Donaustraße 30, 87700 Memmingen
Tel. 08331/985149
www.weinfleck.de

El Paladar
Falkenstraße 2, 81541 München
Tel.: 089/62230690, Fax: 089/62230688
www.spanien-shop.de

La Bodega
Rosenstraße 2
48143 Münster
Tel.: 0251/4140753

El Gusto español
2380 Perchtoldsdorf, Wienergasse 7–9
Tel.: 01-8651127
www.elgustoespanol.at

Internet-Adressen:

www.tapas.de
Webseite mit Links zu vielen Spezialitätengeschäften und Online-Shops

www.comestible.de
www.covin.ch
www.domition.de
www.genuss-aus-spanien.de
www.gourmondo.de
www.jamon.de
www.maremi.com
www.naturproduktkaufhaus.de
www.shop-andaluz.com (verkauft nur spanisches Olivenöl)
www.spaniendelikates.com
www.spanien-feinkost.de

Literatur *Eine Auswahl an Büchern über das maurische Andalusien. Angegeben ist jeweils die neueste Ausgabe.*

Kunst und Geschichte

André Clot, **Das maurische Spanien**, Patmos 2004
Clot ist ein anerkannter Islamkenner. Das Buch besticht durch die farbige Schilderung des Lebens in al-Andalus: der Wirtschaft, der Kultur, Architektur und Kunst. Ein schönes Panorama des arabischen Spaniens.

Marianne Barrucand, Achim Bednorz, **Maurische Architektur in Andalusien**, Benedikt Taschen Verlag 2002
Das großformatige Buch beschreibt die Epochen des Maurenreiches und jeweils in dieser Zeit entstandene Bauwerke. Diese werden in wunderschönen Bildern bis ins Detail gezeigt. Ein Buch zum Blättern und zum Vertiefen in die maurische Geschichte.

Antonio Muñoz Molina, **Stadt der Kalifen**. Historische Streifzüge durch Córdoba, Rowohlt Tb 1994
Molina ist einer der bedeutendsten Autoren Spaniens und lebt in Granada. In diesem Buch beschreibt er den glanzvollen Aufstieg und den Fall der Mauren in Andalusien.

Franz Wördemann, **Die Beute gehört Allah**. Piper 1985
Leider vergriffen, aber antiquarisch noch zu bekommen. Das beste für Laien lesbare Buch über die Geschichte der Araber in Andalusien.

Reiseführer

Thomas Schröder, **Andalusien**, Michel Müller Verlag 2003
Das interessante Handbuch eignet sich besonders für die, die auf eigene Faust unterwegs sind und mehr entdecken wollen als nur die üblichen folkloristischen Klischees. Die andalusischen Provinzen werden ausführlich beschrieben mit Tipps für Wanderungen und Autotouren.

Harald Klöcker, **MERIAN live!Andalusien**, Gräfe und Unzer Verlag 2005
Klein, fein und informativ: So kann man diesen Taschenreiseführer aus der Reihe Merian live beschreiben. Auf fast 130 Seiten findet man einen guten Überblick über den südlichen Teil der Iberischen Halbinsel.

Literatur zum Einstimmen auf Andalusien

Andalusische Ansichten, Hrsg. Felix Hofmann. Texte von Gerald Brennan, Juan Goytisolo, Manuel Cortés, Alfred Andersch, Antonio Muñoz Molina u.a. Wilfried Jenior Verlag, 1990
Eine Anthologie mit Texten aus 6 Jahrzehnten.

Tariq Ali, **Im Schatten des Granatapfelbaums**, Diederichs 2005
Eine dramatische Familiensaga vor dem Hintergrund des Untergangs des Kalifats in Granada 1499.

Georg Bossong, **Das Wunder von Al-Andalus**. Die schönsten Gedichte aus dem maurischen Spanien. Mit einem Nachwort von Said, C.H.Beck 2005

Gerald Brenan, **Südlich von Granada**, Reihe Andalusien, Wilfried Jenior Verlag, 1991
Brenan lebte von 1920–34 in dem Bergdorf Yegen in den Alpujarras und hat eine anschauliche Darstellung des archaischen Lebens der Dorfbewohner hinterlassen.

Théophile Gautier, **Reise in Andalusien, dtv Klassik**, 1994
Wenn ein scharfsinniger französischer Romantiker durch Andalusien reist und von berühmten Städten, von den Gipfeln der Sierra Nevada, vom Stierkampf und den Frauen erzählt, kann nur ein temperamentvolles Buch entstehen – ein Plädoyer für genüssliches Reisen.

Juan Goytisolo, **La Chanca**, Reihe Andalusien, Wilfried Jenior Verlag, 2001
Schauplatz der Erzählung ist das Arbeiter- und Zigeunerviertel La Chanca in Almería. Goytisolo sucht nach der Familie eines Freundes im Almería der Franco-Zeit.

Washington Irving, **Erzählungen von der Alhambra**, RoseNoir 1999
Ein Klassiker, der 1832 zum ersten Mal herauskam. Irving wohnte eine Zeitlang in der Alhambra und erzählt anschaulich und farbig Geschichten rund um die Alhambra und Granada.

Federico García Lorca, **Zigeunerromanzen**. Gedichte. Spanisch –Deutsch. 1924-1927, Suhrkamp 2002
Federico García Lorca ist der berühmteste andalusische Dichter. Der Granadiner war der charismatische Mittelpunkt der spanischen Dichtergeneration »27« und wurde 1936 von den Franco-Anhängern ermordet. Die »Zigeunerromanzen« kann man in eine Reihe stellen mit Heines »Buch der Lieder« oder Baudelaires »Blumen des Bösen«.

Sprachführer

Cornelia Adam, **Kulinarischer Sprachführer Spanien**, Merian 2000
Ein kleiner praktischer Begleiter für Einkäufe oder für Restaurantbesuche- mit den wichtigsten Redewendungen.

Genießerküche

... für alle, die das Echte schätzen

ISBN 978-3-7742-2790-3
240 Seiten

ISBN 978-3-7742-3202-0
240 Seiten

ISBN 978-3-7742-6069-6
192 Seiten

ISBN 978-3-7742-6311-6
240 Seiten

ISBN 978-3-8338-0239-3
240 Seiten

ISBN 978-3-7742-6626-1
240 Seiten

ISBN 978-3-7742-6725-1
240 Seiten

ISBN 978-3-7742-6899-9
240 Seiten

Verführerische Rezepte und spannende Reportagen laden ein zu kulinarischen Entdeckungsreisen in Küche und Kultur und versprechen puren Genuss.

GU

Willkommen im Leben.

Unsere Garantie

Alle Informationen in diesem Ratgeber sind sorgfältig und gewissenhaft geprüft. Sollte dennoch einmal ein Fehler enthalten sein, schicken Sie uns das Buch mit dem entsprechenden Hinweis an unseren Leserservice zurück. Wir tauschen Ihnen den GU-Ratgeber gegen einen anderen zum gleichen oder ähnlichen Thema um.

Liebe Leserin und lieber Leser,

wir freuen uns, dass Sie sich für ein GU-Buch entschieden haben. Mit Ihrem Kauf setzen Sie auf die Qualität, Kompetenz und Aktualität unserer Ratgeber. Dafür sagen wir Danke! Wir wollen als führender Ratgeberverlag noch besser werden. Daher ist uns Ihre Meinung wichtig. Bitte senden Sie uns Ihre Anregungen, Ihre Kritik oder Ihr Lob zu unseren Büchern. Haben Sie Fragen oder benötigen Sie weiteren Rat zum Thema? Wir freuen uns auf Ihre Nachricht!

Wir sind für Sie da!
Montag – Donnerstag:
8.00 – 18.00 Uhr;
Freitag: 8.00 – 16.00 Uhr
Tel.: 0180-5005054*
Fax: 0180-5012054*
E-Mail: leserservice@graefe-und-unzer.de

P.S.: Wollen Sie noch mehr Aktuelles von GU wissen, dann abonnieren Sie doch unseren kostenlosen GU-Online-Newsletter und/oder unsere kostenlosen Kundenmagazine.

GRÄFE UND UNZER VERLAG
Leserservice
Postfach 86 03 13
81630 München

*(0,14 €/Min. aus dem dt. Festnetz)

Text und Fotografie

Margit Kunzke hat Kunstgeschichte und Germanistik studiert und begann 1976 bei den »Stuttgarter Nachrichten« als freie Jounalistin. Seit 20 Jahren lebt sie in Spanien und schreibt für deutschsprachige Zeitungen. Schon als Kind guckte sie ihrer Großmutter beim Kochen zu, sammelte begeistert Rezepte und bekochte ihre Freunde. Ihre besondere Liebe gilt der Mittelmeerküche. Für dieses Buch hat sie in Andalusien traditionelle und neue Rezepte gesammelt und dabei die Kultur des Landes mit seiner reichen Geschichte und seinen maurischen Einflüssen neu entdeckt.
Ein besonderer Dank gilt ihren Söhnen Max und Moritz, die gern Versuchskaninchen beim Ausprobieren der vielfältigen Rezepte spielten.

Günter Beer begann 1978 als Reporter einer kleinen bayerischen Lokalzeitung. Danach fotografierte er in Rio de Janeiro für das »Journal do Brasil«. Die Arbeit an dem Buch »Culinaria Europa« weckte sein Interesse für Food - Themen. Seitdem steht er auf der ständigen Buchungsliste führender deutscher Foodmagazine wie DER FEINSCHMECKER. Er hat Culinaria Bände über Südostasien und Spanien veröffentlicht und zwei Bücher mit Eckard Witzigmann fotografiert. Günter Beer lebt in Barcelona.
books.beerfoto.com
food.beerfoto.com

Frauke Koops arbeitet international erfolgreich als Foodstylistin, Produzentin und Rezeptautorin für Werbeagenturen, Frauen- und Foodzeitschriften und für das Gourmetmagazin DER FEINSCHMECKER. Ihre ganz eigene Handschrift ist auch in diesem Buch unverkennbar. Stilsicher setzt sie die Gerichte optimal in Szene und macht Lust auf Gazpacho und Tapas, Dorada al Jerez und Peras con menta.

Bildnachweis:
Margit Kunzke: Seite 21 unten, 71, 117 oben links, 169 oben links, 175, 193, 222, 224
Günter Beer: alle anderen Reportage- und Food-Fotos

Programmleitung: Doris Birk
Redaktion: Birgit Rademacker
Lektorat: Adelheid Schmidt-Thomé
Korrektorat: Mischa Gallé
Produktion und Styling: Frauke Koops
Assistenz: Ute Ritter, Rosi Obersdorf
Gestaltung und Layout: independent Medien-Design, München
Herstellung: Petra Roth
Satz: Bernd Walser Buchproduktion, München
Reproduktion: Fotolito Longo, Bozen
Druck: Appl, Wemding
Bindung: m.appl GmbH, Monheim

ISBN: 978-3-8338-0061-0

2. Auflage 2007

GRÄFE UND UNZER

Ein Unternehmen der
GANSKE VERLAGSGRUPPE

100 JAHRE GANSKE VERLAGSGRUPPE